JÉSUS-BOUDDHA

Le nom de Bouddha, ô Baghavat,
n'est qu'un mot. — Subhuti.

(Introduction à *l'Histoire du Boudhisme*,
par E. Burnouf.)

PRIX : 3 fr. 50

AUXERRE

IMPRIMERIE ET LITHOGRAPHIE DE G. ROUILLÉ

1881

JEAN BOULOUVARD
INGÉNIEUR E.S.E.
288, Rue Jean-Jaurès, 288
MAISONS-ALFORT (Seine)

PRÉFACE

Ce livre n'a pas la prétention d'émettre une nouvelle doctrine.

L'auteur n'a pas d'autre but que de condenser les études faites sur les religions jusqu'à nos jours ; de donner à son œuvre une forme concise, qui permette à tout le monde d'embrasser d'un coup d'œil, sans dépense, ce qui est écrit dans une innombrable masse d'ouvrages, chers et difficiles à se procurer. Leur étude demanderait un temps que bien peu de personnes pourraient y consacrer.

En un mot, l'auteur se propose de vulgariser tout ce qui tend à abolir les erreurs et les superstitions dens lesquelles l'homme a été systématiquement entretenu par les castes sacerdotales de tous les temps et de tous les pays, pour le dominer et pour vivre à ses dépens ;

Et tout ce qui peut ramener le règne de la saine morale de l'humanité.

THÈSE

Le Christianisme n'est qu'un schisme Bouddhique, fondé par les disciples de Jésus sous le nom de leur maître, dont ils ont fait leur Bouddha.

PLAN DE L'OUVRAGE

Nous devons établir que le Christianisme descend par une filiation directe des religions de l'Inde.

Après avoir brièvement constaté comment a pu naître le sentiment religieux, dans la première enfance de l'humanité, nous arriverons à la première manifestation de civilisation qui nous soit connue. Védas et Brahmanisme.

Le Brahmanisme, après avoir converti les Védas en un instrument de domination, sur les peuples indiens, par son révoltant despotisme, a donné naissance au Mazdéïsme et au Bouddhisme.

De ceux-ci sont issus le Mosaïsme et l'Essénisme.

De ces deux derniers est né le Christianisme.

Tel est l'ordre que nous allons suivre dans les développements de notre thèse.

Nous terminerons par un rapide coup d'œil sur le culte solaire.

QUESTIONS PRÉLIMINAIRES

A quelle époque géologique peut-on faire remonter l'apparition de l'homme sur la terre ?

La paléontologie est une science toute moderne, créée par l'illustre Cuvier, au commencement de notre siècle. Avant lui, dès 1777-1780, l'abbé Giraud Soulavie avait bien signalé le double principe que les fossiles diffèrent entre eux, suivant les profondeurs où ils sont enfouis ; et que partout les mêmes couches contiennent uniformément les mêmes fossiles particuliers. D'autres, après lui, ont publié le résultat de leurs recherches de gisements de fossiles, mais aucun d'eux n'était parvenu à établir les lois des stratifications géologiques. En un mot, la science paléontologique n'existait pas encore.

A Cuvier était réservée la gloire de créer cette science au moyen de ses admirables travaux sur les ossements fossiles du bassin de Paris. Mais il refusa jusqu'à son dernier jour de croire à l'homme fossile.

Une fois arrivée à la détermination régulière des couches primitives de l'écorce terrestre, la science paléontologique marcha d'un pas assuré à de nouvelles découvertes.

D'abord on établit la classification des différentes couches ; la première et la plus profonde reçut le nom de paléozoïque, ou terrain de transition ; vinrent ensuite les terrains triasiques, jurassiques et crétacés, les terrains tertiaires, les terrains quaternaires, puis enfin le diluvium.

Jusques en 1845, malgré la constatation faite par des savants, Français, Anglais, Allemands et Belges, que les débris de vertébrés fossiles portaient évidemment des traces de la main de l'homme, par les entailles et même les grossiers dessins dont plusieurs étaient gravés, et bien qu'au milieu de ces débris se trouvassent les divers instruments de silex qui avaient servi à les reproduire, on se retranchait encore derrière la Bible et le mot de Cuvier : « L'homme fossile n'existe pas. »

Mais à partir de cette époque, une série considérable de découvertes mit au grand jour des quantités d'ossements humains fossiles, accompagnant dans le diluvium les débris d'animaux de l'époque quaternaire. Ce fut comme une révélation soudaine, l'homme fossile était enfin trouvé ; et il devenait désormais incontestable que l'homme était comtemporain de ces grands mammifères dont les espèces disparurent à cette époque.

Dès lors, il n'est plus permis de douter de la présence de l'homme sur la terre à une époque remontant si haut dans la nuit des temps, qu'il est impossiblé de la déterminer autrement que par ce terme vague et indéfini, d'époque quaternaire. Combien de milliers de siècles cette époque a-t-elle duré ?

Est-ce bien encore là le dernier terme que la paléontologie assignera à la venue de l'homme sur la terre. Selon certains indices, elle espère retrouver ses traces jusque dans l'époque miocène ou tertiaire.

De nombreux savants se sont livrés à d'interminables calculs, pour connaître approximativement le nombre de siècles nécessaires à la formation des couches de terre ou de gravier entraînées par les eaux et déposées au fond des vallées. L'imagination est effrayée de l'immensité de temps exigée pour la formation de ces dépôts. Or, c'est dans leurs couches les plus profondes que se trouvent les traces de la présence de l'homme.

Ce n'est donc plus par 6,000 ans, selon les données de la Bible, mais bien par des centaines de milliers d'années que l'on peut évaluer l'ancienneté de la race humaine.

Que devient, hélas, la Genèse biblique devant ces révélations si inattendues de la science !

L'humanité doit-elle la vie à un couple unique, type absolu de l'espèce ?

Ici encore, les sciences paléontologique et anthropologique viennent battre en brèche le système de la

— 4 —

Bible, qui n'admet qu'un seul couple pour souche de l'humanité.

Les anthropologistes sont unanimes à reconnaître dans les crânes humains fossiles appartenant à l'époque quaternaire deux types distincts, présentant une différence de formes tout à fait caractéristique. Le premier est dit *Brachycéphale*, c'est-à-dire que les crânes qui le composent affectent une forme ronde, ils sont courts et petits, le front est fuyant, la mâchoire est très proéminente et donne un angle facial aigu, d'où on leur a donné le nom de face prognathe. Le second type est appelé *Dolichocéphale* ; la forme de ces crânes, parfaitement développés, est un ovale allongé avec l'angle facial ouvert, d'où ils sont dits orthognathes.

Il y a donc entre ces deux types une telle différence qu'il est incontestable qu'à cette époque il existait deux races d'hommes présentant des caractères assez tranchés pour rendre inadmissible la théorie biblique du monogénisme.

Cette théorie du monogénisme deviendrait encore bien plus embarrassante à justifier, dans l'impossibilité où nous sommes d'expliquer l'existence de races humaines blanche, jaune et noire ; et si nous tenions encore compte des différences frappantes signalées par l'anthropologie, dans les individus d'une même race.

« Dès l'époque reculée dont témoignent les fossiles, dit le docteur P. Broca, et que séparent de nous des milliers de siècles, plusieurs races humaines diverses par la taille, par la forme et le volume du crane, occupaient déjà le sol de l'Europe occidentale. »

Et cependant, selon les lois de la logique, l'unité du type, s'il y avait eu monogénie, devrait être d'autant plus manifeste qu'on se rapprocherait davantage du temps de la création de l'homme.

Quel est l'ordre dans lequel peuvent être rangés les documents religieux qui nous ont été légués par l'antiquité, par rapport à leur ancienneté ?

Premièrement. — Les Védas sont aujourd'hui reconnus pour les plus anciens livres religieux du passé. Il est impossible d'évaluer leur âge.

Des Védas est né le Brahmanisme. Nous ne pouvons encore connaître l'époque à laquelle s'est opérée cette transformation.

Mais les brahmes étant arrivés à connaître les lois du mouvement des astres, ont eu l'idée de rattacher certains événements, comme époque chronologique, à l'état du zodiaque, au moment où ils se produisaient.

La plus ancienne date qui nous soit signalée par ce procédé est celle de l'élévation du Yati-Richi aux fonctions de brahmatma (chef des Brahmes). Elle est ainsi formulée dans la seconde partie de l'Avadhana-Sastra : « Sourya (le soleil) effleurait Mécha (le bélier) de ses rayons bienfaisants, et le riz et les menus

1.

grains attendaient la faucille » C'est-à-dire que le point équinoxial d'automne se trouvait au premier degré du bélier. Par le calcul astronomique, cet état zodiacal n'a pu se produire que l'an 13300 avant notre ère.

La date de l'élévation du Yati-Richi au Brahmatma ne nous est point donnée seulement par Jacolliot, nous la retrouvons dans les notes qui accompagnent le volume *des Ruines*, de Volney, note extraite du grand ouvrage de Dupuis sur l'*Origine des cultes*.

« D'abord en son mémoire sur l'origine des constellations, puis dans son ouvrage sur l'*Origine des cultes*, Dupuis a rassemblé une foule de preuves que jadis la balance était placée à l'équinoxe du printemps, et le bélier à l'équinoxe d'automne, c'est-à-dire que la précession des équinoxes a causé un déplacement de plus de sept signes. L'action de ce phénomène est incontestable, les calculs les plus récents l'évaluent à 50 secondes 12 ou 15 tierces par an ; donc chaque degré de signe zodiacal est déplacé et mis en arrière en 71 ans 8 ou 9 mois ; donc un signe entier en 2152 ou 2153 ans. Or si, comme il est de fait, le point équinoxial du printemps fut juste au premier degré du bélier, l'an 388 avant J.-C. ; c'est-à-dire, si, à cette époque, le soleil avait parcouru et mis en arrière tout ce signe pour entrer dans le poisson, qu'il a quitté de nos jours, il s'en suit qu'il avait quitté le taureau 2153 ans auparavant, c'est-à-dire vers l'an 2540 ans avant J.-C., et qu'il y était entré vers l'an 4692 avant J.-C. Ainsi, remontant de signe en signe, le premier degré du bélier avait été le point équinoxial d'automne, environ 12912 ans avant l'an 388, c'est-à-dire, 13300 ans avant l'ère chrétienne. »

A partir de ce point nous pouvons, par le même procédé, arriver à connaître l'époque des principaux événements de l'histoire des brahmes :

« Viswamitra, Xchattryas, secouant le joug des brahmes, parvient à s'emparer de leur capitale Asgartha (ville du Soleil), et fonde la première dynastie des rois de l'Inde 10000 ans avant notre ère, selon un zodiaque.

« Manou-Vena, révolté contre les brahmes, est défait par eux, et réduit à fuir leur vengeance ; il atteint les rives du Nil l'an 7000 et devient le Manès Egyptien.

« Ioda et Skandah sont chassés de l'Inde en l'an 5000, ils fuient par le nord et vont coloniser la Slavie et la Scandinavie.

« Hara-Kala est vaincu à son tour, il dirige sa fuite jusqu'en Asie Mineure en l'an 5000, et devient l'Hercule des Grecs.

« Christna naît l'an 4800, et meurt l'an 4760. » — (Extrait de Jacolliot).

Le monde de Moïse n'est point encore créé !

Il y a quelques années à peine que ces chiffres eussent été considérés comme fantastiques ; mais maintenant que les sciences paléontologique et anthropologique ont si clairement prouvé que l'homme a paru sur la terre bien des milliers d'années au-delà de l'époque dite brahmanique, ils n'ont plus rien qui puisse nous surprendre. Ils nous autorisent même à attribuer aux peuples qui, à cette époque, avaient atteint à une civilisation avancée, une ancienneté prodigieuse.

La science est venue justifier l'ancienneté à laquelle prétendent les premiers livres de l'humanité.

Deuxièmement. — Au second rang nous mettrons le Zend Avesta, attribué à Zoroastre (Souryastara, qui répand le culte du Soleil).

Eudoxe de Cnide, Aristote et Théopompe de Chios font vivre Zoroastre 6200 et 6400 ans, Burnouf et Oppert 2200 et 2400 avant notre ère. Ne nous attachons point à ces chiffres qui ne reposent sur rien de certain, et cherchons dans le Zend Avesta lui-même le secret de son ancienneté.

Le Zend Avesta est composé de fragments accusant des époques différentes, le livre original n'existe plus ; ce qui est parvenu jusqu'à nous a été recueilli par les soins du roi de Perse Ardeschir, dans le IIIe siècle avant notre ère, mais une notable partie de l'œuvre de Zoroastre n'a pu être retrouvée.

Sous les dominations étrangères qu'à subies le pays où Zoroastre avait fondé le Mazdéïsme, son livre et même la langue dans laquelle il était écrit sont tombés dans un tel oubli, qu'ils sont devenus inintelligibles. Ce ne fut qu'à grand'peine que l'on put faire en langue Pehlvi une traduction assez incorrecte des débris retrouvés.

Dans la profonde ignorance où nous sommes sur l'histoire personnelle de Zoroastre, il est cependant deux points offrant quelque certitude.

1° Ce législateur était un Brahme schismatique, qui, comme tant d'autres, fut obligé de s'expatrier pour échapper au despotisme ombrageux et inflexible des Brahmes.

2° Nous pouvons lui assigner une très haute antiquité parce que le tableau qu'il fait de la société de son époque, nous la présente à peine à l'état de demi civilisation. La nation est partagée en trois castes, prêtres, rois et laboureurs. Elle ne possède ni cités, ni temples, ni commerce, ni monnaie ; la vie, le vêtement, les mœurs, tout y est d'une simplicité primitive. Une partie du peuple mène la vie pastorale et demeure sous la tente.

Il est donc évident que, si dans certaines de ses parties, le Zend Avesta peut paraitre appartenir à des temps un peu plus rapprochés de nous, le fond primitif, que seul nous attribuerions à Zoroastre, serait contemporain des temps du brahmanisme.

Nous nous rapprocherions ainsi de l'époque assignée à Zoroastre par l'opinion générale de l'antiquité grecque, qui doit avoir pour nous plus de poids que les suppositions modernes.

Troisièmement. — Au troisième rang viendrait se placer le Bouddhisme, dont le représentant le plus célèbre est le Bouddha Çakyamouni, qui s'est produit vers la fin du VII° ou le commencement du VI° siècle avant notre ère. Nous sommes enfin arrivés aux temps historiques.

Quatrièmement. — Nous assignerons le quatrième rang seulement au Pentateuque, ou livre de Moïse, bien que, selon la chronologie biblique il porte la date de 1451 avant J.-C. Selon nous, ce livre est l'œuvre d'Esdras, qui, assisté de Néhémias, le fit connaître aux Hébreux et le leur fit accepter comme leur loi sacrée, vers l'an 445 avant J.-C.

Nous allons établir que ce livre n'a pu être écrit ni par Moïse ni par Helcias, et qu'il a été ainsi antidaté par Esdras, pour l'imposer plus facilement à la crédulité des Juifs.

Nous allons résumer tous les arguments invoqués contre l'authenticité du Pentateuque.

Le Pentateuque ne saurait évidemment être regardé comme un ouvrage homogène. C'est un composé de légendes toute faites, que le compilateur n'a eu qu'à copier, et qu'il n'a fait que relier le mieux qu'il a pu, sans pouvoir toujours y réussir ; de là est résulté un état fragmentaire visible entre les diverses parties du récit, et souvent l'absence d'ordre chronologique.

Répétitions ou doubles récits. — L'auteur s'est rencontré devant des doubles légendes du même sujet, offrant entr'elles d'assez notables différences, il a cru devoir les reproduire, comme si elles se complétaient l'une par l'autre, sans tenir compte des contradictions qu'elles renfermaient. Parmi les citations de ces doubles légendes que nous pouvons tirer de la Genèse, les deux plus saillantes sont le double récit de la création de l'homme, et le double récit du déluge.

Exode, chapitre iv. Moïse expose au seigneur qu'il n'a jamais eu la facilité de parler, qu'il a un embarras de langue qui l'empêche de s'exprimer librement. Dieu lui répond qu'Aaron, son frère, parlera pour lui. Chapitre vi. Moïse explique une seconde fois qu'il est incirconcis des lèvres. Chapitre vii. Moïse répète une troisième fois qu'il est incirconcis des lèvres.

En ce dernier chapitre se trouve une généalogie de Moïse et d'Aaron, assez mal placée à cet endroit. Elle se termine en nous informant que Moïse et Aaron sont ceux auxquels le seigneur commanda de faire sortir d'Égypte les enfants d'Israël. Ne le savons-nous pas dès le chapitre iii, quand, du milieu du buisson ardent, Dieu donna cette mission à Moïse et ensuite à Aaron ?

Exode, chapitre xxv et xxxvi. Double récit descriptif du tabernacle et de ses accessoires ; l'un au futur, l'autre au passé.

Il en est de même pour les habits pontificaux, chapitres xxviii et xxxix.

L'épisode de la chute des cailles et de la manne est raconté deux fois, exode, chapitre xvi, et nombres, chapitre xi.

Il en est encore de même de l'établissement du conseil des soixante-dix anciens, exode, chapitre xxix, et nombres, chapitre ii.

Contradictions. — Exode, chapitre xvi.

Comment les Hébreux peuvent-ils être prêts à se révolter contre Moïse à cause de la famine dont ils sont menacés, un mois et demi après leur sortie d'Égypte ? Que sont devenus les innombrables troupeaux qu'ils ont emmenés avec eux ? Comment se trouve-t-il, aux chapitres xxiv et xxxii, des bestiaux en quantité suffisante pour fournir aux holocaustes ? Comment est-il nécessaire, au chapitre xxxiv, de défendre aux troupeaux de paître devant le Sinaï ? Enfin, nombres, chapitre vii, comment les Israélites sont-ils en état d'offrir de nombreux animaux après l'érection du tabernacle ?

Il y a là quelque chose d'absolument inconciliable.

Ces répétitions et contradictions indiquent clairement la réunion de fragments indépendants les uns des autres, bien que traitant d'un même sujet.

Anachronismes. — Comment Moïse peut-il dire, chapitre xii, genèse : Les Chananéens habitaient ce pays ? Ils ne l'occupent donc plus au temps où l'auteur écrit ? L'extermination à laquelle sont vouées les Chananéens, par arrêt divin, ne sera consommé que par Josué.

Comment le nom de la ville de Dan peut-il être mentionné dans la Genèse et le Deutéronome, tandis que cette ville ne sera fondée qu'après le partage de la terre promise par Josué ?

Comment Moïse peut-il affirmer un mois et demi,

après la sortie d'Égypte, que les Israélites ont vécu de cailles et de manne pendant quarante ans?

Comment l'auteur peut-il dire, Genèse, chapitre xxxv, que « Rachel mourut et fut ensevelie dans le chemin qui conduit à la ville d'Ephrata, appelée depuis Bethléhem ? » Ces deux mots n'existaient point encore. Ephrata fut ainsi appelée du nom de la fille de Caleb, à qui ce pays fut donné par Josué, après la conquête de la terre promise.

Comment peut-il dire, Genèse, chapitre xxxvi : « Les rois qui régnèrent au pays d'Edom, avant que les Israélites eussent un roi, furent ceux-ci ? » Saül, le premier roi d'Israël, est sacré par Samuel 661 ans après le dénombrement des enfants d'Esaü.

Genèse, chapitre xxxvii : « Jacob ayant déchiré ses vêtements, se couvrit d'un cilice. » Vêtement inconnu aux Hébreux à cette époque.

Genèse, chapitre xlii : « Et l'un des frères de Joseph ayant ouvert son sac dans l'hôtellerie. » Le nom et la chose étaient inconnus en ces temps, où l'hospitalité s'exerçait de la manière la plus large.

Genèse, chapitre xlix. Le testament de Jacob parle de la royauté qui doit être l'apanage de Judas, et fait allusion au partage de la terre promise. Or, David est le premier roi d'Israël, issu de la race de Judas, 674 ans ans après la mort de Jacob; et le partage de la terre promise sera fait par Josué 244 ans après Jacob et 6 ans après la mort de Moïse.

Exode, chapitre xxx : « Tous ceux qui seront comptés dans ce dénombrement donneront un demi-sicle selon la mesure du temple. » Il n'y aura de temple en Judée qu'au temps de Salomon.

Exode, chapitre XI : « Moïse appela donc Aaron et les chefs de la synagogue. » Ce mot, d'origine grecque, se trouve encore deux fois dans le pentateuque. Or, l'établissement de la synagogue et ce nom datent de temps bien postérieurs à Moïse. Selon Munk, peut-être faut-il faire remonter à l'époque de Daniel l'origine des synagogues, c'est-à-dire à la captivité de Babylone.

Nombres, chapitre XI : « L'esprit s'étant donc reposé sur eux, ils commencèrent à prophétiser, et continuèrent toujours depuis. » L'époque des prophètes n'a commencé qu'à Samuel. Comment d'ailleurs l'auteur sait-il que les prophètes continuèrent toujours à prophétiser ?

Deutéronome, chapitre I : « Après la défaite de Og, roi de Bazan, qui demeurait à Assaresth et à Edraï, villes situées au-delà du Jourdain. » L'auteur oublie que c'est lui qui demeure au-delà du Jourdain, qu'il ne franchira qu'avec Josué, après la mort de Moïse.

Chapitre XVII : « Le roi qui sera établi ne se donnera pas un grand nombre de chevaux, il n'aura point un grand nombre de femmes. » Les chevaux n'ont point encore figuré jusqu'ici parmi les animaux domestiques des Hébreux, et les rois n'ont eu un grand nombre de femmes que sous David et Salomon. C'est donc une allusion directe à ces deux rois ?

Comment Moïse, chapitre XXXIV, nombres, peut-il

déterminer les limites de la terre promise, dont la conquête n'est point encore faite ?

Chapitre xxxii, comment a-t-il pu savoir les noms des villes bâties par les tribus de Gad et de Ruben, puisqu'il est mort presque immédiatement après avoir donné les terres des Madianites vaincus à ces deux tribus.

Comment encore a-t-il pu dire que Jaïr, fils de Manassé, ait appelé de son nom les bourgs de Galaad, Bazan et Havot-Jaïr, « comme ils se nomment encore aujourd'hui ? » tandis que dans le livre des Juges, chapitre x, il est dit que ces même bourgs de Jaïr tirent leur nom de Jaïr de Galaad, juge d'Israël.

Deutéronome, chapitre xxviii. Maux dont seront punis ceux qui violeront la loi du Seigneur. Les maux dont le Seigneur punira les Israélites sont pour partie empruntés au récit des horreurs du siége de Samarie par Salmanazar, en l'an 721 avant Jésus-Christ, 770 ans après la sortie d'Égypte.

Par le verset 68, nous voyons en outre que l'auteur connaît aussi la prise de Jérusalem par Nabuchodonosor : « Le Seigneur vous fera ramener par mer en Égypte, dont il vous avait dit que vous ne deviez jamais reprendre le chemin. » En effet, après le meurtre, par Ismahel, de Godolias et des Chaldéens qui étaient demeurés avec lui, les Hébreux qui n'avaient point été emmenés à Babylone, redoutant une terrible vengeance des Chaldéens, reprirent précipitamment le chemin de l'Égypte, emmenant avec eux le prophète Jérémie.

Cette allusion à la prise de Jérusalem et au retour des Juifs en la ville sainte, accordé par Cyrus, devient incontestable à la lecture des cinq premiers versets du chapitre xxx.

« Lorsque vous vous serez repentis et que vous serez revenus à lui, le Seigneur, votre Dieu, vous fera revenir de votre captivité, il aura pitié de vous, et il vous rassemblera encore, en vous tirant d'entre tous les peuples où il vous avait dispersés. Quand vous auriez été dispersés jusqu'aux extrémités du monde, le Seigneur Dieu vous en retirera. Il vous reprendra à lui et vous ramènera dans la terre que vos pères ont possédée, et vous la possèderez de nouveau ; et, vous bénissant, il vous fera croître en plus grand nombre que n'ont été vos pères. »

Ces magnifiques promesses ne se sont réalisées que par le retour des Juifs à Jérusalem, après la captivité de Babylone, c'est-à-dire en l'an 636 avant Jésus-Christ, au temps même d'Esdras, 915 ans après la mort de Moïse.

Enfin, Deutéronome, chapitre xxxiv et dernier. Ce chapitre, qui n'est que le récit des derniers instants de Moïse, ne peut avoir été écrit par lui. Ce n'est certes pas lui qui a pu dire :

« Il ne s'est plus élevé en Israël de prophète semblable à Moïse, à qui le Seigneur ait parlé face à face ; ni qui ait fait des signes et des prodiges comme ceux que le Seigneur envoya faire à Moïse, dans l'Égypte, contre Pharaon, contre ses serviteurs et contre tout son royaume ; ni qui ait agi avec un bras si puissant, qui ait fait des œuvres aussi grandes et aussi merveilleuses que celles que Moïse a faites devant Israël. »

Les critiques les plus compétents constatent que l'Hébreu du Pentateuque se rapproche singulièrement de celui des derniers prophètes, et que celui du Deutéronome, particulièrement, a beaucoup d'analogie avec celui de Jérémie.

Si Moïse avait pu recueillir et insérer dans sa Genèse des légendes remplies d'un surnaturel, violant toutes les lois de la nature, il ne pouvait en être de même dans le récit des faits auxquels il assistait en personne. Le merveilleux dont le reste du Pentateuque est émaillé, ne peut être que le produit de légendes prodigieusement grossies en traversant les âges.

Nous pouvons donc conclure dès maintenant que Moïse ne peut être l'auteur du Pentateuque qui nous a été transmis par Esdras.

Il ne peut être non plus l'œuvre d'Helcias. C'est ce que nous allons établir par les rois, les psaumes et les prophètes.

Les Rois. — Au livre IV des rois, chap. xx, nous trouvons la prophétie de la ruine de Jérusalem faite par Isaïe au roi Ézechias, l'an 713 avant J.-C., 114 ans avant l'événement, 83 ans avant Helcias ; prophétie renouvelée à Manassé par un prophète, et confirmée à Josias par la prophétesse Holda, 31 ans avant la catastrophe.

Or nous n'admettons point que ni Isaïe, ni Helcias, ni Holda, aient pu annoncer des événements avant leur accomplissement.

Nous pouvons nous rendre compte de l'état religieux de la Judée au moment où on prétend qu'Hélcias a trouvé dans le temple un livre de la loi. Josias détruit les cultes de Baal, du soleil, de la lune, des douze signes du zodiaque, de toutes les étoiles, de Priape, de Moloch, d'Astaroth ou Astarté, de Chamos, de Melchom, des veaux d'or de Dan et de Béthel.

D'après ce tableau et la surprise dont est saisi Josias à la lecture du livre que lui fait présenter Helcias, ce livre n'existait même pas auparavant.

PSAUMES. — Toute la partie des psaumes appartenant à l'époque Davidique est muette sur la loi de Moïse. Il nous faut arriver aux psaumes CIV et suivants pour en entendre parler, mais ils portent leur date avec eux, ils sont manifestement de l'époque d'Esdras ; ils ne sont que la paraphrase poétique du chapitre IX du livre de Néhémias, ou second livre d'Esdras, lorsque les lévites rappellent au peuple ce qui est écrit dans le livre de Moïse.

PROPHÈTES. — Isaïe. 785. L'œuvre entière de ce prophète est consacrée à prédire la prise de Jérusalem et la captivité de Juda, en punition de ses crimes, envers le seigneur des prophètes, la chute de Babylone, et la permission de retour à Jérusalem accordée aux Juifs par Cyrus.

Jérémie, 629, prédit tous les maux qui vont fondre

sur Juda ; la vengeance de Dieu sera terrible à cause de l'énormité de ses offenses ; mais Dieu prendra pitié de son peuple et le ramènera au pays de ses pères.

Jérémie est contemporain de Josias et d'Helcias, il est à remarquer qu'il ne dit pas un mot du livre de la loi trouvé par Helcias. Il a vu accomplir ses prédictions, et est emmené en Égypte par les Juifs fugitifs.

Osée, 810, Abdias, 785, Michée, 758, Habacuc et Sophonias, 629, annoncent également la ruine de Juda et sa restauration, mais ne parlent pas du livre de la loi.

Quelques-uns des derniers chapitres d'Isaïe ont bien mentionné le nom de Moïse et même celui de Cyrus, mais nous ne pouvons tenir compte de ces chapitres. Dans notre étude spéciale sur les prophètes, nous avons démontré que toute la dernière partie des prophéties attribuées à Isaïe appartient à l'époque d'Esdras, et qu'elle a été accolée maladroitement ou insidieusement à l'œuvre de ce prophète.

Récapitulons tout ce qui précède : Depuis Josué jusqu'à Josias, c'est-à-dire pendant huit cents ans environ, il n'est pas dit un seul mot de Moïse, ni dans le livre des Juges, ni dans celui des rois, ni dans les Psaumes, ni dans les prophéties. Après la découverte par Helcias d'un livre de la loi, l'histoire retombe dans le même silence sur ce livre jusqu'à Esdras.

Les citations des passages que nous avons relevés

dans le Pentateuque comme étant postérieurs à l'époque assignée à ce livre, établissent qu'il ne peut être l'œuvre de Moïse.

Le silence absolu gardé par les livres juifs sur Moïse pendant 800 ans ; l'état de profonde idolâtrie où étaient les Juifs à l'époque d'Helcias, la surprise de Josias à la révélation de ce livre, prouveraient qu'il n'existait pas.

Le Pentateuque ne peut être non plus l'œuvre d'Helcias, parce que dans ce livre, aussi bien que dans les autres, qui composent l'histoire juive antérieure à Helcias, il existe de prétendues prophéties concernant la prise de Jérusalem par Nabuchodonosor et la captivité de Babylone. Ce sont ces prophéties qui frappent l'esprit de Josias et l'effraient au point qu'il envoie consulter la prophétesse Holda qui les lui confirme. Or il est évident que ni Helcias, ni Holda ne pouvaient connaître des événements à venir, Helcias ne peut donc être l'auteur de ces livres qui portent la marque de temps postérieurs à lui.

Esdras. — Considérons d'abord que nul des Israélites, qu'Esdras, ne s'est trouvé dans une position plus favorable pour connaître les traditions de l'Inde. Il est né à Babylone, il y a vécu jusqu'au jour où il est venu à Jérusalem y rétablir le pouvoir sacerdotal. Il s'est trouvé à Babylone en contact avec les représentants des sectes de l'Orient, c'est dans ce centre qu'il a pris tous les éléments de sa genèse et de sa loi.

Il est reconnu pour le restaurateur des livres juifs.

Il les a traduits en Chaldéen ; attendu que les Juifs ayant oublié leur langue nationale, et adopté celle de leurs vainqueurs, l'Hébreu était devenu inintelligible pour eux. On a été jusqu'à le considérer comme un second Moïse ; nous croyons qu'il a été lui-même le seul et unique Moïse.

Est-il supposable que dans des temps voisins de la barbarie, à travers toutes les vicissitudes, toutes les captivités qu'ont subies les Hébreux, jusqu'à celle de Babylone, la langue de Moïse ait pu se maintenir sans aucune modification ?

Il a suffi, dit-on, des soixante-dix ans de captivité à Babylone pour faire perdre aux Hébreux la mémoire de leur langue nationale. Cet oubli est aussi invraisemblable que la conservation immuable de l'Hébreu, de Moïse à la captivité de Babylone. L'Hébreu de Moïse date du temps d'Esdras.

Ce n'est qu'à son époque qu'on a pu incorporer comme prophéties, dans les livres Hébreux, le récit des événements qui ont précédé la ruine de Jérusalem, la captivité à Babylone, la prise de Babylone par Cyrus, et la permission accordée aux Juifs de retourner à Jérusalem, de rétablir leur ville et leur temple. La cérémonie de la promulgation de la loi par Esdras et celle par Josias offrent de telles ressemblances qu'il est évident qu'elles ne sont qu'une copie l'une de l'autre. Le chapitre de Josias n'a été créé que pour faire croire à l'ancienneté de la loi.

Il est encore un fait qui nous a frappé dans le cours de notre étude sur le livre des rois. Il y est dit invariablement, à la mort de chaque roi, que le reste des faits et gestes de chacun de ces rois est contenu au livre des annales de Juda ou d'Israël.

Cette remarque a pour nous une très-grande importance ; elle nous dévoile clairement le plan suivant lequel l'Ancien-Testament a été composé. Plan qui a été rigoureusement suivi par Esdras et ses coopérateurs. On a choisi parmi les événements tous ceux qui pouvaient concourir au système religieux conçu par l'auteur, le règne de Dieu, ou plutôt le règne du prêtre se substituant à Dieu ; et l'on a écarté systématiquement les événements qui ne pouvaient se prêter à l'interprétation en faveur de cette théorie.

Ces annales ont été perdues sans laisser de traces. N'est-il pas merveilleux qu'on ait pu sauver précisément et exclusivement ce qui regarde le lévitisme, dont Esdras est un descendant direct par Aaron, frère de Moïse.

Conformément à ce plan on a fait du peuple hébreu le peuple le plus ancien et le plus illustre de la terre. On l'a représenté comme ayant toujours été l'objet tout particulier de la protection divine, et on a établi que les prophètes recevaient directement de Dieu leurs inspirations.

Jusqu'à la sortie d'Égypte nous sommes en présence de l'époque fabuleuse que nous retrouvons universellement dans la partie anté-historique de toutes les religions de l'antiquité.

Lorsque le peuple Hébreu a pu se soustraire par la fuite au joug des Égyptiens, Dieu cesse d'agir personnellement, il ne dicte plus ses volontés que par la bouche du prêtre. Nous approchons des temps historiques. Moïse aura fondé dans sa famile et dans sa tribu la caste sacerdotale. Ainsi se sera perpétué, sans interruption, le règne de Dieu en Israël, et Esdras, en promulguant la loi qu'il attribuera à son ancêtre, n'aura plus qu'à continuer la théorie du despotisme sacerdotal.

Tel est, à notre avis, le plan conçu et habilement exécuté par Esdras. C'est à l'aide de cet ingénieux moyen qu'il a réussi à soumettre les Israélites, en s'inspirant des traditions de l'Inde.

Autrement, s'il a eu entre les mains des livres hébreux, échappés à la ruine de son pays, il les a étrangement falsifiés et dénaturés pour arriver à ses fins, en introduisant dans sa traduction une foule de prétendues prophéties, de monstrueuses interprétations, et en se faisant le ministre de Dieu et son représentant sur la terre, pour obtenir la soumission absolue d'un peuple crédule.

Munk, Prophètes : « Si çà et là vous trouvez dans les prophètes, des prédictions de faits positifs, des dates, des noms propres et en quelque sorte une histoire de l'avenir, soyez sûr qu'il y a là une interpolation ou une supposition. » (Histoire de la Palestine, *Univers pittoresque*).

Dans tous les cas, le livre de l'Ancien-Testament n'a plus à nos yeux aucune valeur historique, ni religieuse. Il n'est pas le livre de l'histoire du peuple juif, il n'est que le livre de l'histoire du prêtre juif.

. C'est ce que nous démontrerons dans le cours de cette étude en faisant l'histoire de ce prétendu règne de Dieu sur la terre.

Voilà pourquoi nous ne pouvons placer l'Ancien-Testament qu'à la date du pontificat d'Esdras, l'an 445 avant Jésus-Christ.

Cinquièmement. — Enfin, après avoir étudié la part des Esséniens dans les circonstances qui ont précédé l'avènement de Jésus-Christ, nous arriverons au Nouveau-Testament.

L'ESPRIT RELIGIEUX AVANT LES VÉDAS

LE FÉTICHISME

Il est depuis longtemps établi indiscutablement, par la contexture même de notre globe terrestre, qu'il n'est pas sorti des mains du créateur immédiatement habitable pour l'homme. Combien a-t-il fallu de milliers de siècles, entre chaque période de la création, de la terre nue aux végétaux, des végétaux aux animaux, des animaux à l'homme ? C'est le secret de Dieu.

L'homme a-t-il paru sur la terre avec une langue toute faite, avec le sentiment de sa supériorité sur les autres êtres de la création, avec une notion vraie de la divinité créatrice ? Evidemment non. Pendant un très long temps il a vécu de la vie animale, ce n'est que bien lentement qu'il a pu arriver à grouper les résultats de ses observations et de son expérience, et à atteindre à une certaine civilisation relative. Cela nous est surabondamment prouvé par les découvertes de la science préhistorique. Elle a trouvé, d'un bout à l'autre du globe, les abris où l'homme primitif se réfugiait, dont il faisait sa demeure, cavernes ou habitations lacustres ; les instruments dont il se servait, les armes qu'il employait pour l'attaque et pour la défense. Elle a pu constater la manière dont il vivait, et jusques aux aliments dont il se nourrissait. Elle a enregistré la marche progressive du développement de l'intelligence humaine, par le classement des procédés que l'homme employait pour pourvoir à ses besoins, et pour améliorer les conditions de son existence. Elle leur a assigné trois âges distincts, l'âge de la pierre, du bronze et du fer.

Au moment où l'homme a surgi sur la terre, il était nu. Les horribles convulsions par lesquelles la terre était sans cesse bouleversée pendant la période de sa solidification, n'étaient poient encore apaisées. D'effroyables et fréquents orages ajoutaient à l'horreur des secousses volcaniques. L'homme, sans défense, était entouré d'animaux monstrueux, de carnassiers féroces, de hideux et vénimeux reptiles ; toutes les forces de la nature semblaient conspirer contre lui.

De ce sentiment de perpétuelles terreurs dans lesquelles a dû vivre la première humanité, lorsque l'homme a pu entrevoir les lois de la nature, ne parait-il pas tout simple qu'il se soit imaginé que tous les maux qui fondaient sur lui fussent l'œuvre de puissances irritées contre lui, ou d'esprits malfaisants ?

A la suite des dangers qu'il a courus, il a eu dans son sommeil d'horribles hallucinations, il a aperçu des monstres affreux, il a vu des revenants ; il a eu dans ses rêves le spectacle imaginaire des catastrophes de toute nature qui l'ont frappé.

Lorsqu'il a commencé à se rendre compte de ce que c'était que la mort, et qu'il a vu que l'homme exhalait sa vie, avec son dernier soupir, il a pu penser, en voyant son cadavre inerte, que l'esprit qui l'animait s'était retiré de lui. De là, il a conclu qu'un esprit existait dans tout ce qui l'entourait. De là, lui est née, évidemment, l'idée de fléchir les formidables puissances qui l'accablaient, par des prières et des sacrifices. De là, lui est venue jusqu'à l'idée des sacrifices humains. En voyant toutes les puissances de la nature acharnées à sa destruction, il s'est figuré qu'elles étaient altérées de son sang, et qu'il pourrait apaiser leur colère en leur offrant des victimes humaines.

C'est sous l'empire de toutes ces terreurs, que n'ayant encore aucune conscience d'un Dieu créateur, il a invoqué l'Esprit de la terre, celui des éléments, des astres et même des animaux, et s'est fabriqué des fétiches.

En même temps sont arrivés les sorciers et charlatans qui, usant d'une certaine supériorité d'intelligence, ont exploité cette terreur en prétendant pouvoir guérir les maladies, prévenir les maux, chasser les mauvais esprits par des conjurations ridicules, et ont inventé les fétiches ou amulettes. A l'aide de ces moyens, ils arrivèrent à prélever le premier impôt sur la crédulité et la superstition humaine. C'est ainsi qu'a préludé l'exploitation de l'homme par l'homme au moyen de la superstition et de la peur.

Tant que l'homme n'est point arrivé à un certain degré de multiplication, dans le climat délicieux où l'on place sa première demeure, la terre suffisait amplement, sans travail, à son alimentation. Mais, quand les familles furent devenues de véritables peuplades, il fallut qu'elles se séparassent les unes des autres, pour pouvoir à leurs besoins ; qu'elles allassent même dans d'autres contrées, quand, parvenues à domestiquer un certain nombre d'espèces d'animaux, dont elles tiraient de nouvelles ressources alimentaires, elles se livrèrent à la vie pastorale. C'est alors que durent se produire les premières idées d'industrie. Au lieu des cavernes ou des huttes de feuillage qui leur avaient servi d'abris, les hommes se créèrent, de la dépouille des animaux, des vêtements et des tentes, qu'ils pouvaient transporter avec eux, quand ils se trouvaient dans la nécessité de se déplacer. Jusque là, point de partage de la terre, elle est toute à tous. Mais, quand la densité de la population fut devenue hors de proportion avec l'étendue du pays qui devait la nourrir, l'homme se trouva dans la nécessité de demander, par son travail, à la terre, les ressources dont il avait impérieusement besoin pour assurer sa vie. Ainsi ont dû naître l'agriculture et l'industrie. Mais aussi, du jour où l'homme s'est livré à l'agriculture, il a pris possession de la terre. Ainsi s'est établie la propriété ; d'abord de la tribu, puis enfin de l'individu. De là, encore, la nécessité de créer des établissements fixes, de bâtir des villes, de les mettre à l'abri d'un coup de main, et de s'assurer ainsi le produit de son travail.

C'est alors que l'homme, vivant désormais en

société, et concentrant tous les efforts de son intelligence et de son expérience, a pu se faire une langue fixe, répondant à tous les besoins de la vie, et acquérir les premiers éléments de civilisation religieuse et morale.

Jusque là, l'homme n'avait eu que le moyen oral pour se transmettre ses observations, et les résultats de son expérience.

Qu'était-ce que le langage rudimentaire qu'il possédait ?

Combien lui a-t-il fallu de siècles pour arriver à ce commencement de civilisation ?

Le premier sentiment religieux de l'homme est donc caractérisé par le Fétichisme ; il est né de la peur.

L'histoire humaine est absolument muette sur les temps où se sont développés les premiers germes de civilisation.

LES ANCIENNES RELIGIONS

PREMIÈRE SECTION

VÉDISME ET BRAHMANISME

Il n'entre pas dans notre programme de faire l'historique des peuples dont nous étudierons les religions, nous sommes à la recherche des principes religieux de l'humanité, nous n'irons pas au-delà.

Le Véda est le plus ancien monument écrit que nous ait légué l'antiquité; son âge se perd dans la nuit des temps. Il nous transporte immédiatement, sans transition, au centre d'une civilisation ayant acquis tout son développement; l'écriture est inventée, le langage est assez parfait pour pouvoir exprimer les questions les plus ardues de l'état social, religieux et métaphysique. Le peuple qui vit sous les lois des Védas, habite les hauts plateaux de l'Asie, aux pieds de l'Himalaya, et comprend tout un groupe de populations connues sous le nom générique d'Aryas. Il a une doctrine religieuse parfaitement arrêtée, dont la base est le culte solaire ou astronomique. Le soleil, dont l'éclat et la puissance le mettent, aux yeux de l'homme, infiniment au-dessus de toutes les autres constellations, est considéré comme l'âme du monde, le créateur de toutes choses, c'est par lui que tout vit sur la terre, les autres astres ne sont plus que ses satellites. Il est le

Dieu unique de l'univers, de là est né le monothéisme des brahmes. Toutes les conceptions religieuses de cette époque ne sont que des symboles sous lesquels le charlatanisme des brahmes a abrité sa doctrine secrète et fondé le culte solaire ou de la nature, sous le nom de Brahma. Cette doctrine admet la métempsycose, le paradis et l'enfer, et conséquemment l'immortalité de l'âme ; ses lois morales et civiles ont déjà acquis une telle perfection, qu'elles sont encore les nôtres aujourd'hui.

De ce centre unique, que nous devons regarder comme le véritable berceau de l'humanité, s'échappent bientôt comme autant de rayons, toutes les religions connues de l'antiquité, Les religions chinoise, égyptienne, madzéenne, boudhique. De celles-ci sortiront ensuite les religions grecque, hébraïque, chrétienne et mahométane. Nous retrouverons des traces de cette origine dans toutes les religions de l'ancien monde.

Mais partout, en s'éloignant de leur berceau, elles subissent des modifications plus ou moins profondes. La plus grave, qui se manifeste de bonne heure, dans son propre foyer, est la personnification symbolique des attributs du soleil, de l'être suprême par le Brahmanisme. Ce symbolisme est demeuré la doctrine secrète des castes sacerdotales, qui conservent la saine notion du monothéisme, l'âme du monde, tandis que les peuples ignorants et superstitieux ont élevé des temples à chacun de ces attributs de la divinité, et en ont fait autant de Dieux distincts.

C'est ainsi que nous arrivons, d'abord à la trinité brahmanique, ensuite à un polythéisme illimité, au panthéisme et à l'idolatrie. Tel est le spectacle que nous offre le brahmanisme et toutes les religions qui en sont dérivées.

Dans toutes ces religions, le caractère dominant est l'existence d'un pouvoir sacerdotal, qui règne au-dessus de toutes les institutions civiles. C'est lorsque les brahmes, après des luttes opiniâtres, ont réussi à soumettre même les rois à leur autorité, que se développe leur redoutable puissance. Cet état de choses nous est révélé par le livre de Manou, œuvre des brahmes. C'est encore le Véda; mais la caste des brahmes a conquis le pouvoir suprême; elle seule a le droit d'enseigner la religion, d'exercer les fonctions du sacerdoce, de parler au nom de Dieu; le brahme est la souveraine puissance, tout lui appartient, tout relève de lui. Exempt de toutes les charges imposées au peuple, le brahme vit à ses dépens.

Tableau de l'âge d'or et de l'avènement des prêtres et des rois. (Extrait du PRALADA, poëme des poëmes indiens).

Nous ne pouvons résister au désir de mettre sous les yeux du lecteur cette légende émanant évidemment de quelque malheureux auteur, qui éprouvait toute la dureté de la tyrannie des brahmes.

« Quand la durée du Pralaya (chaos) prit fin, le seigneur existant par lui-même, qui n'est pas à la portée des sens externes, que l'esprit seul peut percevoir, qui est sans parties visibles, éternel, l'âme de tous les êtres, que nul ne peut comprendre, parut brillant de l'éclat le plus pur, dissipa l'obscurité et déploya sa splendeur. Gloire à lui.

« Au temps des anachorètes et des saints patriarches, le génie du mal était sans pouvoir sur la terre, l'homme était pur et bon ; il n'avait qu'à étendre la main, autour de lui, pour jouir des dons de Dieu ; les vallées ombreuses étaient pleines de troupeaux, les arbres étaient chargés de fruits et la terre produisait le riz et les menus grains sans culture ; de tous les coins du globe s'élevait un concert de prières, chacun lisait dans le livre sacré du Véda, le père de famille enseignait la divine parole à ses enfants, et sur le soir de la vie, chargé d'ans et de vertus, dans la forêt où, vivant de racines, d'eau pure ou de fruits, il attendait l'heure de s'absorber dans le sein de Brahma.

« Il n'y avait pas de castes, car l'ambition n'était pas née et le mal n'avait pas encore forcé les hommes à se parquer comme des troupeaux, à interdire les sources, la terre, les astres, en disant au voyageur altéré : Cette source est à moi, le riz de cette terre est à moi, n'y touche pas ou je te tue.

« Chacun purifiait ses paroles par la vérité et offrait des sacrifices, car le Véda a dit : Le soir lorsqu'on n'aperçoit pas la fumée de la cuisine, que le pilon est en repos, que le charbon est éteint, que les gens sont rassasiés, que les plats sont retirés, c'est le moment de l'invocation à Dieu pour le remercier de ses bienfaits.

« Il n'y avait ni prêtres ni rois.

« Mais peu à peu le nombre des hommes augmentant, la terre, comme une nourrice dont les mamelles sont devenues stériles, ne put suffire à nourrir ses enfants. Les animaux s'étaient enfuis dans le plus profond des bois pour échapper à la mort ; les champs de riz ne produisaient plus que de l'herbe et l'homme désespéré se retourna du côté de Brahma, son suprême espoir ; et il lui demanda le moyen de terminer ses souffrances. Brahma dit à ceux qui le priaient : Travaillez, déchirez le sein de la terre qui deviendra de nouveau productive, semez les grains, arrosez les plantes, taillez les arbres, apprivoisez les animaux, et parquez-les pour qu'ils vous donnent leur croît, et bientôt vous aurez de tout en abondance, et vous mettrez en réserve pour les années de disette.

Les hommes, qui écoutaient à genoux, se relevèrent consolés et se mirent à travailler, à retourner la terre, à semer le riz, à émonder les arbres, et ils prirent des animaux en grand nombre qu'ils accouplèrent mâle et femelle, et suivant la prédiction du seigneur, les jours heureux revinrent, mais ils furent achetés par un dur labeur.

« Et l'homme, reconnaissant, dit un jour : Je vais aller remercier celui à qui je dois tout ; mais les prières et les invocations de la Sainte-Ecriture ne sauraient plus suffire, ainsi que le sacrifice de l'avasatya par le feu consacré. Je vais lui offrir les prémices de tous les fruits, et de tous les animaux que j'ai obtenus en suivant les paroles du divin Pouroucha ; et ayant dit cela, il prit une mesure du riz le plus beau et le plus fin, du safran dans sa fleur, des menus grains de toutes espèces, des fruits les plus savoureux, et il prit encore un couple de jeunes éléphants, un taureau et une génisse, une paire de chevreaux à toison rouge et deux colombes qui sortaient à peine du nid.

« Et ayant réuni le tout, il se dirigea vers la montagne et se mit à gravir la plus haute, et étant arrivé au sommet il s'arrêta, en disant : ce lieu me semble propice pour l'offrande à Brahma. Et voyant une pierre très-haute et très-large, il y déposa les grains, les fruits et les animaux qu'il avait amenés et se mit à implorer le seigneur et à le remercier de lui avoir sauvé la vie en lui enseignant le travail.

« Et comme il suppliait Brahma d'accepter ses pieux dons, un homme sortit tout d'un coup de derrière la pierre, et s'empara des grains, des fruits, des animaux, en s'écriant : ceci est mon bien. Part à deux, dit aussitôt un autre homme, qui parut au même moment.

« Les deux voleurs se toisèrent, prêts à en venir aux mains et à s'entre-déchirer. Qui es-tu ? dit superbement le dernier au premier. Je suis l'envoyé de Brahma, répondit celui-ci, et je viens prendre en son nom l'offrande qui lui est adressée. Eh bien ! moi je suis la force, répliqua le second, et je prends ce qui me plaît. La force vient aussi de Brahma, insinua l'envoyé céleste; faisons alliance, je dirai aux hommes de t'obéir et nous partagerons.

« Et pour sceller leur alliance, ils battirent le pieux croyant, qui était venu offrir les prémices de son travail au seigneur. Et comme la victime leur disait : pourquoi me frappez-vous ? Ils lui répondirent : parce que tu es notre esclave. Et s'étant emparés des animaux, ils chargèrent sur le dos du malheureux les grains et les fruits, et le maltraitèrent de nouveau pour lui faire descendre plus vite la montagne.

« Et, désormais, celui qui avait travaillé et cru, fut obligé de nourrir ces deux hommes et de les servir. »
— (Extrait de Jacolliot).

Admirable légende et poétique tableau de l'âge d'or, puis de l'asservissement de l'homme par le prêtre et le guerrier ou roi.

Pour frapper l'imagination des peuples, et leur imposer la foi en leur doctrine, les brahmes ont inventé la métempsycose, le paradis et l'enfer. Si le prêtre est assez embarrassé pour définir les jouissances réservées aux justes dans le paradis, en revanche, il est difficile de rien ajouter à l'horreur du tableau qu'il a fait des supplices réservés aux réprouvés dans l'enfer.

Quelque rationnelle que soit, à l'origine, cette religion, entre les mains des Brahmes, dont elle est devenue un instrument de domination, elle n'agit plus que par la peur.

Le brahmanisme étant la clef de voûte de l'édifice religieux de l'humanité, nous en donnerons une brève analyse, afin d'y pouvoir rattacher le mazdéisme, le boudhisme, le judaïsme et enfin le christianisme.

LE LIVRE DE MANOU.

<small>Le Livre de Manou (Traduction JACOLLIOT) et Livres sacrés de l'Orient. (Panthéon littéraire.) Code religieux et civil du Brahmanisme.</small>

SWAYAMBHOUVA, ÊTRE SUPRÊME.

« Celui qui existe par lui-même, que l'intelligence conçoit, qui échappe aux sens, qui est sans portée visible, éternel, âme universelle, que nul ne peut définir ni comprendre. »

TRINITÉ VÉDIQUE.

« Ayant divisé son corps en deux parties, Nara (Brahma), esprit divin, devint moitié mâle, moitié femelle, et en s'unissant à cette partie femelle, l'immortelle Nari, il engendra Viradj. »

Tel est le symbole primordial de la trinité védique.

Il est logique, intelligible dans sa profondeur, embrassant dans cette simple formule la loi de la multiplication incessante de tous les êtres. A ce symbole primitif se substituera, plus tard, la trinité brahmanique, composée de Brahma, créateur, de Vischnou, conservateur, et de Siva, destructeur ou transformateur ; elle ne sera plus que le symbole des trois principaux attributs de l'être suprême, et donnera naissance à la mythologie de l'Inde et à un polythéisme illimité.

CRÉATION.

« Ce monde était dissous dans le non être, imperceptible, sans propriété distincte, ne pouvant tomber sous les sens, ni être imaginé par la pensée. C'était le sommeil de la nature.

« Quand vint l'heure du réveil, celui qui existe par lui-même, qui n'est pas à la portée des sens extérieurs, développant la nature avec ses cinq éléments et les principes subtils, parut brillant de lumière, et sa présence chassa la nuit. Il résolut dans sa pensée de tirer de sa propre substance tous les êtres et il déposa, dans les eaux qu'il créa, premièrement le germe de la vie universelle. Ce germe était contenu dans un œuf d'or aussi brillant que l'astre éclatant du jour, et dans lequel Brahma, le seigneur de tous les êtres, déposa une parcelle de sa pensée immortelle fécondée par sa volonté. De celui qui est, de cette cause immortelle, qui existe pour la raison et qui n'existe pas pour les sens, est né Pouroucha, le divin fils de Brahma (Pouroucha, nom de Brahma créateur, émané de Brahma Swayambhouva, l'être suprême). Il resta dans l'œuf d'or l'espace d'une année divine, et par le seul effort de sa pensée, le partagea en deux. Et ces deux parties formèrent le ciel et la terre, et le milieu fut l'atmosphère, le réservoir permanent des eaux; là aussi furent les quatre points principaux (cardinaux) et les quatre points intermédiaires. Il tira de sa propre substance ce souffle immortel qui ne périt pas dans l'être, et à cette âme il donna l'ahancara (le moi) directeur souverain. Puis il donna à cette âme de l'être l'intellect aux trois qualités, et les cinq organes de perception extérieure. Et ayant uni l'ahancara aux cinq organes subtils capables de toutes les modifications les plus diverses, il forma les principes matériels de la vie organisée, et alors créa tous les êtres.

« Le souverain être, dès le début, assigna à tous les êtres vivants une existence particulière, des fonctions spéciales, et un nom, ainsi qu'il est établi par les Védas. Il produisit d'abord la troupe des Dévas, mandataires sans cesse agissants de sa pensée ; puis la foule des génies invisibles, et enfin la prière et le sacrifice, souvenir du commencement de toutes choses.

« Du feu, du soleil et de l'air, il tira, comme règle suprême du sacrifice, les trois livres immortels des Védas : le Rig, l'Yadjous, le Sama, émanations de sa pensée révélée. Il créa le temps et ses divisions, les constellations, les planètes, les mers, les fleuves, les montagnes et les plaines. Il créa aussi, car tout devait émaner de lui, la parole, la dévotion austère, les vertus, les vices et la volonté. Pour la volonté, il permit à l'âme humaine de distinguer, parmi les actions, le juste de l'injuste, et toute créature fut soumise à la joie. C'est avec les particules périssables, émanées des cinq éléments qui composent la forme manifestée du grand tout, que tout a été formé. Tout être qui a reçu de la création une fonction du maître souverain, l'accomplit fatalement à chaque renaissance successive, les qualités qui lui ont été spécialement départies, la bonté ou la cruauté, la douceur ou la barbarie, le culte de la vérité ou l'hypocrisie, vertus ou vices, d'elles-mêmes s'emparent chaque fois de lui. »

LES CASTES.

« La suprême essence manifestée, pour perpétuer l'espèce humaine, tira de sa bouche le brahme, le prêtre ; de son bras le xcathria, roi ou guerrier ; de sa cuisse le vaysia, agriculteur, commerçant ; de son pied le soudra, celui qui sert les autres. Swayambhouva a déclaré la plus pure la partie du corps humain qui descend de la tête au nombril, et dans cette partie la bouche a été déclarée la plus pure. En qualité de premier né, et comme sorti de la partie la plus noble du divin Pouroucha, le brahme est le gardien de la divine Srouti, révélation, et il est le maître de l'univers. C'est lui, en effet, que le divin Pouroucha a produit le premier, au milieu des austérités les plus méritoires, pour la conservation de la création entière, pour la prière, le sacrifice et le culte des ancêtres. Qui pourrait donc être le supérieur de celui qui offre les sacrifices aux Dieux par l'amrita et le beurre clarifié, et préside aux repas funèbres des mânes ? De même que l'intellect domine la matière, et que l'homme est le premier entre les animaux, le brahme est le premier entre les hommes. Il n'y a point d'hiérarchie parmi les brahmes, il sont tous égaux, dès le moment qu'ils ont reçu tous les sacrements. Le brahme a pour privilége d'étudier, d'enseigner et de présider aux sacrifices. Le brahme est fils de l'éternelle vérité, c'est sur lui que repose l'équilibre de toutes choses, et le règne du juste ; il doit s'absorber dans Brahma. Dès sa naissance, le brahme a été placé à la tête de tout ce qui existe, il est le pivot de la société et le législateur souverain ; tout ce que contient cet univers est dit propriété du brahme, c'est l'apanage de son droit d'aînesse. Un brahme a beau recevoir de la nourriture et des vêtements, c'est sa nourriture et ses vêtements qu'il reçoit ; s'il fait l'aumône avec la chose d'autrui, c'est sa propre chose qu'il donne, car les autres ne possèdent et ne vivent que par sa générosité. C'est pour régler les fonctions du brahme et celles des autres castes, suivant qu'elles ont été établies, que le divin Manou, émané de Swayambhouva, a composé ce livre de la loi. »

Slocka 95 : « Celui par la bouche duquel les habitants du paradis mangent sans cesse le beurre clarifié, et les mânes, le repas funèbre, quel être aurait-il pour supérieur ? »

Cette dernière partie de notre citation suffit à elle seule pour justifier ce que nous avons avancé en disant que le livre de Manou est un véda retouché par les brahmes. Se font-ils leur part assez belle !

Pour assurer leur domination et la rendre incontestable, ils établissent que l'être suprême, Brahma, les a créés brahmes, et que le livre qui consacre leur souveraine puissance est un livre révélé et émané de lui. Dans les premiers temps des védas, le partage exclusif des fonctions, c'est-à-dire le privilége des castes, n'était point encore reconnu, non plus que la subordination des xcathrias aux brahmes, et le Soudra n'existait pas. Ce fut Rama, fils de Jamadagni, brahme lui-même qui, ayant vaincu les xcathrias, établit définitivement la suprématie des brahmes.

« Ce livre de Manou est approuvé par la révélation et la tradition ; que celui qui désire la béatitude finale y conforme sa conduite. Depuis les temps les plus anciens, les saints Mounis ont pris ce code de lois pour règle de leurs dévotions austères. La création, les sanscaras ou sacrements, les devoirs du brahmatchari (brahme novice), et les règles importantes des oblations, le choix d'une femme, les différents genres de mariages, le mode des sacrifices, la direction des repas funéraires, les devoirs des pères de famille, et les différents genres d'existence, les aliments purs et ceux qui sont impurs, ainsi que la purification des vases et instruments des sacrifices et des repas, les lois qui concernent les femmes, les devoirs qui conduisent au mockcha, béatitude finale, les devoirs que doivent suivre les anachorètes, les devoirs des rois et des juges, les lois sur le témoignage, les règles de conduite entre le mari et l'épouse, le partage des successions, les prohibitions du jeu et du pari, le châtiment des criminels, les devoirs des vaysias et des soudras, l'origine des tchandalas ou décastés, la conduite que doivent tenir les gens des diverses castes dans le malheur, les sacrifices d'expiation, la série des transmigrations suivant les actions bonnes ou mauvaises, la récompense ou le châtiment qui en résultent, l'indication de ce qui est bien et de ce qui est mal, les règlements en vigueur dans les différentes provinces, et pour les différentes castes, les lois qui concernent les marchands et les étrangers; tout cela a été inspiré par ce livre de la loi. »

Cet aperçu que nous trouvons à la fin du premier chapitre de Manou lui-même suffit, pour le moment, pour nous faire comprendre le dogme fondamental du brahmanisme et l'ensemble des lois qu'il embrasse. Nous ne nous arrêterons que sur le dernier chapitre qui contient toute la partie métaphysique de la doctrine de Brahma ; il complètera nos connaissances sur cette religion.

Il est ainsi intitulé :

KCHETRADJNA-NARAKAS-SWARGA-MOCKCHA.
(Ame immortelle. Enfers. Ciel. Béatitude finale).

« O toi, qui es la pureté suprême, révèle-nous la vérité sur l'âme, la charité et la récompense ! L'envoyé de Dieu, Manou, le juste par excellence, répondit : Ecoutez et apprenez quelle est la souveraine destinée de tout ce qui est doué de la faculté d'agir :
« De tout acte de la pensée, de la parole ou du corps résulte un bon et un mauvais fruit ; des actions des hommes naissent leurs différentes conditions, supérieures, moyennes, inférieures. »

« Penser aux moyens de s'approprier le bien d'autrui, méditer un acte répréhensible, embrasser l'athéisme et le matérialisme, sont les trois actions coupables de l'esprit. Proférer des injures, mentir, médire de tout le monde, mal parler des choses sacrées, sont les quatre actions coupables de la parole.

S'emparer du bien d'autrui, faire du mal aux êtres animés, ravir la femme d'un autre, sont reconnus comme les trois actions coupables du corps.

« Pour les bonnes actions qui viennent de l'esprit, l'être animé et doué de raison est récompensé dans son esprit. Pour celles qui viennent de la parole, il en est récompensé dans les organes de la parole. Pour celles qui viennent du corps, il en est récompensé dans son corps.

« Pour les mauvaises actions qui proviennent de l'esprit, l'homme renaît dans la condition humaine la plus vile. Pour celles commises par la parole, il revêt la forme d'oiseau ou de bête fauve. Pour les fautes provenant du corps, il passe à l'état de créature privée de mouvement. »

Nous intercalons ici deux phrases tirées du chapitre VI :

« Ce corps, dont les os font la charpente, à laquelle les muscles servent d'attaches, enduit de chair et de sang et contenant des excréments infects, soumis à la vieillesse, à la décrépitude, aux chagrins, aux maladies et à des souffrances sans nombre, doit être laissé avec bonheur par le juste. Tout disparaîtra dans la pourriture terrestre ; seules les bonnes actions et l'âme ne passeront point.

IMMORTALITÉ DE L'ÂME.

Après la mort, les âmes des hommes qui ont commis de mauvaises actions prennent un autre corps, à la formation duquel concourent les cinq éléments subtils, et qui est destiné à être soumis aux tortures de l'enfer. Lorsque les âmes revêtues de ce corps ont subi dans l'autre monde les tortures de l'enfer, elles entrent dans les éléments grossiers, auxquels elles s'unissent pour reprendre un corps et revenir au monde achever leur purification.

« L'homme doit considérer que ces transmigrations successives étant le produit de la vertu et du vice, il ne dépend que de sa volonté de diriger son esprit vers la vertu et d'abréger le temps d'exil. Qu'il sache que l'âme possède la notion du bien et du mal et qu'il y a de plus en elle des aspirations qui ne se peuvent définir en ce monde, ce qui tient à son union avec les substances matérielles et périssables dont le corps est formé. Lorsque l'être animé découvre en lui un sentiment honnête, tendre, affectueux, élevé, calme et pur comme le jour, qu'il dise : cela vient du bien ; mais toute disposition de l'âme qui est accompagnée de dessins pervers, de haine, de colère, ou qui tend à la pure satisfaction des sens, doit être déclarée provenir du mal. Quant à cette sensation de l'âme qui s'applique à ce qu'elle ne peut discerner, ni expliquer, ni comprendre ; c'est l'inconnu, le mystérieux qu'il n'appartient qu'à la grande âme de connaître.

« Les âmes qui ne sont unies que par l'idée du bien, acquièrent la nature divine, celles que dominent le mal sans que le bien ait été exclu de tous leurs actes, ont en partage la condition humaine.

Quant aux âmes qui sont restées dans l'obscurité sans distinguer le bien du mal, elles recommencent la série des transmigrations par l'état d'animaux. Ces trois sortes de transmigrations ont chacune trois degrés différents : le supérieur, l'intermédiaire, l'inférieur, en raison des degrés divers des mauvaises actions dont l'homme a pu se rendre coupable.

« L'homme qui est resté dans l'obscurité sans distinguer le bien du mal, renaitra dans les êtres qui ont vie sans mouvement, comme les végétaux ; de là il passera graduellement par les vers, les insectes, les poissons, les serpents, les tortues, les bestiaux et les animaux sauvages ; tel est le degré inférieur. Puis, passant par le degré intermédiaire, il sera successivement sanglier, tigre, cheval et éléphant. A ce moment il atteindra le degré supérieur et redeviendra homme ; mais il ne sortira pas de la caste misérable des tchandalas (pariahs), qui fournit les danseurs et les charlatans.

« Celui qui, ayant connu le bien et l'a pratiqué, mais a commis aussi des actions mauvaises, qui, à des degrés différents, contrebalancent les bonnes, dans la classe inférieure reviendra parmi les batonnistes, les lutteurs, les charmeurs d'animaux, les acteurs et les maîtres d'armes.

« Dans la classe intermédiaire, il renaîtra guerrier, roi, juge, orateur.

« Dans la classe supérieure, alors que les bonnes actions dominent les mauvaises, l'âme ne transmigre plus, elle commence à s'élever vers les sphères célestes, et va animer les corps des musiciens, des génies et des danseuses célestes qui chantent les louanges de la grande âme dans les quatorze cieux d'Indra. Ceux qui n'ont connu et pratiqué que le bien ne transmigrent pas, ils restent au service de Brahma, qui les envoie comme une émanation de sa puissance, tantôt habiter la terre pour y servir d'exemple, tantôt veiller à l'harmonie des sphères célestes. Dans le premier degré sont les anachorètes, les dévots ascétiques, les brahmes, les légions de demi-dieux aux chars aériens, les génies des astériques lunaires et ceux qui président aux jours.

« Dans le second degré, sont les sacrificateurs, les saints, les dévas, les génies qui conservent l'écriture sainte, les divinités qui président aux étoiles et aux années.

« Brahma, créateur suprême, génie de la vertu, Vichnou, principe de conservation, et Siva, principe de transformation, sont les seuls qui soient au degré supérieur du bien, puisqu'ils sont le bien lui-même.

« J'ai dit; et ainsi vous est révélé dans son entier ce système de transmigration. »

Manou nous donne ici la trinité brahmanique, qui s'est substituée à la trinité védique. Elle n'est plus que la personnification des trois principaux attributs de l'être suprême. Suit une nomenclature fort longue des transmigrations dont sont punis les différents crimes. Ces transmigrations, par leur étrangeté, aboutissent au ridicule et à la bouffonnerie ; mais avant d'être condamnés à ces transmigrations, les grands criminels vont passer de nombreuses séries d'années dans les sombres demeures infernales, qui sont au nombre de vingt-et-une.

NARACAS (ENFER)

« Celui qui s'obstinera dans des actions mauvaises, oubliant son origine et la destinée future, souffrira des tortures de plus en plus cruelles et passera par des transmigrations de plus en plus infinies. Epuisant les demeures les plus horribles de l'enfer et divers lieux de captivité et de tortures, des tourments de toutes sortes lui sont réservés : il sera dévoré par les corbeaux, les vautours et les hiboux ; il sera forcé d'avaler des ruisseaux de flammes, marchera sur des sables ardents et sera mis au feu comme les vases d'un potier. »

Nous trouvons dans la traduction de Jacolliot une note contenant un extrait du Padma-Pourama, suffisant pour nous donner l'idée de l'horreur de l'enfer, ou Naracas brahmanique.

« Une nuit éternelle enveloppe le naraca, on n'y entend que des gémissements et des cris affreux, les douleurs les plus aiguës qui puissent être causées par le fer et le feu, y sont ressenties sans interruption.

« Il y a des supplices affectés à chaque genre de péché, à chaque sens, à chaque membre du corps : feu, fer, serpents, insectes vénimeux, animaux féroces, oiseaux de proie, poison, puanteur effroyable, tout en un mot est employé pour tourmenter les damnés. Les uns ont les narines traversées par un cordon à l'aide duquel on le traîne sans cesse sur le tranchant de hâches extrêmement affilées ; d'autres sont condamnés à passer par le trou d'une aiguille et sont pour cela battus sur une enclume par de noirs démons ; ceux-ci sont aplatis entre deux rochers qui se joignent ensemble et les écrasent sans les détruire ; ceux-là ont les yeux continuellement rongés par des vautours affamés ; on en voit des milliers qui nagent continuellement et barbotent dans des étangs pleins de boue immonde et de détritus en putréfaction, ils sont eux-mêmes une pourriture rongée par les vers, etc., etc. »

Manou fait connaître maintenant les actes qui peuvent conduire le brahme au bonheur éternel :

« Etudier et comprendre les védas, pratiquer la dévotion austère, connaître l'être suprême, dompter les organes de ses sens, ne point faire de mal et honorer son maître spirituel ; mais, par-dessus tout, acquérir la connaissance et l'amour de Dieu ; là est le commencement et la fin de toute science, et c'est ainsi que l'on parvient le plus sûrement à l'immortalité. Trois modes de preuves : l'évidence, le raisonnement et l'autorité des livres saints doivent être bien compris par celui qui cherche à acquérir une connaissance de ses devoirs et des vertus qui les composent, qui sont : la résignation, l'action de rendre le bien pour le mal, la tempérance, la probité, la pureté, la chasteté et la répression des sens, la connaissance de la sainte écriture, celle de l'âme suprême, c'est-à-dire Dieu ; le culte de la vérité et l'abstinence de la colère.

DOCTRINE SECRÈTE.

Maintenant va vous être déclarée la partie de ce livre de la loi qui doit rester cachée au vulgaire :

« Que la décision prononcée par les brahmes instruits soit tenue pour certaine et obligatoire, sans contestation, que personne ne conteste une vérité décidée par une assemblée de brahmes vertueux, qui sont assemblés au nombre de dix ou de trois. La décision d'un seul brahme versé dans la sainte écriture, doit être considérée comme une loi de la plus grande autorité ; elle est supérieure à celle de dix mille individus ne connaissant pas la doctrine sacrée.

« L'âme est l'assemblage des dieux, l'univers repose dans l'âme suprême ; c'est l'âme qui produit la série d'actes accomplis par les êtres animés.

« Le brahme doit se représenter le grand être comme le souverain maître de l'univers, comme plus subtil qu'un atôme, comme aussi brillant que l'or pur, et comme ne pouvant être conçu par l'esprit que dans le sommeil de la contemplation la plus abstraite ; les uns l'adorent dans le feu, d'autres dans l'air. Il est le seigneur des créatures, l'éternel Brahma.

« Ainsi l'homme qui reconnaît dans sa propre

âme l'âme suprême présente dans toutes les créatures, comprend qu'il doit se montrer bon et loyal pour tous et il obtient le sort le plus heureux qu'il puisse ambitionner, celui d'être à la fin absorbé dans Brahma. »

En étudiant les slocas, 107 à 126, qui terminent ce dernier chapitre et qui renferment la doctrine secrète du code de Manou, nous arrivons à conclure que les prétendues révélations de Manou sur l'origine du monde, le nombre des dieux, leurs incarnations, la nature de l'âme, la vie future, le paradis, l'enfer, la transmigration ou métempsycose, ne sont que des impostures imaginées pour tromper, dominer et exploiter le vulgaire, et qu'au fond de toutes ces inventions il n'y a de réel pour le brahme qu'un dieu suprême, l'âme du monde, le soleil.

Nous ne trouvons dans le livre de Manou aucune définition des joies célestes réservées aux justes dans le paradis de Brahma ; tout se réduit à être à la fin absorbé dans Brahma ; nous suppléerons à ce silence par une description du bonheur des élus que nous trouvons dans le Maha-Bharata. (Traduction Hippolyte Fauche).

« Ce qui est nommé ciel et qui s'étend sur nos têtes est le monde du swarga. Là sont les hommes vertueux, ils habitent en grand nombre ces jardins célestes ; ces mondes sont charmants, lumineux, doués d'amour et formés de splendeur. Là on ne connait ni la soif, ni la faim, ni la fatigue, ni le froid, ni le chaud, ni la crainte. Là n'existent ni le dégoût, ni le moindre malheur ; partout ce sont des choses agréables au toucher ; de tous côtés on n'entend que des sons, charmes de l'oreille ; là n'est ni le chagrin, ni la vieillesse, ni le travail, ni la plainte ; on ne connait là ni la sueur, ni la mauvaise odeur, ni l'urine, ni l'excrément ; jamais la poussière n'y souille les vêtements, les guirlandes ne se flétrissent pas, on ne voit pas expirer leurs exquis et célestes parfums ; des chevaux de toutes sortes sont attelés à leurs chars ; libres d'envie, de chagrin, de fatigue, exempts de jalousie et de démence, les hommes qui ont conquis le swarga, y vivent au sein de la félicité. »

Ainsi, malgré la luxuriante imagination orientale, les auteurs indoux, dans leurs descriptions des joies du Paradis, ne dépassent pas le niveau des choses terrestres. Affranchis des misères humaines, les justes ne trouvent au ciel que les jouissances qu'ils ont connues sur la terre. Combien sont-ils plus riches d'imagination quand il s'agit d'inventer des supplices contre les damnés et de terroriser les faibles d'esprit !

Comment les brahmes sont-ils parvenus à dominer les populations qui sont soumises à leurs lois ? par la terreur ! Eux seuls gardant le secret du symbolisme de leur doctrine, ils ont laissé se propager toutes les erreurs qui ne pouvaient préjudicier à leur puissance et à leurs intérêts matériels et ont réussi à faire des Indoux le peuple le plus crédule et le plus superstitieux de la terre. État déplorable qui s'est perpétué jusqu'à nous.

CULTE BRAHMANIQUE.

Maintenant, nous allons faire l'analyse sommaire des lois civiles et religieuses du Code de Manou.

SACREMENTS.

Les sacrements sont :

Le sacrement de la Conception, qui s'administre le quinzième jour après sa constatation ; l'ondoiement ou baptême après la naissance, qui enlève toute impureté pour la vie présente et la vie future, par l'eau lustrale ou eau bénite ; l'investiture du cordon de la ceinture et de l'initiation de la savitri, qui se donne de huit à vingt-quatre ans par la consécration au moyen de l'huile sainte ; celui qui, à cet âge, n'est pas pourvu de ce sacrement, est excommunié ; Le kesantha, de seize à vingt-quatre ans, consécration de la capacité de l'initié à exercer les fonctions attribuées à sa caste.

Le brahme qui a reçu tous les sacrements et qui a été admis à offrir le sacrifice, prend le titre de Dwidja, c'est-à-dire deux fois né.

Enfin, le sacrement du mariage. Ce sacrement est le seul qui soit conféré aux femmes, il leur tient lieu de tous les autres.

De la première à la troisième année, on procède à la cérémonie de la tonsure pour les enfants brahmes seulement.

Il n'y a point de sacrements pour le soudras.

CÉRÉMONIES.

Office divin public : Il n'existe pas encore de emples, un autel carré formé d'un massif de terre couronné d'une assise de pierre est dressé dans un lieu un peu élevé, au milieu d'une enceinte gazonnée et close de palissades ; la plate-forme de l'autel reçoit le feu sacré, obtenu au moyen d'un frottement rapide entre deux morceaux de bois appelés l'aranï, le matin au point du jour, à midi et le soir au coucher du soleil. Aussitôt le feu allumé, on y verse du beurre clarifié, puis l'offrande liquide du soma, liqueur spiritueuse eucharistique ; elle produit une grande gerbe de flammes qui est censée monter jusqu'aux dieux. Enfin, on y jette l'offrande solide composée d'orge frite, ou de riz grillé, ou de gâteaux de beurre et de farine.

Au moment du sacrifice, l'officiant invite les dieux à descendre dans l'enceinte sacrée et à prendre part à la cérémonie, l'assistance est convaincue que les dieux accèdent à cette prière.

Office privé : Le père de famille est tenu de célébrer trois fois par jour, dans sa maison, le sacrifice d'agni ou feu sacré ; la femme est chargée de l'entretenir, et l'on y pratique les mêmes oblations que dans les sacrifices publics. Agni, le soleil, ou le feu, qui est son emblème, chez les Arias, est considéré comme l'agent universel animant toute la nature, c'est le principe de toute existence.

REPAS OU SERVICES FUNÉRAIRES.

Chaque mois, au renouvellement de la lune, le

brahme doit offrir aux mânes les pindas consacrés (gâteaux de miel, beurre clarifié et riz, bases de toute oblation). Il doit présider aux repas funéraires chez les pères de famille. Le brahme, seul, doit accomplir et faire l'oblation aux mânes des ancêtres. Le brahme, seul, peut procéder aux exorcismes.

PRIÈRES.

Outre les prières des cérémonies publiques, les trois savanas, prières du matin, de midi et du soir, sont obligatoires. La savitri est la prière par excellence, nous en donnons deux versions, une tirée de Jacolliot, l'autre de Burnouf, essai sur le Véda.

Savitri brahmanique. — *Bhour-Bhouva-Shouar*. — « Seigneur des mondes et des créatures, reçois mon invocation, détourne-toi de la contemplation de ta puissance immortelle. Un seul de tes regards purifiera mon âme. Viens à moi, que j'entende ta voix dans le frémissement des feuilles, dans le murmure des eaux du fleuve sacré, dans le pétillement de la flamme de l'Avasathya, ou feu sacré. Mon âme a besoin de respirer l'air pur qui émane de la grande âme, écoute mon humble invocation, seigneur des mondes et des créatures. »

Bhour-Bhouva-Shouar. — « Ta parole sera plus douce à mon âme altérée que les pleurs de la nuit sur les sables du désert, plus douce que la voix de la jeune mère qui appelle son enfant. Viens à moi, ô toi par qui la terre est en fleur, par qui mûrissent les moissons, par qui se développent tous les germes, par qui brillent les cieux, les mères enfantent et les sages connaissent la vertu. »

La Savitri védique. — « Cet hymne excellent et nouveau t'est adressé par nous, ô radieux et brillant soleil ; c'est notre hommage. Prends plaisir à ces chants que nous accompagnons d'offrandes. Aime notre prière comme l'époux amoureux aime son épouse. Qu'il soit notre protecteur, ce soleil qui voit et contemple toutes choses ; nous adorons la lumière admirable du créateur resplendissant, qui, lui-même, provoque nos prières. Apportant avec nous la prière et l'offrande, nous sollicitons les bienfaits du créateur adorable et resplendissant. Par des sacrifices et des saints cantiques, les brahmanes honorent le créateur resplendissant, guidés par l'intelligence et inspirés par la prière. »

RÈGLE DE CONDUITE.

Remplir toutes les prescriptions de la loi, honorer les dieux, accomplir les sacrifices, pratiquer la vertu, étudier la sainte écriture, connaître toutes les obligations morales, garder la continence, rendre le bien pour le mal, faire l'aumône, respecter le brahme, son gourou ou précepteur, les femmes, les vieillards, les infirmes, confesser ses fautes, jeûner, devenir ascète, faire des pèlerinages aux thyrtas (étangs ou stations fluviales sacrés dont les eaux purifiaient de tous péchés), et aux tombeaux des saints anachorètes.

On honore Swayambhouva, l'être existant par lui-même, par la lecture des védas, les dieux par l'offrande du feu, les saints par les libations d'eau, les mânes par les services funéraires, les esprits par le riz, et les hommes par l'aumône.

RÉSUMÉ DE LA DOCTRINE DE MANOU. — MONOTHÉISME.

Swayambhouva, être suprême, éternel, grande âme de l'univers ; ses trois principaux attributs sont : la création, la conservation de la création, la destruction de la création ou transformation par la mort, tout rentrant dans le grand tout ; ces attributs sont symboliquement personnifiés par : Brahma, créateur, Vischnou, conservateur, Siva, transformateur ; Trimourti, représentée par les trois lettres du mystérieux monosyllabe *Aum*.

Immortalité de l'âme, transmigration ou métempsycose, paradis et enfer.

Puis, un Panthéon de dieux secondaires et d'innombrables génies divins luttant contre les mauvais génies, les démons ou autres esprits infernaux, symbolisant la lutte du bien et du mal ; enfin, le soleil, la lune, la terre, la mer, le feu deviennent symboliquement autant d'êtres divins.

Brahma et Vischnou, selon le système des brahmes, sont soumis à des incarnations périodiques. Dans ce cas, Brahma symbolise le renouvellement perpétuel de la création. Vischou s'incarne par bonté, par dévouement pour défendre la création et la sauver du mal.

Si le livre qui contient une doctrine aussi remarquable des lois morales et civiles auxquelles la succession des temps n'a pu ajouter que bien peu de chose, remonte à une telle ancienneté que nous ne puissions même approximativement lui attribuer une date, combien a-t-il fallu au peuple indou de milliers de siècles pour arriver à une civilisation aussi développée ?

Comparativement à cette ancienneté, la date assignée par la Bible à la création et à l'origine du peuple hébreu, pourrait être considérée comme appartenant aux temps modernes.

Il n'entre pas dans notre plan de nous occuper des différentes sectes issues du brahmanisme, dont les principales sont le Vischnouvisme et le Sivaïsme. Elles ne se distinguent de la religion-mère que parce qu'elles ont emprunté à la trinité brahmanique les noms qu'elles ont substitués à celui de Brahma, à la tête de leur panthéon divin.

Nous n'entreprendrons pas davantage de suivre ici le rayonnement du brahmanisme chez les Chinois chez les Égyptiens, et chez les autres peuples de l'antiquité. Nous en ferons l'objet d'un travail spécial, nous nous bornerons à établir la filiation directe du Christianisme, procédant du Brahmanisme, du Mazdéisme, du Bouddhisme, de l'Essénisme, et enfin du Judaïsme.

DÉLUGE.

Nous ne trouvons dans le livre de Manou aucun souvenir ou allusion concernant le déluge, cependant ce cataclysme épouvantable est connu du monde brahmanique, car nous en trouvons un récit détaillé dans le catapatha du yadjour blanc et dans le mahabharata.

En voici l'extrait : « Manou est averti par un poisson qu'un déluge va couvrir la terre. Ce poisson lui ordonne de construire un vaisseau et de s'y retirer avec les semences de tous les êtres quand viendra le déluge. Quand il fut venu, Manou monta sur le vaisseau, le poisson le prit à la remorque, au moyen d'un câble attaché à la corne que le poisson portait sur la tête, et le conduisit à la montagne du nord. Quand les eaux se furent retirées, Manou sortit du vaisseau avec tout ce qu'il y avait enfermé. »

DU NOM DE MANOU.

Ce nom appartient originairement aux temps fabuleux de l'Inde. Était-ce le mythe du premier homme, père du genre humain ? Au début du livre, il est qualifié de divin fils de Swayambhouva, être suprême. On lui attribuait donc une origine divine, le nom de Manou est prononcé dans le rig-véda en différentes circonstances.

Il paraît y avoir existé plusieurs personnages de ce nom dans la mythologie indienne ; mais il est impossible de déterminer auquel appartient le code que nous possédons. D'ailleurs, ainsi que nous l'avons déjà dit, ce livre, qui contient la plus grande partie des védas, livres sacrés et révélés, pouvait être originairement attribué à un mythe divin ; mais il a été évidemment retouché par les brahmes, car les védas ne contiennent pas encore l'inflexible séparation des castes, ni les immenses priviléges que, postérieurement, les brahmes se sont attribués. Tout en conservant l'origine et la doctrine des védas, les brahmes en ont fait un code à leur profit particulier, abritant leur effrayant despotisme. Ce n'est plus là le livre primitif des védas que les brahmes ont eu tout intérêt à faire disparaitre pour dissimuler leurs empiétements.

Ce livre ne saurait donc remonter qu'à l'époque où les brahmes, triomphants de toutes les résistances, ont enfin conquis le pouvoir absolu. Nous trouvons bien dans le bhâgavata-pourana le récit de la lutte héroïque qui donne définitivement la victoire aux brahmes. Le héros de cette époque est Rama, fils de Jamadagni ; mais à quelle époque remontent ces événements ? Il n'a pas encore été possible de la déterminer.

—

LOIS RELIGIEUSES ET MORALES

Le vrai mobile du bien est dans l'amour de la vertu.

Etudier les livres saints ; — offrir les sacrifices aux dieux ; respecter les lois des Védas ; — recevoir les sacrements ; — être irréprochable dans ses mœurs ; — foi, espérance, charité ; — pratiquer la tempérance, les ablutions ; — l'aumône ; — la prière ; —

manière de prier ; — retraites religieuses ; — les purifications ; — être le maître de ses sens ; — Préparer une absorption dans le Parabrahma ; — Immortalité de l'âme ; — choix des noms pour les garçons et pour les filles ; — respecter son gourou ou précepteur, le considérer comme son père spirituel ; — honorer son père, sa mère, ses parents ; — être probe ; — fuir la colère ; — la cupidité ; — le jeu ; — les querelles ; — le mensonge ; — l'imposture ; — la médisance ; — l'orgueil ; — ne pas séduire une femme ; — ne pas nuire à autrui ; — rendre le bien pour le mal ; — coucher seul ; — éviter la luxure ; — avoir de la déférence pour les vieillards, les femmes, les malades, les infirmes ; — fuir l'ostentation, le luxe ; — se livrer aux austérités méritoires ; — éviter de demeurer au milieu des femmes ; — entretenir le feu sacré ; — pratiquer les dix vertus qui composent le devoir ; — le culte des mânes.

SACREMENTS.

Purification de la conception. — Baptême. — Investiture du cordon. — De la prêtrise.

DU MARIAGE.

Des degrés de parenté prohibés. — Choix d'une femme. — Des huit modes de mariage. — Le mariage est le seul sacrement que reçoive la femme, il lui tient lieu de tous les autres. — Nécessité d'avoir un fils. — Le fils légitime qui vit saintement, par ses prières délivre dix ancêtres paternels et maternels, lui-même et dix descendants.

Anneau nuptial et autres cérémontes usitées pour le mariage. — Indication du temps favorable à la conception, — S'abstenir de toute relation avec une femme incommodée ou récemment accouchée. — Le père, en mariant sa fille, ne doit rien exiger de l'époux.

Obligations du père de famille. — Des libations. — Offrandes et sacrifices qu'il doit faire.— Manière d'honorer Swayambhouva, l'être supérieur, — Obligation d'exercer l'hospitalité.

De la manière dont il doit être procédé aux différents repas ; des gens qu'on ne doit pas inviter aux repas funéraires. — Le brahme seul doit faire l'offrande dans les repas funéraires.

Le frère cadet ou la fille mariés avant le fils aîné, le père qui a consenti à ce mariage, le brahme qui l'a consacré, vont en enfer ; même peine pour celui qui, marié avec la veuve de son frère aîné, mort sans fils, use de ce mariage pour assouvir sa passion.

Purification des souillures résultant de l'admission de gens indignes au repas funéraire. — Des mânes, — Des offrandes, soma, feu, amrita, riz, menus grains, herbes.

Formules magiques pour chasser les mauvais esprits. — Choix des lieux pour célébrer les repas funéraires. — Communion et cérémonies à suivre dans ces repas. — Anniversaire de la mort des parents. — Jours néfastes pour les repas funéraires. — Grand sraddha annuel ou fête des morts.

DEVOIRS ET PRÉCEPTES.

Interdiction aux brahmes de mangers des êtres animés. — Mets qui leur sont permis. — Instruction pour la conduite des brahmes ; les brahmes qui transgresseront cette loi passeront dans les vingt-et-un enfers du naraca ; par l'observation de cette loi le brahme acquiert l'immortalité.

IMPURETÉS. — PURIFICATION.

Aliments impurs, animaux purs. — Toute viande doit avoir été offerte aux dieux avant de pouvoir être mangée. — Défense de tuer sans nécessité les animaux inoffensifs. — Mérite de ceux qui ne mangent point de viande. — Abstinence des liqueurs fermentées. — Impuretés provenant des morts et des objets inanimés. — Prescriptions pour les funerailles. — Purification de tous les objets usuels, des maisons, des eaux.

Des choses pures.

Devoir des femmes, leur soumission à leur père, à leur mari ; leurs devoirs dans toutes les circonstances de la vie.

Le veuf peut se remarier.

CÉNOBITISME.

Le personnage sanctifié qui a accompli tous ses devoirs d'initiation, de mariage, de l'éducation de ses enfants, peut se retirer dans la forêt et y vivre selon la règle du cénobitisme. Il emportera le feu sacré et les objets nécessaires pour faire les sacrifices aux dieux, à la création, à la rédemption, à la mort, à la vie future ; il se vêtira d'écorces d'arbres ou de peaux d'animaux, laissant pousser ses cheveux et ses ongles ; il fera sa nourriture de végétaux, de racines, des aumônes qu'il recevra, de fruits et d'eau. Il accomplira rigoureusement toutes les cérémonies du culte ; il jeûnera, couchera sur la terre nue, s'exposera nu, l'été, aux ardeurs du soleil ; il ne cherchera point d'abri contre la pluie, ni contre les orages ; pendant l'hiver il n'habitera que les lieux malsains et humides et se flagellera jusqu'au sang ; il ne désirera point la mort. Parvenu par toutes ces mortifications à la sainteté suprême, qu'il se retire dans les déserts arides, au milieu des fauves.

C'est en observant toutes ces prescriptions qu'il parviendra à se réunir à la divinité.

—

LOIS CIVILES

LE LIVRE DES ROIS.

Le roi est d'institution divine, initié selon l'usage avec les cérémonies sacrées ; il ne doit avoir d'autre but que la justice. C'est une divinité sous une forme humaine.

Tout homme qui s'attaque au roi doit périr. — Le châtiment est l'arme du roi. — Comment il doit en user.

Le roi doit donner l'exemple, par la pureté de sa conduite, par sa fidélité à tenir ses engagements et à observer la loi ; il doit respecter les brahmes.

Il doit être instruit de la triple doctrine des védas, des lois fondées sur la coutume et la tradition ; posséder la science du raisonnement et la connaissance de l'âme universelle, avoir un directeur spirituel et un chapelain ; il doit dominer ses passions, fuir tous les vains plaisirs, surtout l'ivresse, l'abus des femmes et la chasse ; s'adjoindre sept ou huit ministres judicieusement choisis parmi les grands qui l'entourent ; ne rien faire sans les consulter et demander le conseil d'un savant brahme dans les circonstances graves; choisir de même avec soin tous ses chefs d'administration, ses ambassadeurs.

Qu'il habite, dans un pays fertile, une forteresse élevée au sommet d'une montagne, qu'elle soit entourée de solides remparts et bien approvisionnée de toutes choses nécessaires ; qu'il établisse une vigilante surveillance dans tout son empire ; qu'il fasse de copieuses aumônes et qu'il comble les brahmes de ses largesses.

Il doit, dans la guerre, s'abstenir d'armes déloyales ou empoisonnées, ou de traits lancés par le feu ; ne pas frapper l'ennemi démonté ou blessé, ou celui qui se rend à lui, ou celui qui est désarmé, etc.

Qu'il ait une armée toujours prête ou aguerrie ; qu'il n'ait jamais recours à la perfidie et qu'il sache déjouer celle des ennemis ; qu'il sache adroitement négocier en cas de nécessité.

Pour la bonne administration de son royaume, qu'il établisse un chef par commune, un autre pour dix, un autre pour cent et enfin un autre pour mille.

6.

Tous ces chefs devront se correspondre hiérarchiquement. Dans les grandes villes, il aura un surintendant surveillant les autres fonctionnaires, et avoir une police solidement organisée. Qu'il punisse sévèrement les exacteurs, qu'il assure le traitement de tous ces employés, qu'il fixe l'impôt sur les commerçants ainsi que toutes les matières imposables.

Le brahme seul est exempt de tout impôt.

Le roi ne pressurera pas arbitrairement son peuple, il le protégera contre toute attaque, au dedans comme au dehors et rendra la justice avec équité.

Instruction sur le rôle des ambassadeurs, sur la manière d'agir avec ses ennemis qui sont principalement les rois voisins; sur les précautions que nécessite la guerre, et la meilleure manière de la faire. Que le roi respecte les lois du pays conquis; qu'il use prudemment de la victoire; qu'il ne recule devant aucun effort pour sauver son royaume, et qu'il n'ait recours à la fuite que quand il lui est devenu impossible de continuer la lutte; qu'il s'assure du dévouement de tous ceux qui l'entourent; qu'il passe en revue ses troupes, ses munitions, ses approvisionnements; que tout soit toujours en état comme à la veille d'une bataille.

Telles sont les règles prescrites pour la conduite des rois.

LIVRE DE LA FAMILLE, DES CASTES ET DES ROIS.

La femme a droit à la protection de son père, de son mari et de ses fils. — C'est un crime de ne pas marier sa fille quand elle est nubile. — Le fils qui ne protège pas sa mère est maudit. — Surveiller avec le plus grand soin l'honneur des femmes. — Ne point user de violence avec elles. — Attributions dans le ménage. — L'inconduite de l'homme est cause de celle de la femme. — Conduite de l'homme envers la femme esclave de ses passions. — La femme vertueuse, quelque vile que soit la caste d'où elle est issue, obtient par ses vertus le même rang que son époux.

Le mariage n'a d'autre but que la procréation des enfants. — Respects dus à la femme vertueuse. — Mépris encouru par l'infidèle.

Le père est le mari de la mère; l'enfant, par droit d'antériorité, appartient au mari de la mère, quand bien même il ne serait pas le père véritable.

L'époux et l'épouse ne font qu'une personne, ils ne peuvent être séparés.

Lorsqu'on n'a pas de fils, la progéniture peut être obtenue par l'union de l'épouse, convenablement autorisée, avec un frère ou un autre parent.

DIVORCE.

L'homme peut répudier sa femme si elle n'est pas vierge ou si elle est atteinte de la lèpre ou de l'éléphantiasis; le mariage est annulé. L'épouse peut également se séparer de son mari criminel, lépreux, atteint d'éléphantiasis, impuissant, ennuque ou fou.

Règle de conduite de la femme en l'absence prolongée du mari. — Le mari peut se séparer de sa femme si, pendant un an, elle refuse d'avoir rapport avec lui. — La polygamie est tolérée. — Les femmes prennent rang selon leurs castes.

Si le père ne marie pas sa fille nubile au bout de trois ans, elle a le droit de se choisir un mari dans sa caste. — L'homme de trente ans doit épouser une fille de douze ans ; un homme de vingt-quatre ans, une fille de huit ans. — Si le fiancé meurt avant le mariage, le frère doit épouser la fille, si elle y consent.

PARTAGE DES SUCCESSIONS.

Après la mort du père et de la mère, les enfants se partagent leur succession, à moins que, ce qui est préférable, ils ne consentent à rester en communauté sous l'administration du fils aîné.

DROIT D'AÎNESSE.

Le père, par la naissance d'un fils, acquitte la dette des ancêtres ; c'est pour cela que le fils aîné est le chef de la famille. Le fils aîné est fils du devoir, les autres sont fils de l'amour.

Le vingtième de la succession est réservé hors part à l'aîné avec le choix dans les objets du ménage. Le second prend la moitié de la part du premier ; le troisième, le quart. Après ces prélèvements, l'aîné prend encore le dixième de la masse à partager, puis on partage le reste par portions égales. Les frères doivent donner à leurs sœurs le quart de leur part. Lorsque les animaux domestiques se trouvent en nombre impair, l'animal impair appartient au fils aîné; il en est de même quand il n'en existe qu'un seul.

Le père qui n'a point de fils peut adopter celui de sa fille. — La fille hérite de ce qui appartient à sa mère. — A défaut de fils, le fils de la fille hérite du père. — Enfants qui ne peuvent hériter.

RÈGLE D'ADOPTION.

Si une fille se marie enceinte, qu'elle l'avoue ou non, son fils est fils du mari.

Si la femme répudiée vierge est reprise dans le même état, il y a lieu de procéder à un nouveau mariage.

COLLATÉRAUX.

Les collatéraux héritent à défaut d'héritiers directs; à leur défaut les parents plus éloignés, ou encore à leur défaut le brahme.

Le roi ne peut hériter de ce qui appartient au brahme, mais dans les autres castes, la succession sans héritiers lui appartient.

Le mari hérite de sa femme morte sans enfants. — Le père peut disposer de ce qu'il amasse en dehors de ce qu'il a reçu de ses ancêtres. — Les frères héritent de leurs frères. — Choses qui ne se partagent pas.

JUSTICE.

Prohibition du jeu de hasard, du pari. — Expulsion des joueurs, danseurs, charlatans, impies, marchands de liqueurs.

L'amende peut être acquittée en argent, et par les pauvres, en travail. — Confiscation des biens acquis par fraude ou exactions. — Peine de mort contre ceux qui rendent de fausses ordonnances, les homicides, les traîtres.

Dans tous procès, le jugement est définitif, lorsque toutes les prescriptions légales sont observées. — Révision des jugements entachés d'injustice.

Ceux qui n'auront point encouru la peine de mort, seront marqués au front, avec un fer rouge, de signes distincts, suivant la nature de leurs crimes. Ceux qui ne sont coupables que de fautes moins graves seront condamnés à l'amende.

Les biens des condamnés à mort ne peuvent être confisqués au profit du roi, il doit en faire des aumônes ou les donner au brahmes. — Celui qui insulte un brahme reçoit un châtiment proportionnel à la gravité de l'injure.

Des différents genres de vols, fourberies.

Surveillance des lieux publics. — Punition du vol avec effraction. — Peine de mort contre ceux qui volent des objets sacrés du culte.

Celui qui détourne les eaux d'un étang ou d'un ruisseau, aux heures où il n'y a pas droit, doit être condamné à une forte amende. — Règlement d'eau.

Responsabilité et punition des médecins imprudents ou incapables.

Punition de ceux qui commettent des dégradations, vendent à faux poids, falsifient leurs denrées.

Que les malfaiteurs soient condamnés à des travaux forcés.

Peines encourues par les magiciens.

Quelle que soit la nécessité, il est interdit au roi de toucher aux richesses des brahmes.

ROI ET JUGES.

Le roi lui-même rend la justice ; il peut déléguer un brahme accompagné de trois assesseurs pour le suppléer.

Causes principales des contestations. — La dette, le dépôt, la vente, la cession sans droit, les sociétés commerciales, le défaut de paiement du gage ou du salaire, non exécution de convention, nullité d'une vente ou acquisition frauduleuse, fausses réclamations, discussions entre maîtres et salariés, limites d'héritages, mauvais traitements et injures, vol, brigandage, violences, adultère, obligations entre époux, partages, jeux, paris, combats d'animaux.

Protection due aux orphelins, aux femmes et aux mineurs.

Règle concernant les objets perdus, la découverte des trésors ; règle concernant les créanciers et les débiteurs.

Du témoignage. — Qualité exigée des témoins ; ceux qui ne peuvent être témoins. — Le témoignage d'un seul n'existe point. — Audition des témoins. — Punition des faux témoins. — Punition pour refus de témoignage. — A défaut de témoins, déférer le serment. — Formule du serment selon la caste. — Tout

jugement rendu sur faux témoignage doit être révisé.
— En présence de deux serments contradictoires le jugement de Dieu est ordonné.

Fixation des amendes. — Bannissement. — Le brahme ne peut être frappé d'un châtiment corporel.
— Parties du corps sur les quelles un châtiment peut être appliqué : organes de la génération, ventre, langue, mains, pieds, yeux, nez, lèvres, oreilles, corps entier et par suite la mort.

La récidive. — Détermination des valeurs d'or, d'argent et de cuivre. — Du prêt sur gage ; de l'usure. — Le prêteur d'argent avec sûreté ne doit pas recevoir plus de cinq pour cent de la caution.

Nullité des contrats faits par un homme ivre, fou, mineur, un vieillard, une personne sans mandat. —
— Tout engagement n'est valable que s'il est conforme aux coutumes et aux bonnes mœurs. — Les héritiers sont responsables des dettes de la succession.

Du dépôt ; règles qui régissent le dépôt. — De celui qui vend ou dispose de ce qui ne lui appartient pas ; de la validité de la vente.

Règle pour les travaux accomplis entre associés.
— Règles entre ouvriers et ceux qui font travailler.
— Punition des ouvriers qui n'exécutent pas leurs conditions.

Peine encourue par le père qui marie sa fille sans annoncer ses défauts ; contre celui qui calomnie une fille.

Régle entre propriétaires d'animaux et bergers; leur responsabilité. — Vaine pâture.

Limite des héritages : Des objets et points qui peuvent servir de limites ; des moyens de vérification des limites. — Témoignages. — Pénalité contre les anticipations.

Outrages, médisances; peines. — Mauvais traitements, blessures, fractures, destruction d'animaux, d'arbres, de clôtures, dommages causés, responsabilité; punitions.

Responsabilité du maître et du voiturier.

Du vol : punition par la prison, les fers et les peines corporelles. — Des différents genres de vol; — Du recel.

Cas de légitime défense.

Adultère ; degrés de culpabilité; peines.

Du viol, de l'impudicité ; peines.

Impôts ; de ceux qui doivent être exempts de l'impôt; fraudes en matière d'impôt; peines. — Tarif d'impôts divers. — Quels sont ceux qui ne sont pas soumis au droit de passage.

MÉLANGE DES CASTES. — CONDUITE DES TROIS CASTES SUPÉRIEURES DANS LES CIRCONSTANCES DIFFICILES.

La première partie de ce chapitre nous donne le tableau du joug de fer sous lequel le brahme prétendait écraser les soudras et les décastés. Ils étaient soumis à la circoncision, exclus de toute éducation religieuse ; ils ne pouvaient adresser de culte qu'aux mauvais génies ; il ne leur était permis d'exercer que les métiers honteux : dompteurs d'éléphants, maîtres d'armes, professeurs de danse, de musique, sonneurs de cloches, châtreurs d'animaux, bateliers, vanniers, potiers, briquetiers, fossoyeurs, exécuteurs de hautes œuvres ; les vêtements, meubles et parures des condamnés leur appartenaient. Ils ne pouvaient rien acquérir ; il leur était défendu d'écrire de la main droite, et autrement que de droite à gauche ; ils ne pouvaient jamais sortir de la classe servile.

Il est à la suite de ce que nous venons d'analyser un sloca ou verset que nous devons signaler particulièrement. En voici les termes :

« C'est en négligeant les prescriptions de la loi que beaucoup de xchatrias sont descendus au-dessous des soudras et ont été obligés de fuir la terre sacrée. Ils sont devenus les poudracas, les odras, les dravidas, les cambadjas, les yavanas, les sacas, les paradas, les palhavas, les tchinas, les kirâtas, les daradas et les klasas. »

Voici douze émigrations brahmaniques signalées par le livre même de Manou. Réduites à fuir devant la tyrannie des brahmes, elles ont été s'établir dans tout l'Orient, et y ont porté les souvenirs, les coutumes et les idées religieuses de la mère-patrie.

Ce sloca nous est précieux parce qu'il nous explique comment le système religieux brahmanique se retrouve dans la plus grande partie du monde connu des anciens.

Le reste du chapitre règle la manière de vivre des

classes supérieures dans les temps difficiles ; en cas de nécessité il est même permis au brahme de faire quelque petit commerce et de vendre du riz, de l'or, de l'argent, d'autres métaux, des pierres précieuses, des perles, de la soie, des graines pures, du fourrage vert et des boissons non fermentées.

DE L'AUMÔNE. — DES PURIFICATIONS.

Ce chapitre, qui ne concerne guère que les brahmes, n'est en quelque sorte qu'un résumé de la puissance que se sont attribuée les brahmes.

Nous n'en relèverons que deux slocas ou versets qui ont pour nous quelqu'intérêt :

1° Que trois brahmes réunis en tribunal religieux écoutent l'aveu des fautes des coupables et leur indiquent l'expiation ; par un aveu sincère et public, par le repentir, par la dévotion, par la ferme résolution de ne pas retomber, le pécheur peut être déchargé de sa faute.

2° Car le brahme est une autorité en ce monde et dans l'autre le brahme est un objet de vénération pour les dieux.

Nous retrouvons dans ces slocas l'institution du tribunal de pénitence, de la confession, des conditions dans lesquelles on peut obtenir l'absolution, le repentir, la penitence, le ferme propos et le pouvoir que s'attribuent les brahmes de lier et de délier.

Abstraction faite de ce qui appartient aux superstitions de cette époque primitive, en lisant ce code dont la plupart des lois morales et civiles nous régissent encore aujourd'hui et dont l'origine remonte à une époque encore fort obscure de l'histoire de l'humanité, il est impossible de conjecturer l'ancienneté dn peuple qui avait atteint à cette admirable civilisation. — (Manou, traduction de Jacolliot et du Panthéon littéraire).

LÉGENDE DE KRIÇHNA
(Extrait du Bavagata-Geeta, traduction de Jacolliot).

PROPHÉTIE DE LA NAISSANCE DU RÉDEMPTEUR.

1° Lorsque Dieu chassa l'homme du paradis terrestre à cause de sa désobéissance, il termina son arrêt de proscription par ces mots : Vos fils seront réduits à souffrir et à travailler la terre, ils deviendront mauvais et ils m'oublieront ; mais j'enverrai Vischnou qui s'incarnera dans le sein d'une femme, il leur apportera à tous l'espoir de la rédemption dans une autre vie et le moyen, en me priant, d'adoucir leurs maux.

2° La légende du patriarche Adgigarta, l'Abraham indien, se termine ainsi : Vischnou, sous la forme d'une colombe, arrête le bras d'Adgigarta prêt a immoler son fils, en lui disant : Dieu est satisfait de ton obéissance, et ton fils, par son dévouement, a trouvé grâce devant lui ; qu'il vive de longs jours, car c'est de lui que naîtra la vierge qui doit concevoir par un germe divin.

Cette prophétie est reproduite dans presque tous

les livres de l'époque, l'Atharva, le Védanga, le Védanta, le Pourourava, le Narada, le Poulastya, etc.

La vierge qui doit concevoir le divin enfant est Devanagny, issue de la lignée du patriarche Adgigarta, descendant lui-même de Vivaswat, le Noé indien. Elle est sœur de Kansa, tyran de Madura, homme ennemi des dieux. Celui-ci avait eu, en songe, la révélation que l'enfant qui devait naitre de Davanaguy lui ôterait le trône et la vie. Il chercha à faire mourir sa sœur, mais la vierge sortit toujours saine et sauve de toutes les tentatives faites contre sa vie ; enfin il la fit enfermer dans une tour étroitement gardée.

INCARNATION.

Ce fut dans cette tour que Vischnou apparut à la vierge dans tout l'éclat de sa divine majesté. Elle tomba dans une profonde extase, et le Dieu la couvrit de son ombre. Elle conçut et enfanta l'homme Dieu, Crichna ou Krisna ou Christna (homme sacré), neuvième incarnation de Vischnou, environ 4800 ans avant l'ère chrétienne.

KRIÇHNA EST DÉPOSÉ DANS UNE BERGERIE.

Elle le mit au monde dans la tour qui lui servait de prison ; mais au premier vagissement de l'enfant, un envoyé de Vischnou l'enleva, elle et son enfant, et les conduisit dans une bergerie de Nanda, son oncle, située sur les confins du Madura.

ADORATION DES BERGERS.

Les bergers, mis au courant du dépôt qui leur

était confié, se prosternèrent devant l'enfant et l'adorèrent.

MASSACRE DES INNOCENTS.

Kansa, en apprenant le naissance du fils de Davanaguy, fut saisi d'une rage indescriptible et résolut, pour éviter le sort qui le menaçait, de le faire mourir par tous les moyens en son pouvoir. Il ordonna, dans tous ses états, le massacre des enfants mâles nés pendant la nuit où Kriçhna est venu au monde ; mais au moment où les soldats se présentèrent à la ferme de Nanda, pour exécuter l'ordre du roi, Kriçhna atteignit subitement la taille d'un enfant de dix ans, et courut jouer au milieu des troupeaux de brebis. Les soldats passèrent auprès de lui, et s'en retournèrent n'ayant point trouvé d'enfant de l'âge de celui qui leur avait été designé.

A seize ans Kriçhna se met à parcourir l'Inde en prêchant sa nouvelle doctrine, et prodiguant les miracles sur son passage, il guérit les lépreux, rend l'ouïe aux sourds, la vue aux aveugles, guérit tous ceux qui souffrent, soulage les malheureux et défend les opprimés.

Malgré toute la vigilance de Kansa, il pénètre dans Madura, et fait périr le tyran. Il a ensuite à soutenir de terribles guerres dont il sort triomphant. Ce fut dans la dernière, où il avait pris parti pour les Pandavas, qu'il se lia d'amitié avec Ardjona, l'un d'eux, et lui révéla sa nature divine. Celui-ci quitta tout pour le suivre ; il devint son premier disciple et l'accompagna jusqu'à sa mort.

Kriçhna parvint à une vieillesse fort avancée. Un jour il partit seul, sans vouloir être accompagné, pour aller faire ses ablutions dans le Gange, afin d'y laver les souillures que son enveloppe mortelle avait pu contracter. Il s'y plongea trois fois, puis s'agenouilla et pria en regardant le ciel. Pendant qu'il était dans cette position, il fut percé d'une flèche par un de ses ennemis qui le suivait avec une troupe de gens pour l'assassiner.

Le corps de Kriçhna fut suspendu aux branches d'un arbre par ses meurtriers pour être dévoré par les vautours. A la nouvelle de ce crime, le peuple, conduit par Ardjouna et ses autres disciples, vint pour recueillir sa dépouille mortelle ; mais elle avait disparu.

Il serait impossible de rapporter ici tous les miracles et tous les événements merveilleux dont l'imagination orientale s'est plue à enrichir la légende de Kriçhna.

TRANSFIGURATION DE KRIÇHNA.

Un jour ses disciples étaient sur le point de l'abandonner, saisis de frayeur à la vue de l'armée qui les menaçait. Kriçhna, voyant leur terreur, leur dit : Ignorez-vous donc quel est celui qui est avec vous ? Et alors abandonnant la forme mortelle, il parut leurs yeux dans tout l'éclat de sa majesté divine, et le front rayonnant d'une si vive lumière, qu'ils se jetèrent par terre éblouis par cette transfiguration. Kriçhna, reprenant sa forme première, leur dit : N'avez-vous donc point foi en moi ? Sachez que présent ou éloigné, je serai toujours au milieu de vous pour vous protéger. Ses disciples protestent que désormais ils auront en lui une confiance absolue, et le nomment Yezeus ou issu de la pure essence.

PARFUMS RÉPANDUS SUR LA TÊTE DE KRIÇHNA.

Deux femmes de basse extraction, Nichdali et Sarasvati, s'approchent de Kriçhna et lui versent sur la tête un vase de parfums et l'adorent. Le peuple murmure de leur hardiesse, mais Kriçhna leur dit avec bonté : Femmes, j'accepte votre sacrifice ; le peu qui est donné par le cœur vaut plus que toutes les richesses offertes par ostentation. Que voulez-vous de moi ? Elles lui répondirent : Dieu nous a refusé la joie d'être mères. Kriçhna leur dit : Allez, vous avez cru en moi, vos vœux seront exaucés.

MISSION DE KRICHNA.

D'abord il s'était adjoint Ardjouna, puis ensuite une petite troupe de fidèles qui partagea sa foi, ses travaux et ses dangers.

Il n'était point venu fonder une religion nouvelle ; car Dieu ne peut vouloir détruire une religion que lui-même a révélé une première fois. Il ne voulait que ramener l'ancienne religion à sa pureté primitive et la débarrasser des fausses et déplorables interprétations que les hommes y avaient introduites dans le but d'asservir l'humanité.

Les populations accouraient sur son passage et

recevaient avec avidité ses sublimes enseignements.

Sa religion triomphe de tous les obstacles.

Suivant l'usage de l'Orient, il faisait un fréquent usage de la parabole, quand il s'adressait aux masses, et son enseignement ne comportait alors que les principes de la plus pure et de la plus saine morale, réservant pour ses disciples, plus profondément initiés à sa doctrine, les hautes et sublimes leçons sur l'immortalité de l'âme et les destinées de l'homme.

RÉSUMÉ DE LA DOCTRINE DE KRIÇHNA

La doctrine de Kriçhna peut se résumer ainsi : Immortalité de l'âme, libre arbitre, châtiment et récompense dans une vie future, charité ou aumône, amour du prochain, dignité de soi-même, continence, chasteté, se contenter de peu, aimer le bien pour le bien, avoir foi en Dieu, rendre le bien pour le mal, consoler et soutenir les faibles, les malheureux, les opprimés et résister aux tyrans. — (Extrait de la Bible dans l'Inde de Jacolliot).

Cette sage doctrine eut le sort de toutes les religions parues sur la terre ~~jusqu'à ce jour, elle ne causa point de schisme~~. Les brahmes furent assez habiles pour admettre Kriçhna dans le panthéon de leurs dieux, après s'être emparés de sa doctrine et l'avoir transformée à leur profit exclusif.

DEUXIÈME SECTION

ZOROASTRE ET LE MAZDÉISME

Zoroastre peut être regardé comme le second législateur de l'humanité. Il règne une incertitude profonde sur le temps où il a vécu, aussi bien que sur le lieu de sa naissance. Les premiers auteurs qui parlent de lui, Eudoxe de Cnide, Aristote et Théopompe de Chios, le font remonter à six mille deux ou quatre cents ans avant l'ère chrétienne, Burnouf et Appert à deux mille deux ou trois cents ans, Arnobe, Eusèbe, Saint-Augustin, le font contemporain d'Abraham, d'autres le font contemporain de Moïse ; d'autres enfin le font vivre au temps de Darius, fils d'Hystape ou de Xercès, son fils, cinq cents ans environ avant notre ère. La confusion qui existe entre ces différentes dates nous prouve qu'elles ne reposent que sur des hypothèses. Ce qu'il y a de certain, c'est que l'existence de Zoroastre remonte à une très-haute antiquité.

Zoroastre et le peuple au milieu duquel il est né appartenaient à un rameau détaché de la grande nation des Aryas que le despotisme écrasant des brahmes contraignit à émigrer (voir Manou). Il paraît s'être établi dans la Bactriane.

Zoroastre était fils de Pourushacpa, de race royale. Arrivé à l'âge d'homme il se retira dans un désert où il vécut en anachorète, pendant un certain nombre d'années, ne se nourrissant que du laitage provenant des troupeaux qui parcouraient sa solitude. Ce fut dans cette retraite où il élabora sa doctrine, fruit de ses profondes méditations sur le bien et le mal, sur les superstitions et l'idolâtrie qui régnaient autour de lui. Ormuzd ou Ahura Mazda, le Dieu créateur, ayant reconnu sa profonde sagesse, daigna se manifester à lui et lui révéler la sainte loi Mazdéenne. Les cisconstances dans lesquelles se produisirent ces manifestations, ne le cèdent point en merveilleux à celles de Jéhova à Moïse.

Ormuzd lui avait donné le don de faire des miracles. Il avait puissance sur les éléments, sur les animaux, sur le feu du ciel, sur toute la nature.

Au sortir de sa retraite, lorsqu'il prit la résolution d'aller enseigner sa doctrine, il fut tenté du démon qui voulut mettre obstacle à sa mission, en lui disant : Tu es le fils de Pourushacpa, tu as reçu ton nom d'une mère de condition humaine, renie la loi sainte, la loi mazdéenne, tu obtiendras le bonheur comme l'obtint Vadhagnô, le maître des royaumes. Zoroastre répondit : Je ne renierai point la sainte loi de Mazda; plutôt que mon corps, mon âme, mon intelligence se séparent à jamais.

Zoroastre ne se présente que comme révélateur de la loi qu'il a reçue directement de la bouche de Dieu. Il offre en cela une grande ressemblance avec Moïse.

Il tenta, avec des alternatives plus ou moins heureuses, de répandre sa doctrine dans les pays qui l'entouraient et arriva à la ville de Bakhdhi, où résidait Vistaçpâ. Il l'éblouit par la puissance surnaturelle qu'il déploya devant lui, et le séduisit par la liqueur spiritueuse du homâ qu'il lui fit connaître. Vistaçpa, converti à sa doctrine, la fit embrasser à ses sujets. Des adorateurs des dévas (brahmes) en guerre avec Vistaçpâ surprirent la ville de Bakhdhi, la pillèrent et immolèrent Zoroastre à leurs vengeances.

Le Mazdéïsme est un schisme du Brahmanisme ; c'est une protestation contre le polythéisme et le panthéisme qui avaient envahis tout l'Eran et contre le mysticisme écrasant, sous lequel croupissait le monde de l'Arya. Au lieu de l'immobilité contemplative où s'absorbait le brahme, le mazdéïsme enseigne une vie laborieuse, toute d'activité et de morale pratique.

La doctrine de Zoroastre était exposée dans le Zend-Avesta, livre sacré des Mazdéens.

Mais dans les bouleversements incessants dont la Bactriane fût le théâtre, la plus grande partie de ce code religieux fût perdue. Cinq ou six siècles après ces événements, le roi de Perse, Ardeschir, tenta de reconstituer l'œuvre de Zoroastre, mais il ne put en recouvrer qu'une partie. En outre l'idiôme Zend dans lequel cet ouvrage était écrit était tombé dans l'oubli. Il avait fait place à une nouvelle langue, et était devenu inintelligible aux nouvelles générations, il fallut en faire une traduction en langue Pehlvi ; encore cette traduction laisse-t-elle beaucoup à désirer comme clarté. Tel est l'état dans lequel nous sont parvenus les débris du Zend-Avesta.

PRINCIPES DE LA DOCTRINE MAZDÉENNE.

Au-dessus de tout est le principe absolu, le temps éternel, incréé, l'être absorbé dans son excellence et auquel on ne rend pas de culte. De ce principe sont émanés les sept amschaspands, dont le premier est le soleil sous le nom d'Ormuzd ou Ahura-Mazda, Dieu créateur, le seul vrai et unique Dieu-Mazdéen. Il est le principe de tout bien, de toute bonté et de toute justice ; ennemi du mal.

Anromainius ou Ahriman, principe du mal, sous la forme du serpent, cherche incessamment à détruire le bien créé par Ormuzd.

Ormuzd a pour auxiliaires les six autres amschaspands, les six planètes qui accompagnent le soleil : Vohurmano, protecteur de l'humanité ; Ashavisto, qui répand la joie dans le monde ; Xathravairyo, qui préside au règne minéral ; Çepenta Armaïti, le génie de la terre ; Hourvatat, esprit de l'univers ; puis Mithra, médiateur génie de la vérité, et enfin les Fravashis, espèces d'anges gardiens et d'autres génies inférieurs.

Ahriman est secondé dans ses entreprises perverses par les darvands opposés aux amschaspands, les dévas et les drujes.

Ormuzd a créé tout ce qui est bon dans la nature. Ahriman a créé tous les maux et tous les animaux malfaisants.

VERBE OU PAROLE D'ORMUZ.

« Esprit très auguste, créateur des biens corporels, être pur, quelle est la parole que tu m'as dite, pour me la faire connaître, parole qui existait avant le ciel, avant l'eau, avant le feu, fils d'Ormuzd, avant l'homme juste, avant les dévas, avant tout bien créé par Ormuzd et d'origine pure ? Alors, Ormuzd dit : C'était, ô très saint Zoroastre, la réunion des parties de l'Ahuavairya que je t'ai dit, qui était avant le ciel, avant l'eau, avant la terre, avant la vache, avant la plante, avant le feu, avant tout être corporel, avant tout bien créé par Ormuzd et d'origine pure. »

« Je conduirai moi-même trois fois à travers le pont Cinwat le fidèle qui aura récité l'Ahuna Vairya, moi qui suis Ormuzd, jusqu'au paradis, jusqu'à la pureté parfaite, jusqu'à la lumière suprême. »

CRÉATION.

« Ormuzd créa l'univers en six époques au moyen de la matière préexistante. La première, il fit le ciel ; la seconde, l'eau ; la troisième, la terre ; la quatrième, le règne végétal ; la cinquième, le règne animal, et, enfin, la sixième, l'homme. Il fut six mille ans à créer le ciel et son peuple. »

« Ormuzd créa le premier homme seul et le plaça dans un lieu de délices ; puis il le divisa en deux et en fit l'homme et la femme qui s'appelèrent Meschia et Meschiané. »

« Ils étaient nés purs, intelligents, sans mauvaises pensées ; mais Ahriman, sous la forme d'un serpent, parvint à les séduire et à leur faire oublier la loi qu'ils avaient reçue d'Ormuzd. Il leur conseilla de boire du lait d'une chèvre maudite et de manger du fruit d'un certain arbre malfaisant. Ils perdirent leur innocence et furent déchus de l'état heureux dans lequel ils avaient été créés. »

Zoroastre est envoyé par Dieu pour tirer l'homme des embûches du démon et pour lui faire connaître les moyens de combattre Ahriman.

LE DÉLUGE.

Fargard II. — Ormuzd ordonne à Yima de construire un vara dans la prévision d'un déluge qui va submerger la terre. Il lui dicte les conditions dans lesquelles il doit l'exécuter. Il devra renfermer dans ce vara le germe producteur de tous les genres d'animaux de pacage, des arbres de tous genres, de toutes les espèces de plantes alimentaires, ces germes seront disposés par couple et il sera pourvu à leur conservation tant qu'ils resteront dans le vara.

MARIAGE.

Fargard XVIII, slokas 124 à 132. Le Jahi, qui mêle le germe du fidèle avec celui de l'infidèle, le germe de l'adorateur des Dévas avec celui du Mazdéen, du criminel avec le juste. Celui qui s'alliait de la sorte à l'impie méritait d'être mis à mort comme un loup furieux, comme un serpent plein d'un venin mortel.

Ainsi, tout autre mariage qu'entre Mazdéens était rigoureusement interdit.

Le mariage est un sacrement obligatoire pour tous. Le plus grand titre d'honneur pour le père de famille est d'avoir une nombreuse progéniture. Le sacrifice offert même par un prêtre, s'il n'a point d'enfants, ne pourrait être agréé par Ormuzd.

Ormuzd à Zoroastre : Je te le dis à toi, qui as une épouse, l'homme marié est préférable à celui qui ne l'est pas.

Mais cette loi, qui a évidemment pour but de prévenir le libertinage, si rigoureusement flétri par Zoroastre, est, suivant nos mœurs, entaché d'une monstruosité inconcevable. Elle met en honneur le Khétadas, c'est-à-dire le mariage entre parents, pour elle, il n'y a pas de degrés prohibés.

ÉDUCATION DE L'ENFANT.

Depuis que l'homme est déchu de sa pureté pour avoir écouté les perfides conseils d'Ahriman, il vient au monde impur. La mère, à sa naissance, lui insinue quelques gouttes de homa dans la bouche, et le lave ensuite avec du gomeza (urine de bœuf) et de l'eau. Alors, il est régénéré. A trois ans, le père offre pour lui un sacrifice à Mithra ; à cinq ans, commence son éducation ; de dix à quinze ans, il reçoit l'investiture du cordon. Admis par les initiés, il est, dès lors, soumis à tous les exercices religieux prescrits par la loi mazdéenne.

CASTES.

Chez les Mazdéens, les castes existent de fait, mais elles n'entravent en rien les relations de ces castes entr'elles. Il ne leur est attribué aucun privilége spécial. Les Mazdéens sont tous au même degré fils de Meschia, le premier homme.

CULTE.

L'eau, principe fécondant de la nature, est sainte par elle-même. La loi mazdéenne établit des peines contre ceux qui la souillent en y jetant des choses impures. L'eau appelée Padiave ou eau bénite, a la vertu de purifier, de chasser les démons et d'écarter les maladies. Sous le nom de Zour ou Zaohra, elle remplace l'huile sainte des brahmes. Le prêtre, seul, a le droit de s'en servir ; sans elle, toute cérémonie religieuse est nulle.

Le feu est le symbole d'Ormuzd, c'est la manifestation de sa puissance. Aussi, la loi mazdéenne l'entoure-t-elle de tous ses respects, par les prescriptions sans nombre dont il est l'objet. L'autel ou pirée sur lequel il est allumé, ne diffère pas de celui dont nous avons donné la description dans le culte de Brahma.

Le homa, liqueur sacrée et eucharistique, est le jus fermenté d'un arbuste des montagnes. Il a beaucoup de rapports avec le soma védique. Il est la principale offrande dans les sacrifices. Le prêtre, après en avoir bu, en donne à boire à tous ses assistants et répand le reste sur le feu sacré.

Le prêtre invoque dans sa prière la présence du Dieu lui-même.

INVOCATION À HOM, PERSONNIFICATION DU HOMA.

(Extrait des Yesht IX, X, XI, concernant le Homa, sa préparation, ses vertus).

« Je suis, ô Zoroastre ! Hom le saint, qui éloigne la mort, sacrifie-moi, prépare-moi pour me manger, chante-moi des hymnes. Alors, Zoroastre dit : Je t'adresse ma prière, ô Hom ! Hom pur, qui donne ce qui est bon, qui donne la justice, la pureté, la santé. Lorsque les âmes te mangent avec pureté, tu les protéges, elles sont dignes du paradis. Que l'homme qui te prie soit toujours victorieux. Celui qui t'invoque, qui te célèbre, qui te mange n'a rien à craindre des démons. O pur Perahom, donne la pureté à mon corps. Veille sur moi, Hom, production excellente. Viens toi-même, source de pureté. Donne-moi, Hom saint, qui éloigne la mort, les demeures célestes des saints, séjour de lumière et de bonheur. »

CULTE DES MÂNES.

Indépendamment des prières funéraires, de la grande fête des trépassés, des anniversaires particuliers de la mort des parents dans chaque famille, les fidèles mazdéens prient chaque jour pour les morts. Leurs prières sont entendues par les saints qui les exaucent et par les damnés, auxquels elles rendent l'espérance d'arriver bientôt à la fin de leurs peines.

FÊTES ET CÉRÉMONIES.

Les principales fêtes mazdéennes étaient celle du nouvel an, celle de Mithra, celle des six gahambards ou époques de la création, et celle des morts.

Dans le livre des Yesht. ou Khorda Avesta, livre de prières, le Yesht, composé de 145 slokas ou versets, est consacré en entier au culte du soleil, sous le nom de Mithra.

Nous en donnons l'analyse à la fin de ce volume dans un petit traité sommaire du culte solaire.

Comme dans le brahmanisme, pour la fête des morts il y avait une cérémonie funéraire pour chaque Mazdéen qui venait à mourir et une fête générale des morts, qui se célébrait à la fin de l'année ; mais ce que le Mazdéisme offre de particulier, c'est son respect pour les chiens, leur existence est protégée par les lois les plus sévères, les bons soins donnés aux chiens sont des œuvres méritoires, leurs cadavres sont assimilés aux cadavres humains. Les cadavres sont regardés comme ce qu'il y a de plus impur. Ils ne peuvent ni être enterrés, ni brûlés, ni jetés à l'eau : ils souilleraient ces trois éléments. On construit un dakhman ou cimetière clos de murs et pavé de briques ou de pierres, dans un endroit aride et désert, on y dépose les corps morts qui deviennent la proie des vautours ou des animaux carnassiers ; puis, quand tout a disparu, on détruit ce cimetière, on le nivelle et on en fait disparaître jusqu'à la dernière trace.

SACRIFICES.

Zoroastre avait supprimé de son culte les sacrifices sanglants, bien que nous voyons encore figurer quelques viandes parmi les offrandes qui consistaient ordinairement en pains, grains, fruits, fleurs et surtout en hôma.

Comme chez les brahmes, l'offrande du hôma se faisait deux fois par jour dans chaque famille, indépendamment des sacrifices publics.

PURIFICATIONS ET IMPURETÉS LÉGALES.

Selon la loi mazdéenne, les cas d'impuretés légales sont sans nombre. Tout ce qui sort du corps de l'homme est impur, le Mazdéen doit porter un voile devant sa figure, son haleine souillerait le feu sacré. Il est une foule de corps impurs par eux-mêmes, ou devenus accidentellement impurs, dont le simple contact cause une souillure ; les cheveux coupés, les rognures d'ongles sont choses impures ; les vêtements, vases sacrés, ustensiles de toute nature peuvent contracter la souillure, le feu sacré, l'eau sont dans le même cas.

Mais la souillure la plus grave, celle dont les conséquences peuvent être les plus néfastes, est celle résultant du contact des corps morts.

Aussitôt qu'un Mazdéen a rendu le dernier soupir, tout ce qui sert au culte doit être enlevé de la demeure du mort. Le foyer est éteint. Les habitants de la maison et jusqu'aux parents éloignés deviennent impurs.

L'Avesta contient un code complet de toutes ces causes d'impuretés et descend jusqu'aux plus infimes détails. Par contre, il donne une règle non moins détaillée des cérémonies de purification.

Les purifications sont proportionnées à la gravité de la souillure, depuis un simple lavage à l'eau pure jusqu'aux purifications des neuf jours ou des trente ablutions. Ces purifications ou ablutions se faisaient dans des lieux isolés et clos, par l'eau pure, l'eau bénite, l'eau consacrée (zaothra ou zour), par l'urine de bœuf (gomeza) et de la terre sèche. Elles étaient accompagnées de cérémonies et de prières nombreuses.

PRIÈRES.

Les prières et invocations s'élevaient à un nombre infini. Prières de chaque jour et de chaque partie du jour, prières à tous les génies, prières particulières à chaque fête, prières pour tous les actes de la vie, prières pour les purifications, prières pour la conservation des créatures d'Ormuzd, prières pour la récolte du hôma, prières pour les morts, prières pour les sacrifices et les oblations, prières conjuratives ou d'exorcisme, prières expiatoires, et, enfin, prières du soir avec examen de conscience.

Nous nous demandons quel temps restait au Mazdéen pour faire son travail de chaque jour, quand il avait récité ces innombrables prières et accompli ces continuelles ablutions.

LOIS MORALES.

Après l'adoration rendue à Ormuzd et l'accomplissement des devoirs envers les génies créés par lui, la loi mazdéenne prescrit l'amour de la vérité, la pureté, la piété, la probité, la justice, la bonne foi, la bienveillance, la charité, l'aumône, l'amour du prochain. Elle prescrit l'horreur de l'impureté, du mensonge, de la fourberie, de l'injustice, de l'impiété, de la médisance, de la calomnie, de la malveillance, de la violence, de la brutalité, de la luxure, du libertinage, du vol, etc...

Le Mazdéen doit faire tous ses efforts pour propager et faire triompher l'esprit du bien, combattre et détruire l'esprit du mal ; sa protection doit s'étendre jusqu'à la plus petite des créatures d'Ormuzd ; il doit s'attacher à la destruction des animaux malfaisants, créatures d'Ahriman.

LOIS CIVILES.

Les renseignements sur les lois civiles nous font presqu'absolument défaut. Sans doute, elles étaient contenues dans la partie de l'Avesta qui a été perdue. Nous ne trouvons, dans ce qui nous reste, que quelques lois pénales dont suit l'énumération :

Des différentes espèces de contrats, de l'inexécution des contrats, fraude dans l'exécution des contrats ; pénalités proportionnées.

Des violences, voies de fait, blessures, meurtres, peines selon la gravité et les circonstances ; faux serment ; peines.

Adultère, viol, peines ; crimes d'impureté ; peines. La lubricité, la bestialité, etc., etc., sont irrémissibles. Les peines infligées sont toutes corporelles ; proportionnées à la gravité des fautes, elles consistent à recevoir un plus ou moins grand nombre de coups d'aiguillon, ou de craoshocarana ou la mort.

En dehors de ce qui précède, nous ne trouvons plus que des lois disciplinaires, qui sont indiquées dans notre étude. Ces lois n'imposent d'autre punition que des prières expiatoires, accompagnées de cérémonies liturgiques.

ADMINISTRATION.

L'organisation administrative, selon les indications assez vagues que nous fournit l'Avesta, nous parait la même que celle des brahmes ; la famille, le village, la tribu, la province et la réunion d'un groupe de provinces gouvernés chacun par des officiers d'un ordre hiérarchique.

Les castes ou classes de la société mazdéenne sont celles des prêtres, des militaires, des laboureurs et des artisans.

AGRICULTURE ET ANIMAUX DOMESTIQUES.

L'agriculture et l'élevage des animaux domestiques sont l'objet de toute la sollicitude de Zoroastre. Après avoir recommandé de bien cultiver la terre, de la fumer, de l'arroser si elle est desséchée, de l'assainir si elle est humide ; il dit : La culture du blé, pratiquée avec ardeur et pureté, est ce qui fait fleurir la loi mazdéenne. Celui qui produit du blé produit la sainteté, il est aussi grand devant moi que s'il avait procréé cent créatures, milles productions ou célébré deux mille sacrifices.

Personne, sans manger, n'a de forces, ni pour mener une vie pure, ni pour cultiver la terre, ni pour donner le jour à des enfants pleins de vigueur ; car tout ce qui appartient aux êtres vit de nourriture, sans nourriture tout meurt.

Par cette citation, Zoroastre nous indique, en outre, qu'il est loin de prescrire le jeûne et le célibat.

Zoroastre, tout en s'occupant de ce qui peut conduire le mazdéen à la sainteté et au bonheur éternel, ne perd pas de vue ce qui peut assurer le bien-être physique de l'homme en ce monde. Une loi règle ce qui concerne l'exercice de la médecine, fixe les épreuves que doit subir le médecin avant d'exercer, et les honoraires qui lui sont dus. Ces épreuves sont les suivantes : le médecin aspirant qui, ayant échoué dans la guérison de trois adorateurs des Dévas, entreprend de guérir un Mazdéen et ne réussit pas, mérite la mort ; mais s'il a guéri trois devisnans, il peut être admis à traiter un Mazdéen.

MÉTAPHYSIQUE.

Immortalité de l'âme. — Sort de l'âme après la mort. — Jugement de l'âme. — Paradis. — Enfer. — Résurrection générale.

Suivant la doctrine mazdéenne, l'âme est immortelle.

L'âme vient de Dieu, elle s'introduit dans le corps de l'homme aussitôt qu'il est conçu. A sa mort, le corps de l'homme retourne à la terre ; l'âme retourne à Dieu. Si l'homme a vécu saintement, l'âme subit au bout de trois jours le jugement de ses actions et va directement au paradis, tandis que l'âme du criminel est précipitée dans l'enfer ; mais l'enfer n'est point éternel. Quand la révolution des temps sera accomplie, il y aura une résurrection générale, l'âme retrouvera son corps, elle reconnaîtra ses parents, ses amis dans les divines demeures d'Ormuzd ; l'enfer sera aboli, les damnés verront la fin de leurs supplices, et Ahriman et ses suppôts eux-mêmes trouveront grâce devant Dieu. Ormuzd, le bien suprême, aura triomphé du mal.

RÉSUMÉ DE L'ÉTUDE SUR ZOROASTRE ET LE MAZDÉISME.

Pour peu que l'on veuille parcourir les pages de l'Avesta, on verra combien sont nombreux les points de rattachement entre le Brahmanisme et le Mazdéisme. De là nous en tirons la conséquence évidente que le Mazdéisme est un schisme du Brahmanisme, fondé par Zoroastre.

Résumons donc les points qui constituent la réforme de Zoroastre.

Sans changer le principe du culte solaire des brahmes, Zoroastre introduit une profonde modification dans leur loi religieuse. Ormuzd ou le soleil est seul Dieu. La trimourti de Brahma, Vischnou et Siva est supprimée, ainsi que les autres dieux inférieurs. Il revient à un monothéisme solaire, vicié, il est vrai, par l'admission d'un principe du mal avec lequel Ormuzd est en lutte continuelle.

Ormuzd, seul, est l'objet de l'adoration des Mazdéens; ils honorent seulement les génies bienfaisants et les saints.

Les castes n'existent plus que de nom, elles n'ont aucun privilége spécial. La troisième caste, des laboureurs, est réhabilitée; la quatrième, des artisans, n'est plus l'objet d'aucune malédiction et jouit de la vie au même titre que les autres castes; toutes ont à remplir les mêmes devoirs religieux et doivent combattre l'esprit du mal. Il n'y a plus de lois d'exception, la loi est une pour tous.

La métempsycose est supprimée. L'âme immortelle, à la mort de l'individu, est jugée selon ses actions et est admise au paradis ou précipitée en enfer, sans être soumise à aucune transmigration. L'enfer n'est point éternel. Au bout d'un certain nombre de siècles aura lieu la résurrection générale, et les damnés, Ahriman même et ses suppôts, seront réunis aux bienheureux.

Plus de jeûnes ni d'ascétisme; le Mazdéen a besoin de toute sa force pour lutter contre les maux qui peuvent l'assaillir et remplir la mission que Dieu lui a donnée sur cette terre : perpétuation de l'espèce et travail.

Evidemment, nonobstant toutes ses aberrations, Zoroastre fait faire un pas immense aux progrès de l'humanité, il se rapproche de la saine morale que les brahmes ont étouffée à leur profit.

MOSAÏSME. PENTATEUQUE.

Nous avons fait, dans un précédent volume, une étude critique approfondie de l'Ancien-Testament; nous ne pourrions la reproduire ici sans allonger démesurément le nouveau travail que nous avons entrepris.

Nous nous contenterons d'établir, au moyen d'un tableau synoptique, les étroites relations existantes entre le Brahmanisme, le Mazdéisme et le Mosaïsme, de démontrer que le Mosaïsme procède, à la dernière évidence, de ces deux premières religions et que, dès lors, sa filiation est indéniable.

Moïse aurait existé de l'an du monde 2433 à l'an 2533, de 1571 à 1451 ans avant notre ère.

Le monde ne daterait donc, selon la chronologie dite sacrée, que de 2433 ans avant Moïse.

Mais, suivant les dates approximativement attribuées aux védas, à Manou, à Zoroastre, la création aurait été accomplie bien des milliers de siècles avant l'époque indiquée par la chronologie biblique.

Les védas même seraient bien antérieures à cette époque.

Si donc, nous trouvons des points communs entre le Brahmanisme, le Mazdéisme et le Mosaïsme, il est impossible de supposer que ce soient les religions de l'Inde qui aient pu faire des emprunts au mosaïsme; et, par contre, il devient évident que c'est ce dernier qui s'est rendu tributaire des premiers.

C'est ce que nous allons démontrer par le tableau suivant:

TABLEAU DE CONCORDANCE
ENTRE LE BRAHMANISME, LE MAZDÉÏSME ET LE MOSAÏSME.

GENÈSE.

MOSAÏSME.	RELIGIONS INDIENNES.
	Révélation.
Le livre du Pentateuque a été révélé directement par Dieu à Moïse.	L'être suprême a révélé directement à Manou et à Zoroastre leurs codes religieux.
	Jéhova
	Définition de l'être suprême Swayambhouva.
Je suis celui qui est.	L'être existant par lui-même.
	Création.
L'esprit de Dieu était porté sur les eaux.	L'esprit divin créateur a été appelé Naryana, ou celui qui se meut sur les eaux. (Manou.)
Dieu accomplit la création en six jours et se reposa le septième ; le premier jour, il créa la lumière ; le second, le firmament et les eaux ; le troisième, la terre et les végétaux ; le quatrième, les astres, le jour et la nuit ; le cinquième, les poissons et les oiseaux ; le sixième, les animaux terrestres et l'homme.	Ormuzd créa le monde en six époques. La première, il fit le ciel ; la seconde, l'eau ; la troisième, la terre ; la quatrième, les arbres ; la cinquième, les animaux ; la sixième, l'homme. Il mit trois mille ans à parfaire sa création. (Zoroastre.)
Le seigneur Dieu forma donc l'homme du limon de la	Brahma tira de sa propre substance ce souffle immortel

MOSAÏSME.

terre, il répandit sur son visage un souffle de vie et l'homme devint vivant et animé.

Dieu créa d'abord l'homme et le mit dans un lieu de délices. Ensuite, il envoya un profond sommeil à l'homme, et, pendant qu'il était endormi, il lui enleva une côte dont il fit la première femme. Adam et Eve.

Paradis.

Le seigneur avait planté dès le commencement un jardin délicieux dans lequel il mit l'homme qu'il avait formé.

Mariage.

Dieu ordonne aux deux premiers êtres de croître et de multiplier, et ils seront deux dans une seule chair.

RELIGIONS INDIENNES.

qui ne périt pas dans l'être et à cette âme de l'être, il donna la conscience directrice souveraine. (MANOU.)

Or, ayant divisé son corps en deux, il devint moitié mâle et moitié femelle et engendra Viradj, symbole de la création de l'homme. (MANOU.)

L'homme était né androgyne, Ormuzd sépara les deux sexes. Meschia et Meschiané. (ZOROASTRE.)

Ormuzd avait placé l'homme dans l'airyana vaéjà, terre parfaite. (ZOROASTRE.)

Le brahme doit se marier et avoir des enfants ; celui qui, sans avoir engendré des fils, désire la béatitude, va dans l'enfer.

L'époux et l'épouse ne font qu'une personne : on ne peut les séparer. (MANOU.)

Dans le Mazdéïsme, le mariage est un sacrement obligatoire. C'est un honneur

MOSAÏSME.	RELIGIONS INDIENNES.
	pour le Mazdéen d'avoir une nombreuse progéniture. (ZOROASTRE.)

Chute de l'Homme.

Le serpent était le plus fin de tous les animaux de la terre, il parvint à persuader à la femme qu'elle peut impunément braver la défense de Dieu et manger du fruit de l'arbre de la science du bien et du mal.	Ahriman, principe du mal, sous la forme d'un serpent suggère à l'homme de boire du lait d'une certaine chèvre blanche et de manger du fruit d'une espèce d'arbre malfaisant. (ZOROASTRE.)

Arbre sacré.

Le seigneur avait planté dès le commencement un jardin délicieux dans lequel il mit l'homme. L'arbre de vie était au milieu du paradis avec l'arbre de la science du bien et du mal.	L'arassa Maram ou Baniam (ficus indica) était, dans l'Inde, l'objet d'un profond respect religieux. Ce fut, selon les brahmes, sous l'ombre de l'un de ces arbres que Vischou aurait révélé à Vasichta les principes de toutes les sciences. De là est venu à cet arbre le nom d'arbre de Vischnou, de la science, de la vie, de l'immortalité. Cette invention superstitieuse des brahmes ne serait que la consécration allégorique de ce principe, que les basses castes ne devaient point être initiées à

MOSAÏSME.　　　　　　RELIGIONS INDIENNES.

la connaissance des hautes et mystérieuses sciences du Brahmanisme, pour qu'elles ne puissent jamais s'égaler aux castes supérieures.

LÉGENDE
extraite du Padma-Pourana.

Les trépourassours habitaient un lieu de délices et les dieux leur avaient promis l'immortalité si leurs femmes conservaient leur pureté. Or, il arriva que les femmes des trépourassours se mirent à danser autour du bodhidrooma ou arbre de la science et cherchèrent à cueillir de ses fruits. Vischnou, qui avait à se plaindre de leurs époux, leur indiqua le moyen d'y atteindre (nous ne faisons pas ici une étude de mœurs et nous passons, par décence, la scène qui suivit). Elles eurent horreur de leur nudité et perdirent l'innocence qui donnait l'immortalité à leurs époux.　　(JACOLLIOT.)

Adam et Eve furent chassés　　Meschia et Meschiané fu-

MOSAÏSME, RELIGIONS INDIENNES.

du paradis terrestre à cause de leur désobéissance.

rent déchus de l'heureux état dans lequel ils avaient été créés. (ZOROASTRE.)

CRÉATION VÉDIQUE.

Dieu créa Adima (le premier homme) et Heva (complément de la vie); il les plaça dans l'île de Ceylan, la plus splendide contrée de la terre, vrai paradis terrestre, et leur dit : Unissez-vous et produisez des êtres semblables à vous ; mais je vous défends de quitter cette île où j'ai réuni tout pour votre plaisir et votre bonheur. Le reste du globe est encore inhabitable. Si, plus tard, votre postérité est devenue si nombreuse que ce séjour ne puisse plus la contenir, qu'elle m'interroge au milieu des sacrifices et je lui ferai connaître ma volonté. Ayant ainsi parlé, il disparut.

Au milieu du bonheur parfait dont jouissaient Adima et Heva, une vague curiosité, inspirée par l'esprit du mal, poussa Adima à parcourir ses domaines, dans l'espoir de découvrir un lieu encore plus beau que celui où il se trouvait. Il entraîna Héva avec lui et ils parvinrent à une des extrémités de l'île. Ils voient en face d'eux une vaste terre reliée à leur île par un étroit sentier formé par des rochers émergeant du bras de mer qui les séparait du continent. Ils restent en extase devant le merveilleux spectacle qui s'offre à leurs yeux, et Adima propose à Héva de franchir ces rochers et d'aller reconnaître cet admirable pays. Héva est saisie d'inquiétude à cette proposition de son époux ; elle craint de désobéir aux ordres de Dieu et d'attirer sur eux sa colère. Elle supplie Adima de retourner sur leurs pas ; mais celui-ci la rassure, et, la prenant sur ses épaules, ils touchent à l'autre rive ; mais ce qu'ils avaient vu n'était qu'un affreux mirage créé par l'esprit du mal. Tout ce séduisant tableau disparaît avec un bruit épouvantable, le sentier par lequel ils étaient passés s'abîme dans les flots et tout espoir de retour leur est fermé.

Adima, renversé sur le sable, s'abandonne au désespoir, mais Héva lui prodigue ses consolations et lui conseille d'implorer leur pardon de l'auteur de toutes choses. A ces mots, une voix se fait entendre de la nue et leur dit : Femme, tu n'as péché que par amour pour ton mari, que je t'avais commandé d'aimer et tu as espéré en moi. Je te pardonne et à lui à cause de toi ; mais vous ne rentrerez plus dans ce lieu de délices, que j'avais créé pour votre bonheur. Par votre désobéissance, l'esprit du mal vient d'envahir la terre ; vos fils, réduits à souffrir et à travailler la terre, deviendront mauvais et m'oublieront ; mais j'enverrai Vischnou qui s'incarnera dans le sein d'une femme et leur apportera à tous l'espoir de la récompense dans une autre vie et le moyen, en me priant, d'adoucir leurs maux.

MOSAÏSME.	RELIGIONS INDIENNES.
	Nota. (Nous regrettons de ne pouvoir, faute de place, donner qu'un extrait fort restreint de cette remarquable légende. A quelle distance laisse-t-elle derrière elle le récit grossier et incongru de la bible ! L'homme est ici le seul auteur de sa chute, la femme est pour lui un ange de consolation, c'est par l'effet de sa prière que l'espoir renaît en son cœur, c'est d'elle, qui s'en est rendue digne par sa foi, que naîtra le rédempteur. Toutefois, pas plus dans cette légende que dans le récit de Moïse, nous ne trouvons de motif suffisant à la condamnation de l'homme et à la malédiction éternelle dont est frappée sa postérité. Notre raison se refuse à croire l'une et l'autre fable, nous ne pouvons y voir qu'un souvenir symbolique de l'âge d'or, alors que l'humanité, n'étant composée que d'un faible nombre d'individus, trouvait en abondance et sans travail tout ce qui était nécessaire à ses besoins).
Généalogie d'Adam à Noé.	*Généalogie des dix patriarches indiens antédiluviens.*
Il y eut dix patriarches antédiluviens : Adam, Seth, Énos, Cainan, Malaléel, Jared, Énoch, Mathusala, Lamech et Noé.	Il y eût dix pradjapatis : Maritchi, Atri, Angiras, Paulastya, Poulaha, Craton, Prachetas, Vasichta, Brighou et Narada. (Manou.)

MOSAÏSME.	RELIGIONS INDIENNES.
	Bérose donne également aux Chaldéens dix rois antédiluviens : Alor, Alaspar, Amélon, Aménon, Métalar, Daon, Evédorach, Amphise, Otiartes et Xisuthrus (Noé).

Mariage des enfants de Dieu avec les filles des hommes.

Des géants, hommes puissants et fameux dans le siècle, naquirent du mariage des fils de Dieu avec les filles des hommes.	Le mode de mariage des guerriers est dit mode des géants ; il consiste à enlever de force la fille que le guerrier convoite. (MANOU.)

Déluge.

Dieu, voulant punir la malice des hommes, se détermine à anéantir tous les êtres dans un déluge universel. Noé et sa famille trouvent grâce devant lui. Dieu lui ordonne de construire une arche dans laquelle il se retirera, lui et les siens. Sur l'ordre du seigneur, il y enfermera, en outre, un couple de tous les êtres existants sur la terre. Le déluge couvrit toute la terre et tout périt, à l'exception des habitants de l'arche.	Manou est averti par un poisson qu'un déluge va couvrir la terre. Ce poisson lui ordonne de construire un vaisseau et de s'y retirer avec les semences de tous les êtres quand il verra arriver le déluge. Quand il fut venu, Manou monta sur son vaisseau et le poisson prenant sur la corne qu'il portait sur la tête le bout du câble du vaisseau, le conduisit à la montagne du nord ; et, quand l'eau se fût retirée, Manou sortit du vaisseau. — (YADJOUS blanc et MAHA-BHARATA.)

MOSAÏSME.	RELIGIONS INDIENNES.
	Ormuzd annonce le déluge à Yma et lui ordonne de construire un vara de la longueur d'un caretus en tous sens, et d'y porter les germes des bestiaux, des bêtes de trait, des hommes, les semences des arbres. (ZOROASTRE.)

Décroissance de la longévité des patriarches.

Selon la bible, la longévité des patriarches subit une décroissance successive après le Déluge. Dans les quatre premiers, la vie de l'homme était déjà abrégée de moitié, dans les six autres, elle décroît encore de moitié, et, enfin, après Noé, Dieu fixe la durée de la vie à cent vingt ans.	Dans les premiers âges, les hommes vivent quatre cents ans ; dans les âges suivants, la vie de l'homme perd un tiers, un quart et une moitié. Ce qui revient à la durée de la vie actuelle. (MANOU.)

Incestes.

Inceste des deux filles de Loth avec leur père.	Inceste des deux filles du Richi-Vasta avec leur père. (MANOU.)

Abraham.	*Adjigartha.*
(Légende israélite).	(Légende indienne).
	Adjigartha, homme vertueux, vivait au pays de Ganga, il étudiait les védas sous la direction du divin Pavaca.

MOSAÏSME.

RELIGIONS INDIENNES.

Adjigartha ayant atteint sa quarante-cinquième année, fut engagé à se marier par son maître Pavaca, qui n'avait plus rien à lui apprendre. Il le presse de choisir une femme pour avoir un fils qui puisse accomplir sur sa tombe les cérémonies funéraires et lui ouvrir le séjour du swarga. Il lui offre sa propre fille Parvady. Le mariage s'accomplit selon les rites des dwidjas.

Stérilité de Sara.

Après huit ans de mariage, les époux n'avaient pu encore obtenir d'enfants, et, selon la loi, Parvady devait être répudiée comme n'ayant pu procréer de fils.

Les époux, désespérés de l'idée de cette séparation, étaient dans une affliction profonde, lorsqu'Adjigartha prend la résolution d'offrir à Dieu le sacrifice d'un chevreau à toison rouge et d'implorer sa protection. Il accomplit son

Des anges annoncent à Abraham que Sara lui donnera un fils.

sacrifice, et une voix du ciel perçant la nue, lui annonce que sa prière est exaucée.

Pendant son absence, Par-

MOSAÏSME. RELIGIONS INDIENNES.

vady donne l'hospitalité à un voyageur qui paraît accablé de lassitude ; elle lui offre l'eau pure, le riz cuit et le beurre clarifié. Après qu'il s'est reposé et qu'il a recouvré ses forces, il se dispose à partir. A ce moment il dit à Parvady : Sèche tes larmes et réjouis-toi, car dans peu tu concevras, et de toi naîtra un fils qui te conservera l'amour de ton mari et sera l'espoir de ta race.

Naissance d'Isaac.

L'enfant fut conçu et vint au monde ainsi qu'il avait été prédit.

Comme l'enfant allait atteindre sa douzième année, son père résolut d'offrir pour lui un sacrifice d'un jeune chevreau rouge sur la montagne même où son vœu avait été exaucé.

Chemin faisant, accompagné de son fils, ils aperçoivent une jeune colombe tombée de son nid qui voletait poursuivie par un serpent. L'enfant tua courageusement le serpent et replaça la colombe sur son nid.

— 112 —

MOSAÏSME.

Sacrifice d'Abraham.

L'ange du seigneur dit à Abraham : Je jure par moi-même que puisque pour m'obéir vous n'avez point épargné votre fils unique, je vous bénirai et je multiplierai votre race comme les étoiles du ciel et comme le sable qui est sur le rivage de la mer.

RELIGIONS INDIENNES.

Arrivés sur la montagne, et pendant que le père fait les apprêts du sacrifice, le chevreau rompt les liens qui l'attachaient et s'enfuit. Adjigartha ordonne à son fils d'aller chercher la jeune colombe qu'il avait sauvée pour l'offrir en sacrifice à la place du chevreau ; mais la voix de Brahma irrité se fait entendre et dit : Celui qui détruit le bien qu'il a fait, n'est pas digne de m'adresser ses prières ; pour effacer cette pensée coupable, il faut immoler ton fils sur ce bûcher ; telle est ma volonté.

Malgré son désespoir et l'idée de la douleur dont va être frappée Parvady ; il se résout à suivre les ordres de Brahma ; il prépare le sacrifice, attache son fils sur le bûcher et lève le bras pour l'immoler ; mais Vischnou, sous la forme d'une colombe, vient se poser sur la tête de l'enfant, et dit : O Adjigartha, Brahma est satisfait de ton obéissance, coupe les liens de la victime et détruis ce bûcher ; que ton fils vive de

MOSAÏSME.	RELIGIONS INDIENNES.
Et toutes les nations de la terre seront bénies, en celui qui sortira de vous, parce que vous avez obéi à ma voix.	longues années, car c'est de lui que naîtra la vierge qui doit concevoir par un germe divin (Kriçhna, dont la mère, la vierge Devanaguy, descendait d'Adjigartha).
Mariage d'Isaac, fils d'Abraham.	*Mariage de Viashagana, fils d'Adjigartha.*
Abraham était vieux et avancé en âge, il ordonne à son intendant d'aller chez Bathuel, fils de Nachor, frère d'Abraham, afin d'y prendre une femme pour son fils Isaac.	Adjigartha, voyant sa peau se rider et ses cheveux blanchir, sentant que le moment n'était pas éloigné où son fils devrait accomplir les cérémonies funéraires sur sa tombe, songea que le moment était venu de lui choisir une épouse pour perpétuer sa descendance. Et, l'ayant fait venir devant lui, il lui dit : J'arrive sur le soir de ma vie, ô Viashagana, ta mère, s'est endormie dans le seigneur, et il n'y a plus de femme à la maison pour surveiller le travail du Nelly. Voilà qu'il te faut choisir une épouse, pour donner une mère à tes sœurs et procréer un fils. Et Viashagana répondit : Qu'il soit fait, mon père, selon votre volonté.

MOSAÏSME.	RELIGIONS INDIENNES.
L'intendant prit dix chameaux du troupeau de son maître, il porta avec lui de tous ses biens et s'en fut en Mésopotamie en la ville de Nachor.	Adjigartha continua : Prends une couple d'éléphants blancs, charge-les des riches tapis de Kanawer, des vases d'or et d'argent du Népal, des soiries de Dacca et des parfums de l'Iran et rends-toi en la contrée de Mithila qui borne ce pays, chez Nimi, qui en est le chef et est fils de Pavaca, qui fut le père de ta mère Parvady.
Et étant arrivé sur le soir près d'un puits hors la ville, il vit arriver Rebecca, fille de Bathuel, qui portait sur son épaule un vaisseau plein d'eau.	Il partit et arriva sur les terres du riche Nimi. Ayant eu à traverser un ruisseau, il rencontra, sur la rive, une dizaine de jeunes filles qui lavaient, dans l'eau courante, les chombous et les plats de cuivre du repas, et une d'elles, qui paraissait les diriger, se leva et dit : Salut à Viashagana, fils d'Adjigartha, qu'il soit le bienvenu dans la maison de Nimi. Je suis Natalicki et Nimi est mon père.
Après qu'elle lui eût donné à boire et tiré de l'eau pour abreuver ses chameaux, il entira des pendants d'oreilles et des bracelets d'or, les lui	Salut à Natalicki, répondit Viashagana, et la voyant jeune et belle, il s'en réjouit, et pensant que le seigneur l'avait ainsi placée sur sa route pour

MOSAÏSME.	RELIGIONS INDIENNES.
donna, et il lui dit : De qui êtes-vous fille ? Elle répondit : Je suis fille de Bathuel, fils de Melcha et de Nachor, son mari. Et elle le conduisit dans la maison de son père.	qu'il la choisit pour femme, il ajouta : Reçois, ô fille de Nimi, qui fut fils de Pavaca, ce tâli, signe du mariage, que ma mère Parvady a porté.
	Je me nomme aussi Parvady, s'écria la jeune fille ravie d'être choisie la première, quoique la plus jeune entre toutes ses sœurs. Elle quitte ses compagnes et se dirige avec Viashagana vers la maison de son père.
L'intendant dit à Bathuel : C'est le seigneur qui m'a conduit par le droit chemin pour prendre la fille du frère de mon maître pour être l'épouse de son fils.	Alors Viashagana s'étant incliné et portant la main à son front, dit : Salut ô Nimi, je t'apporte les paroles d'amitié d'Adjigartha, accordes-moi d'emmener cette femme, qui est ta fille, dans la maison de mon père ; c'est Brahma qui m'a inspiré de passer autour de son cou le tâli que mon père donna autrefois à Parvady, en la maison de Pavaca.
C'est pourquoi, si vous avez véritablement dessein d'obliger mon maître, dites-moi le ?	
Bathuel répondit : C'est Dieu qui parle en cette rencontre. Rebecca est entre vos mains, prenez-là, et emmenez-là avec vous.	
L'intendant, après s'être reposé quelques jours et avoir distribué ses présents, emme-	Que la volonté de Brahma soit faite, répondit Nimi, je reçois les paroles d'Adjigartha, et tu peux conduire ta femme auprès de lui pour

MOSAÏSME.	RELIGIONS INDIENNES.
na Rebecca en grande diligence à son maître.	qu'il accomplisse les cérémonies d'usage.
Abraham les vit venir, et Rebecca ayant aperçu Isaac, descendit de dessus son chameau.	Après s'être reposé quelques jours et ayant distribué ses présents, Viashagana reprit le chemin du pays de Ganga et arriva en la maison de son père avec sa femme.
	Adjigartha les attendait avec ses parents et ses amis ; il les bénit tous les deux, en prononçant l'invocation consacrée, car Nataliki ne pouvait entrer comme épouse dans la maison avant d'avoir été unie devant le seigneur.
Alors Isaac la fit entrer dans la tente de Sara, sa mère, et la prit pour femme.	
	— (Extrait du Prasada. Les fils de Dieu, par JACOLLIOT.)

Stérilité.

Sara étant demeurée stérile, et se voyant avancée en âge, donne à Abraham sa servante Agar pour en obtenir un fils. (L'auteur de la Bible, copiste inconscient, indique un usage qui n'a pas sa raison d'être ; il a supprimé le paradis en supprimant l'existence de l'âme, alors que devient la nécessité d'avoir un fils.)	L'épouse légitime demeurant stérile, peut autoriser son mari à cohabiter avec une servante, pour tâcher d'en avoir un fils qui puisse accomplir sur sa tombe les cérémonies funéraires et lui ouvrir le séjour de Brahma ; le fils ainsi obtenu est dit fils de l'épouse ; il est l'aîné des fils, quand bien même l'épouse

MOSAÏSME.	RELIGIONS INDIENNES.
	viendrait ensuite à en obtenir elle-même. — (Manou.)

Circoncision.

Abraham se circoncit lui-même et circoncit toute sa famille ; il fit une loi de la circoncision à tous ses descendants.	Tout tchandalas (décasté) homme et tous leurs enfants mâles, en naissant, doivent être circoncis. — (Avadana-Sastra.)

Inceste de Thamar.

Juda marie son fils aîné Her à Thamar. Her meurt et Juda la fait épouser à son second fils Onan ; celui-ci meurt également. Comme elle n'a point d'enfant de ces deux premiers maris, Juda doit lui faire épouser son troisième fils ; mais craignant qu'il ne subisse le sort de ses aînés, Juda élude cette obligation ; alors Thamar se déguise et va attendre son beau-père à un carrefour où il devait passer. Juda la prenant pour une fille de joie, commet un inceste avec elle; elle conçoit et donne le jour à Pharès et à Zara. — (Histoire de Ruth et Booz, même loi.)	Que la jeune femme dont le mari vient à mourir, soit épousée par le propre frère du défunt et à son défaut par son plus proche parent pour susciter un fils au défunt. — (Manou.)

Degrés de parenté à observer pour le mariage.

MOSAÏSME.

Moïse. Lévitique. Versets 5 à 18. Nul homme ne s'approchera de celle qui lui est unie par la proximité du sang, pour découvrir ce que la pudeur doit tenir caché. Vous ne découvrirez point dans votre mère, etc., etc.

RELIGIONS INDIENNES.

Celle qui ne descend pas d'un de ses aïeux maternels ou paternels, jusqu'au sixième degré, et qui n'appartient pas à la famille de son père ou de sa mère, par une origine commune, prouvée par le nom de famille, convient parfaitement à un homme des trois premières classes pour le mariage et pour l'union charnelle. — (MANOU, livre III, verset 5.)

Jumeaux.

Pharès et Zara. Esaü et Jacob.

S'il naît deux jumeaux, le droit d'aînesse est conféré à celui qui est venu au monde le premier. — (MANOU.)

Droit d'aînesse.

Esaü vend son droit d'aînesse à Jacob.

(On a oublié le motif de ce droit d'aînesse ; mais on en a conservé la coutume.)

Le père, par la naissance d'un fils, acquitte la dette des ancêtres ; c'est pour cela que le fils aîné est le chef de la famille ; le fils aîné qui veille à l'accomplissement du sraddha funéraire et donne l'immortalité à ses ancêtres est considéré comme l'enfant du devoir, les autres enfants naissent de l'amour. Du frère aîné

MOSAÏSME.   RELIGIONS INDIENNES.

dépend la prospérité ou la perte de la famille, etc., etc.

Mariage de Jacob.

Jacob demande Rachel en mariage à Laban. Elle lui est accordée. Mais le soir des noces, Laban substitue Lia à Rachel. Jacob s'aperçoit, au matin, de cette substitution et s'en plaint à son beau-père. Celui-ci lui donne ensuite Rachel, aux mêmes conditions.

Prescriptions de Manou.

Livre VIII, sloka 204 : « Si, après avoir montré à un jeune homme une femme à titre d'épouse, et qu'après avoir reçu les présents d'usage, le père lui en donne une autre pour épouse, il est puni de cette fraude, car le jeune homme devient le mari des deux femmes.

Légende de la chasteté de Joseph.

Légende indienne.

Tchitranguy, seconde femme du roi de Narinda, s'éprend d'un fol amour pour Saringa, fils de la reine Ratuagny ; celui-ci résiste à toutes les séductions et enfin, pressé par elle, il s'échappe de ses mains en laissant tomber sa ceinture et s'enfuit.

Tchitranguy, arrivée au paroxisme de la passion et de la colère, s'empare de cette ceinture et va dénoncer l'en-

MOSAÏSME — RELIGIONS INDIENNES.

fant au roi comme ayant voulu attenter à son honneur.

Tyrannie des Egyptiens envers les Israélites.

Le roi d'Egypte ayant vu la multiplication extraordinaire des israélites, en conçut de l'ombrage, et résolut de les opprimer par tous les moyens ; il les accabla des plus durs travaux et les employa aux métiers les plus pénibles et les plus abjects ; ils faisaient les mortiers, fabriquaient la brique et toutes sortes d'ouvrages de terre, encore leur refusait-on les matières premières, qu'ils étaient obligés d'aller chercher eux-mêmes, et on n'en exigeait pas moins qu'ils fournissent la même quantité de briques que lorsqu'on leur donnait ce qui était nécessaire à leur travail ; et comme ils ne pouvaient y arriver, on les traitait cruellement et on les battait de verges.

C'est sous le poids de cet épouvantable despotisme, que

Tyrannie des Brahmes envers les Çoudras et les Tchandalas.

Les tchandalas et les çoudras considérés comme des êtres abjects, ne pouvaient chez les brahmes exercer que des métiers serviles et méprisables ; ils devaient notamment fabriquer toutes sortes d'ouvrages de terre, faire des briques et se garder des métiers réservés aux honnêtes gens.

Les brahmes employaient les moyens les plus inhumains pour empêcher leur multiplication et les rendaient tellement malheureux qu'à différentes reprises ils furent réduits à fuir la terre sacrée. — (Manou.)

Les égyptiens avaient reçu depuis un temps immémorial leurs lois religieuses d'une émigration brahmanique ; à cette époque ils en avaient encore gardé tous les usages ; ils avaient donc aussi leurs

MOSAÏSME.

Moïse conçut le projet de leur délivrance.

Les hébreux n'étaient-ils donc que des soudras et des tchandalas égyptiens.

<small>Texte emprunté à Mantéhon.</small>

Les ancêtres du peuple juif furent un mélange d'hommes de diverses castes, même de celle des prêtres égyptiens qui, pour cause d'impuretés, de souillures religieuses ou civiles, et pour la lèpre, furent, sur l'ordre d'un oracle, expulsés d'Egypte par le roi Anemoph.

Moïse sauvé des eaux.

Pharaon voulant mettre obstacle à la prodigieuse multiplication des israélites ordonna de jeter dans le Nil tous les mâles qui naîtraient d'eux, ne réservant que les filles. Une femme de la tribu de Lévi réussit à cacher Moïse pendant quelque temps ; mais voyant qu'elle ne pouvait manquer d'être découverte, elle

RELIGIONS INDIENNES.

soudras et leurs tchandalas, et ils les traitaient de la même manière que les brahmes avaient traité les leurs.

Le fils de Kounti sauvé des eaux.

Kounti, fille du roi Kountibogja, ayant conçu miraculeusement un fils du soleil, céla la naissance de son fils à ses parents ; elle le déposa dans une corbeille bien douce, bien couverte, et enduite de cire, et l'abandonna sur le ruisseau Açva, d'où il gagna le Gange ; cette corbeille fut aperçue par Râdhâ, femme d'un ami du

| MOSAÏSME. | RELIGIONS INDIENNES. |

mit son enfant dans un panier enduit de bitume et de poix et l'abandonna au courant du fleuve.

La fille de Pharaon étant venue se baigner dans le Nil, aperçut ce panier ; elle le fit tirer de l'eau par une de ses suivantes, et trouvant cet enfant, elle l'adopta et l'appela Moïse ou sauvé des eaux.

roi Dritarashtra ; elle envoya une de ses servantes la retirer de l'eau et y trouva l'enfant de Kounti ; n'ayant point ellemême d'enfant, Râdhâ l'adopta. — (Légende extraite du Maha Bharata, traduction H. FAUCHE.)

Vocation de Moïse.

Moïse reçoit sa vocation par la voix de Dieu qui lui parle du milieu d'un buisson enflammé ; Moïse était alors dans le désert d'Horeb, où il faisait paître les troupeaux de Jethro, son beau-père.

Vocation de Zoroastre.

Zoroastre s'étant retiré dans un désert, Ormuzd lui apparaît et le charge d'aller annoncer à son peuple la sainte loi mazdéenne.

Passage de la mer rouge par Moïse.

Moïse, avec tout le peuple d'Israël, traverse, à pied sec, la mer Rouge, qui se referme derrière eux.

Passage de la mer rouge par Bacchus.

Le Bacchus indien avait accompli le même prodige quand il alla faire la conquête de l'Inde.

Colonne de feu.

Lorsque les hébreux eurent traversé la mer Rouge et se furent mis en marche pour

Lorsque Lakmi, mère de la vierge Devanaguy, de laquelle devait naître Kriçhna, se mit

MOSAÏSME.

traverser le désert, une colonne de feu les éclairait la nuit et une colonne de fumée les guidait pendant le jour.

Dieu parle à Moïse.

Moïse parle à Dieu face à face et a de très-fréquents entretiens avec lui ; ils sont accompagnés de circonstances merveilleuses, et Moïse voit sa gloire sur le mont Sinaï.

Moïse fait des miracles.

RELIGIONS INDIENNES.

en marche pour se rendre chez son oncle Nanda, quand la nuit fut venue, une colonne de feu parut dans les airs pour diriger la marche de son cortége.

Dieu parle à Zoroastre.

Zoroastre converse avec Ormuzd, ses entretiens sont accompagnés de circonstances non moins merveilleuses que celles de Moïse.

Zoroastre a la même puissance.

Administration.

Moïse organise l'administration civile de son peuple.

Jethro, beau-père de Moïse, vient le voir dans le désert. Moïse se plaint à lui d'être seul à porter le poids du gouvernement des hébreux. Jethro lui donne le conseil d'instituer des chefs qui commandent : les premiers à mille hommes, les seconds à cent, les troisièmes à cinquante, les derniers à dix.

Que le roi établisse un chef par commune, qu'il réunisse ensuite dix communes sous l'autorité d'un seul ; qu'il donne ensuite un seul chef à cent communes et un autre à mille communes. — (MANOU.)

MOSAÏSME. / RELIGIONS INDIENNES.

Huile sainte.

Vous ferez de toutes ces choses une huile sainte pour servir aux onctions, un parfum composé selon l'art du parfumeur.

Par l'huile, principe pur des végétaux, on renouvelle la purification dans la période de l'adolescence.

Oblation des premiers nés.

Consacrez-moi tous les premiers-nés qui ouvrent le sein de leur mère parmi les enfants d'Israël, tant des hommes que des bêtes, car ils m'appartiennent tous.

Ce verset a été annulé en ce qui concerne les premiers-nés des hommes par le verset 12, chap. III, nombres : « J'ai pris les lévites d'entre les enfants d'Israël en la place des premiers-nés des enfants d'Israël. Quel est le motif de cette modification ? N'est-ce pas parce que la première rédaction était en opposition avec l'idée de la création d'une caste sacerdotale héréditaire.

Ce vigoureux Agni (emblème du feu) enflammé par des splendeurs telles que plusieurs flammes, est celui même qui offre le bétail premier-né dans l'Açva-Méda, dans le sacrifice et dans ceux des quatre mois. — (MAHA-BHARATA.)

Cérémonies à observer dans les Holocaustes.

Les victimes offertes en holocauste seront amenées de-

Que le brahme, qui désire une longue vie, ne mange ja-

MOSAÏSME.

vant le tabernacle et offertes au seigneur, et les enfants d'Aaron en répandront le sang tout autour de l'autel ; tout homme de la maison d'Israël qui aura tué un bœuf, une brebis ou une chèvre, dans le camp ou hors du camp, et qui ne l'aura pas présenté à la porte du tabernacle pour être offert au seigneur, sera coupable de meurtre, il périra du milieu de son peuple, comme s'il avait répandu le sang.

Consécration d'Aaron, de ses fils, de la race de Lévi.

Les lévites auront pour leur subsistance les prémices, les dîmes et tout ce qui est offert à Dieu par les israélites ; ce qu'ils auront donné en acquit de leurs vœux, pour le rachat des premiers-nés, etc., etc. ; ils ne posséderont rien dans la terre de Chanaan ; ils se contenteront des dons qui viennent de leur être attribués ; ils ne supporteront aucune des charges imposées au peuple.

RELIGIONS INDIENNES.

mais la chair d'un animal avant d'en avoir fait l'offrande, et qu'il répande le sang sur le trépied sacré. — (MANOU.)

Castes sacerdotales.

Pour la conservation de cet univers, le souverain maître donne des fonctions différentes aux quatre castes sorties de sa bouche, de ses bras, de ses cuisses et de ses pieds.

Les brahmes eurent pour privilége d'étudier et d'enseigner la loi, de présider aux sacrifices, soit qu'ils les offrissent d'eux-mêmes, soit qu'ils fussent offerts par d'autres ; le droit de faire l'aumône et de la recevoir. Dès sa naissance, le brahme a été placé à la tête de tout ce qui existe ;

MOSAÏSME.	RELIGIONS INDIENNES.
	il est le pivot de la société et le législateur souverain; tout ce que contient cet univers est dit propriété du brahme, c'est un apanage de son droit d'ainesse; un brahme a beau recevoir de la nourriture et
Remarquons que chez les brahmes règne une égalité parfaite, dès qu'ils ont reçu tous les sacrements. Chez Moïse la charge de pontife religieux suprême est héréditaire dans sa seule famille. Les lévites ne sont que les serviteurs du temple.	des vêtements, c'est sa nourriture, ce sont ses vêtements qu'il reçoit; s'il fait l'aumône avec la chose d'autrui, c'est sa propre chose qu'il donne, car les autres hommes ne possèdent et ne vivent que par sa générosité.

Culte.

Les hébreux, jusqu'à la construction du temple de Salomon, sacrifièrent devant le tabernacle qu'on plaçait sur une éminence et que l'on couvrait d'une tente; l'autel du sacrifice était couvert en pierre et sur la plate-forme, on allumait le feu sacré entretenu par les lévites.	Dans les temps primitifs du véda, comme chez les mazdéens, les autels étaient construits en terre, couronnés d'un rang de pierre, ils affectaient une forme carrée, sur la plate-forme était entretenu le feu sacré servant aux sacrifices et aux oblations. Le feu sacré est entretenu par les vierges dans le temple,
Nadab et Abiu, fils d'Aaron, furent foudroyés au pied de l'autel pour avoir mis du feu	par les brahmatcharis, chez le gourou, par la femme, chez le père de famille ou l'homme

MOSAÏSME.	RELIGIONS INDIENNES.
non consacré dans leurs encensoirs.	marié ; il ne devait jamais s'éteindre. — (Manou.)
Nous voyons, livre des rois IV, chap. XXIII, règne de Josias, que l'usage des hauts lieux persistait encore en Judée 382 ans après la construction du temple de Salomon.	
Les prêtres offriront au seigneur la graisse qui couvre les entrailles de l'hostie et tout ce qu'il y a de graisse au dedans et la feront brûler sur le feu de l'autel, c'est là le feu qui brûlera toujours sur l'autel sans qu'on le laisse jamais s'éteindre.	Après avoir répandu sur le feu la graisse de la victime, que le brahme fasse l'oblation. — (Manou.)
Prescription pour faire disparaître les excréments.	Manou donna les mêmes prescriptions, et nous voyons qu'au temps de Joseph les Esséniens les observaient encore fidèlement.

Défense des mésalliances.

Moïse défend aux israélites de se marier aux filles des étrangers idolâtres.	Zoroastre défend aux Mazdéens d'épouser les filles des adorateurs des dévas.

LOIS CIVILES COMMUNES AUX TROIS RELIGIONS.

Distinctions des animaux purs et impurs.
Lois des purifications.
Lois sur les impuretés légales de toute nature.
Lois contre les adultères, les incestueux, les abominables.
Respects envers les parents, la justice.
Lois contre ceux qui outragent leur père et mère.
Lois pour la conduite des prêtres.
Défauts corporels qui ne permettent pas d'être admis à la prêtrise.
Défense aux prêtres de toucher aux choses saintes quand ils sont en état d'impureté.
Peines contre l'homicide, le vol, l'usure, le faux témoignage.
Épreuves des femmes accusées d'adultère.
Ordre de campement et de marche des armées.
Fonctions des prêtres.
Lois sur les successions.
Lois sur les institutions judiciaires; sur le choix d'un roi, sur les devoirs d'un roi.
Lois contre le viol, sur le divorce, sur les châtiments pécuniaires ou corporels.
Lois du lévirat.

Nous ne donnons que les titres généraux de ces lois, nous avons reculé devant une analyse de détail qui nous eût demandé tout un volume pour établir phrase par phrase leur concordance.

RÉSUMÉ:

Le mosaïsme n'est qu'un schisme dérivé des religions de l'Inde ; il est purement monothéiste ; il débarrasse son système religieux de la trinité, du panthéïsme brahmanique, de la métempsycose, des incarnations et du principe du mal de Zoroastre ; il ne reconnaît pas l'immortalité de l'âme, et, comme conséquence, supprime paradis et enfer.

De l'institution des castes, il ne réserve que la caste sacerdotale, héréditaire comme chez les brahmes ; mais, s'il a eu un éclair de génie en dégageant son monothéïsme de toutes les conceptions bâtardes des religions qui l'ont précédé, il a malheureusement gardé le principe de l'intervention divine dans tous les actes de l'humanité ; nul même plus que lui n'a abusé de ce système d'intimidation sur les peuples ; son Dieu intervient sans cesse personnellement.

Le mosaïsme ayant retiré à Dieu les agents bons et mauvais que les brahmes avaient mis à son service, et le principe du mal de Zoroastre, son Dieu devient directement responsable de tout. Dans l'embarras où se trouve le mosaïsme d'expliquer comment Dieu, source de tout bien et de toute justice, peut également produire le mal, il ne trouve rien de mieux que de considérer le déluge, les tremblements de terre, les épidémies, les exterminations humaines, les plus atroces forfaits comme des actes de vengeance divine contre la malice des hommes ; il arrive à faire de son Dieu une puissance terrible, haîneuse, vindicative et sanguinaire ; il ne règne que par la terreur.

De quelle nature sont ses récompenses ? Elles sont toutes terrestres, matérielles ; il n'existe rien au-delà de la mort.

Les Hébreux parviennent-ils à s'enfuir d'Égypte, après avoir indignement volé les Égyptiens, c'est Dieu qui les dirige, il les a choisis pour son peuple saint ; seul, entre tous les peuples de la terre, il a trouvé grâce devant lui. Parviennent-ils à faire la conquête de la terre de Chanaan en massacrant tous les habitants, hommes, femmes, enfants et jusqu'aux animaux, en détruisant les villes et les villages, c'est Dieu qui leur a fait don de ce pays, c'est lui qui a ordonné tous ces massacres. Il en sera toujours de même, toutes les fois que les Hébreux réussiront dans leurs entreprises, ce sera la récompense de leur fidélité à leur Dieu ; tous les revers qu'ils subiront, toutes les calamités qui les accableront seront la punition de leurs infidélités ; c'est-à-dire tout simplement que les Hébreux subissent les alternatives de toutes les choses humaines ; il n'y a, dans cette manière d'envisager les faits, qu'une interprétation des événements au point de vue religieux, interprétation machiavélique pour tenir un peuple crédule sous le joug de fer de la caste sacerdotale. Dieu n'est pour rien dans toutes ces histoires. Sous ce rapport, le mosaïsme a précieusement conservé la tradition brahmanique.

Quant aux lois civiles et morales, elles sont celles du brahmanisme et du mazdéïsme ; lois éternelles, immuables, sans lesquelles une société ne peut exister.

Le mosaïsme n'a donc absolument rien innové ; son système religieux, compris en entier dans le Pentateuque, n'est qu'un amalgame de Brahmanisme, de Mazdéïsme et de fables plus invraisemblables les unes que les autres, mêlées à quelques souvenirs historiques.

Son monothéïsme est vicié par une prétendue intervention divine, poussée jusqu'à la dernière limite de l'absurde et par l'oubli incroyable de l'immortalité de l'âme, oubli qui, à lui seul, exclut toute intervention divine et toute révélation.

Pour répondre à ceux qui prétendent que le dogme de l'immortalité de l'âme est sous-entendu dans le Pentateuque, bien qu'il n'y soit nullement exprimé, il suffit d'examiner comment Dieu punit les crimes d'Israël. Dieu suit strictement la loi qu'il a instituée devant le Sinaï. Exode, chapitre xx, verset 5 : « Je suis le seigneur votre Dieu, le Dieu fort et jaloux, qui venge l'iniquité des pères sur les enfants jusqu'à la troisième et quatrième génération, dans tous ceux qui me haïssent. »

Il est impossible d'être plus clair et d'affirmer plus nettement qu'il ne reste rien de l'homme après la mort. L'auteur de cette loi n'hésite pas à rendre les enfants responsables des fautes de leurs pères jusqu'à la quatrième génération, malgré l'absurdité révoltante d'une semblable vengeance de la part de Dieu. Il est vrai qu'il y a loin de là à la malédiction divine formulée contre l'humanité entière, à cause de la désobéissance de nos premiers parents. — Genèse, chapitre III, Péché originel.

L'auteur, ignorant ou ne voulant point admettre une vie future, sanction de l'immortalité de l'âme, n'a rien trouvé de mieux pour imprimer la terreur du nom de Dieu aux Israélites.

Et par les interprétations prophétiques données aux événements de l'histoire juive, nous voyons que l'opinion exclusive de l'immortalité de l'âme a persisté jusqu'après la captivité de Babylone.

La concordance si évidente résultant du tableau qui précède, ne pouvant plus, aujourd'hui, être discutée, enlève toute idée d'originalité au livre de Moïse.

QU'EST-CE QUE MOÏSE?

Moïse n'est pour nous qu'un nom mythique donné au législateur hébreu, au même titre que celui de Manou donné au législateur brahmanique, si même ces deux noms ne désignent pas le même personnage. Le Manès égyptien, le Minos grec, le Mosès ou Moïse juif, ne nous semblent, en effet, qu'un seul et même nom dérivé du Manou brahme, modifié selon l'exigence de la langue des nations auxquelles appartiennent ces législateurs. L'histoire leur fait jouer à tous un rôle identique.

Le Pentateuque n'est pas plus l'œuvre de Moïse

que le code de brahma n'est celle de Manou ; celui-ci est l'œuvre du prêtre brahme, le premier est celle du prêtre juif.

Suivant nous, le code mosaïque ne remonterait pas au-delà du v° siècle avant notre ère.

Nous allons résumer rapidement ce que nous avons dit dans un précédent volume sur le rôle d'Esdras dans la rédaction de l'Ancien-Testament.

ESDRAS.

Si les Juifs, avant Esdras, ont, à différentes reprises, adopté le monothéïsme, parce que le roi Josias eut à faire, en l'an 630 avant notre ère, pour extirper l'idolâtrie dans ses États, nous devons penser que, jusque-là, le monothéïsme n'avait pas chez les Hébreux de racines bien profondes.

Après la prise de Jérusalem par Nabuchodonosor, les Juifs furent emmenés captifs et transportés au centre de l'Assyrie. Dans le sac de leur malheureuse ville, qui fut pillée et livrée aux flammes ainsi que leur temple, ils perdirent presque toutes leurs écritures.

Un édit de Cyrus, qui avait conquis l'empire assyrien, mit fin à cette captivité dont la durée fût de soixante-dix ans ; les Juifs purent, enfin, rentrer dans leur patrie ; mais combien peu usèrent du bienfait de Cyrus !

Zorobabel organisa un premier départ, composé d'une infime partie du peuple juif ; mais la plus grande partie, la plus riche et la plus éclairée, séduite par le bien-être qu'elle avait trouvé chez le vainqueur, et attachée aux positions qu'elle s'était créées, avait refusé de se joindre à l'expédition.

Zorobabel, à force d'énergie et de dévouement, malgré mille obstacles, tant intérieurs qu'extérieurs, parvint à s'établir dans Jérusalem, qu'il releva de ses cendres. Soixante-neuf ans après, Esdras, ayant prudemment attendu que tout danger eût disparu, arriva à Jérusalem pour y organiser le gouvernement sacerdotal ; il était de la tribu de Lévi et descendait en droite ligne d'Aaron, grand prêtre, frère de Moïse.

Les Hébreux sont donc restés, les uns pendant soixante-dix ans, les autres pendant cent trente-neuf ans, en contact avec les Médo-Perses qui professaient les religions de l'Inde. Les docteurs de la loi juive ont eu le loisir d'étudier ces systèmes religieux, nouveaux pour eux ; c'est dans ce milieu qu'ils ont composé le code mosaïque. Esdras n'est pour nous que la personnification de l'immense travail auquel ils se sont livrés ; ce travail n'a pu être l'œuvre d'un seul.

Pendant leur captivité, les Hébreux ont perdu jusqu'au souvenir de leur langue nationale ; c'est en chaldéen que sont rédigées les nouvelles écritures ; c'est dans ces conditions qu'Esdras les présente aux Hébreux ; elles sont accueillies avec enthousiasme ; les Juifs jurent de n'avoir plus d'autre loi, et Esdras leur fait signer l'acte d'alliance avec le Seigneur.

Le Pentateuque demeure la loi religieuse officielle des Juifs.

Après ce rapide exposé historique, examinons le livre de Moïse en lui-même.

Nous ne connaissons ce livre que par Esdras, ainsi que le nom de Moïse ; avant lui, ce nom est absolument inconnu, pas un des nombreux écrivains de l'antiquité n'a parlé de lui ; les Égyptiens eux-mêmes, chez lesquels il a opéré de si prodigieux miracles, n'en ont gardé aucun souvenir.

L'histoire juive, depuis Josué, ne prononce pas une seule fois son nom ; nous ne le trouvons qu'une fois ou deux dans des chapitres ou psaumes qui datent évidemment de l'époque d'Esdras, et qui ont été maladroitement ou intentionnellement accolés à des œuvres antérieures. De plus, le Pentateuque contient un certain nombre de passages s'appliquant à des faits de beaucoup postérieurs à l'époque où aurait vécu Moïse ; enfin, le Pentateuque est composé à l'aide de légendes brahmaniques et mazdéennes. Les lois de Moïse sont la copie du code de Brahma. Il est donc évident que ce livre est l'œuvre d'Esdras et de ses coadjuteurs qui l'ont abrité sous le nom de Moïse, comme les brahmes ont abrité le leur sous le nom de Manou ; c'est à l'aide de ce moyen que les uns comme les autres ont fait de leurs castes sacerdotales une institution divine.

Supposons encore que Moïse ait vraiment existé, et qu'il soit l'auteur du Pentateuque. Rappelons-nous le récit que nous fait la Bible sur sa jeunesse. Il est sauvé des eaux par la fille de Pharaon, roi d'Égypte ; elle l'adopte et lui fait donner une brillante éducation.

Selon la chronologie sacrée, Moïse naît 80 ans avant la sortie d'Égypte ; il se retire chez Jethro 40 ans avant cette sortie ; il avait donc 40 ans quand il quitta pour la première fois l'Égypte, après avoir tué un Égyptien. Dans la situation où il se trouvait à la cour de Pharaon, il a eu tous les moyens de s'instruire sur la religion égyptienne et de se faire initier aux mystères les plus secrets.

Or, quelle était à cette époque la religion égyptienne ? le Brahmanisme. Avons-nous besoin de faire de bien profondes recherches pour le prouver ? La Bible elle-même se charge de nous renseigner à cet égard. Pharaon est entouré des sages et des magiciens d'Égypte qui font autant de miracles que Moïse. Que sont donc ces sages et ces magiciens, sinon des brahmes ou des çarmanes qui ont conservé toutes les traditions de l'Inde, telles que nous les a décrites Mégasthènes dans le récit de son ambassade à Palibothra, où il fut envoyé auprès du roi Tchandra-Gupta par Seleucus-Nicator.

Voir l'extrait de Mégasthènes que nous donnons en recherchant ce qu'étaient les Esséniens.

Quels étaient les mystères des prêtres égyptiens ? Nous savons que brahmes et boudhistes avaient une doctrine secrète. Pour les sages ou initiés, la divinité ou l'unité de l'ordre supérieur était l'âme du monde, tandis que le vulgaire était livré à toutes les superstitions du vieux culte solaire indien. Selon Hérodote, le père de l'histoire, les cérémonies que Pythagore avait importées de l'Inde étaient les mêmes que les cérémonies orphiques, bacchiques et égyptiennes, c'est-à-dire qu'elles étaient d'origine brahmanique.

Ne devient-il pas, dès lors, de la dernière évidence que c'est dans ce milieu que Moïse aurait pu puiser les éléments de sa Genèse, pâle copie des traditions de l'Inde. Le Dieu auquel il veut soumettre le peuple hébreu n'est que l'âme du monde, au nom de laquelle il lui parlera, à laquelle il se substituera, lui et la caste sacerdotale qu'il établit sur le modèle des brahmes. C'est bien là le règne de Dieu par le prêtre tel que l'ont établi brahmes et bouddhistes. Seulement, Moïse supprime dans sa loi toutes les superstitions égyptiennes et ne garde absolument que ce qui fait le fond de la doctrine secrète.

Le rapprochement que nous venons de faire entre le Brahmanisme et le Mosaïsme établit incontestablement que le Pentateuque a été calqué sur les traditions indiennes et que l'auteur n'a fait que les amalgamer avec quelques vieilles traditions particuculières aux Israélites.

Le Pentateuque, fût-il l'œuvre de Moïse, ne peut avoir aucune prétention à l'originalité. Loin d'avoir été la source où les autres religions ont été puiser leurs origines, le Mosaïsme, comme toutes les autres, n'est qu'un schisme brahmanique.

BOUDDHISME

Le bouddha Çakyamouni, tout en étant regardé comme le fondateur du schisme bouddhique, n'est pas le premier bouddha qui soit signalé par les livres de l'Inde. Nous savons par eux que la mort du plus ancien des bouddhas humains remonte à l'an 2422 avant l'ère chrétienne.

« Selon M. Hodgson, le bouddhisme népâlais distingue nettement les sages d'origine humaine qui ont acquis par leurs efforts et leurs vertus le rang de bouddha, d'une autre classe plus relevée de bouddhas dont la nature et l'origine sont purement immatérielles. Les premiers, qu'on nomme manuchi-bouddhas ou bouddhas humains, sont au nombre de sept, dont Çakyamouni est le dernier. Les seconds, se nomment anupapâdachas, c'est-à-dire sans parents, et dhyâni bouddhas, c'est-à-dire bouddhas de la contemplation. L'école théïste du nepâl suppose qu'un adibouddha ou bouddha primordial, existant par lui-même, infini, omniscient, créa par cinq actes de sa puissance contemplative cinq bouddhas, nommés collectivement pantcha-dhyani-bouddhas. » — (Extrait de E. BURNOUF.)

HISTOIRE DE SIDDHARTHA
surnommé Çakiamouni, fondateur du Bouddhisme.

L'auteur de ce schisme fut un prince de la famille des Çakyas, de la race des Gautamides ; il s'appelait Siddhartha de son nom personnel ; les uns lui donnaient le nom de Çakya, de celui de sa famille, auquel ils ajoutaient la qualification de mouni (solitaire), d'où Çakyamouni ; les autres, l'appelant Gautâma, du nom de sa race, le faisaient précéder de la qualification de çramâna (ascète), d'où Çramâna Gautâma ; il était fils du roi Çouddhodana et de Mayadévi, fille du roi Souprabouddha ; il naquit dans la ville de Kapilavastou, capitale des États de son père, situés dans l'Inde centrale, non loin des montagnes du Népaul ; doué de la plus remarquable intelligence, il possédait déjà la science à l'âge où les autres enfants commencent à étudier ; il se maria de bonne heure avec la belle Gôpa, et, bien qu'il goûtât un bonheur parfait dans son union avec cette femme de son choix, qui partageait toutes ses idées, il l'abandonna ainsi que deux autres épouses qu'on lui donne, et toute sa famille pour embrasser la vie ascétique et se livrer exclusivement à ses hautes conceptions philosophiques et religieuses ; il s'échappa clandestinement du palais de son père qui, connaissant ses projets de fuite, le faisait très étroitement garder ; après s'être dépouillé des insignes de sa caste et de ses riches vêtements qu'il échangea contre ceux d'un chasseur qui portait un costume de peau jaune tout usé, il fréquenta les plus célèbres écoles des brahmes ; mais il n'y trouva rien qui répondit à ses aspirations métaphysiques ; alors, il se retira dans un village du nom d'Ouroulviva, où, vivant dans la plus profonde solitude, il se livra pendant six ans aux austérités rigoureuses de l'ascétisme brahmanique ; mais, au bout de ce temps, il comprit que les abstinences et les mortifications, loin de lui ouvrir l'esprit, ne faisaient que l'obscurcir, il reprit la vie ordinaire, et recouvra promptement la force et la santé.

TENTATION.

Pendant cette retraite à Ouroulviva, il fut tenté du démon Mara, le dieu de l'amour, du péché et de la mort. Mara lui dit : « Chère créature, il faut vivre ; c'est en vivant que tu pratiqueras la loi ; tu es maigre, tes couleurs ont pâli, tu marches vers la mort. » Siddhartha lui répond : « La fin inévitable de la vie étant la mort, je ne cherche point à l'éviter, j'ai la résolution, le courage et la sagesse, rien ne peut m'ébranler. » Mara appela à son secours la force et la beauté ; Siddhartha est insensible à la terreur que cherchent à lui inspirer des légions de démons, aussi bien qu'aux charmes des belles asparasas, filles de l'enfer, car il considère les éléments comme des illusions, et les corps les plus charmants ne sont que bulles d'eau et fantômes. Mara, vaincu et désespéré, s'enfuit en s'écriant : « Mon règne est passé ! »

Ce fut vers l'âge de trente-six ans qu'ayant enfin résolu en lui-même toutes les questions qui agitaient depuis longtemps son esprit, qu'il arrêta définitivement sa doctrine ; il mit de côté toute hésitation et entreprit de propager ses principes religieux ; il débuta à Bénarès et parcourut les provinces de Magadha et de Koçala. Sa doctrine fit en peu de temps de rapides progrès : rois, peuples et même des brahmes, l'accueillent avec enthousiasme ; mais, au milieu de ce succès, le Brahmanisme découvre en lui un ennemi redoutable : il attaque Siddhartha par tous les moyens dont il dispose ; il comprend que, par cette doctrine, c'en est fait de sa puissance, de sa richesse et de sa domination. Siddhartha échappe à tous les dangers qui se dressent sous ses pas ; il meurt paisiblement à l'âge de quatre-vingts ans, à Kouçinagara dans le royaume de ce nom.

On lui fit de magnifiques funérailles, et ses disciples se partagèrent pieusement ses reliques. Telle fut la vie de ce remarquable réformateur religieux, dégagée de tout le merveilleux dont l'imagination orientale a enrichi sa fantastique légende.

Remarquons que la légende établie sur Çakyamouni, après sa mort, offre une très grande similitude avec celle de Krichna.

MISSION DE SIDDHARTHA (BOUDDHA ÇAKYAMOUNI).

Nulle part, dans les ouvrages primitifs qui traitent des dits et gestes du fondateur du bouddhisme, Çakyamouni et les bouddha qui l'ont précédé n'ont un caractère divin ; fils de brahmes ou de rois, ce ne sont que des ascètes qui, par leur sagesse, leurs vertus et leurs mortifications, se sont élevés au plus haut degré de sainteté ; ce n'est que dans les ouvrages qui ont paru dans des temps postérieurs que les anciens bouddhas et Çakyamouni sont considérés comme des êtres d'une nature divine.

Au temps où naquit Çakyamouni, l'institution des

castes était encore rigoureusement observée dans l'Inde ; il y resta soumis lui-même, jusqu'au jour où il entreprit sa mission qui avait pour but le salut universel ; appelant à lui tous les hommes, sans tenir aucun compte de leur condition sociale, ni de leur nationalité, il supprima de fait la loi des castes. Le çoudras et le tchandalas avaient autant de titres que les brahmes et les xchatryas à atteindre au nirvana. La doctrine de Çakyamouni était pour tous une loi de grâce et de salut ; donc, il ne devait plus exister aucune entrave à la liberté religieuse du bouddhiste. Dès lors aussi, pour pouvoir s'adresser à tous, au lieu de fonder une école d'enseignement, Çakyamouni et ses disciples prêchaient en public par tous les lieux où ils passaient.

A là douceur de sa doctrine et à l'entraînement de sa parole, il joignait la puissance de faire des miracles éclatants, qui achevaient de convaincre les plus incrédules ; il connaissait le passé, le présent et l'avenir et pouvait raconter à ses disciples les bonnes actions accomplies par eux dans leurs diverses transmigrations ; c'était comme récompense qu'ils étaient revenus au monde parmi les hommes en même temps que lui, et qu'ils pouvaient, en entendant et en pratiquant sa doctrine, n'avoir plus à subir de nouvelles transmigrations et arriver directement au nirvana.

C'est à ce concours de circonstances et, en outre, à la haine qu'inspirait aux castes inférieures le despotisme des brahmes, que la doctrine de Çakyamouni dut son immense et rapide succès.

Çakyamouni n'observait, dans le choix de ses disciples, d'autre règle que leur foi, leur dévouement et leur capacité, sans tenir aucun compte des conditions de naissance ni de castes ; mais il excluait de l'investiture ou initiation les hommes atteints de maladies, contagieuses ou incurables, ou ceux affligés de difformités, et les criminels ; les mineurs ou esclaves devaient produire l'autorisation de leurs parents ou de leurs maîtres ; ceux de ses sectateurs qui voulaient embrasser l'état religieux étaient soumis à un examen préalable, et n'étaient admis que lorsqu'ils avaient été jugés capables d'exercer leur mission. Les femmes pouvaient également devenir religieuses et ascètes ; il était procédé à leur admission d'après les règles usitées pour les hommes. Tous ces religieux et religieuses et Çakyamouni lui-même étaient obligés de mendier leur vie et de porter un vêtement uniforme formé de loques jaunes et sordides ; détachés de toutes les choses de ce monde, ils ne possédaient plus rien ; ils formaient des communautés religieuses distinctes d'hommes et de femmes. Les hommes et les femmes qui en faisaient partie étaient appelés bhischous et bhischounis, religieux mendiants et religieuses mendiantes.

Puis, venaient ensuite les dévôts et les dévotes, qui suivaient la doctrine du maître sans embrasser l'état religieux.

CONFESSION.

La doctrine du bouddha admettait la confession et l'expiation du péché.

Le Dul-va Thibetain nous apprend que la confession publique fut pratiquée du temps même de Çakyamouni et qu'elle avait lieu en présence de l'assemblée le jour de la nouvelle et de la pleîne lune.

Dans la légende de Purna, un jour que celui-ci remplissait les devoirs de serviteur de la loi, il voit le domestique d'un certain Arhat qui ne pouvait, à cause du vent, balayer le Vihara, il s'emporte contre lui et dit : « C'est le domestique de quelque fils d'esclave ; l'Arhat entendit et ayant attendu que son emportement fût passé, lui reprocha ses paroles grossières et lui dit : « Confesse que tu as péché, et, « par là, ta faute sera diminuée, elle sera détruite, « elle sera pardonnée. »

Cette théorie de la confession, du repentir et de l'expiation, que nous avons signalée dans le livre de Manou, a passé du brahmanisme dans le bouddhisme, comme presque tous les autres éléments de la constitution indienne ; mais ce que nous n'avions pas trouvé dans Manou et que nous trouvons dans le bouddhisme, c'est l'existence d'un code pénitentiel, renfermant la distinction et la classification des divers genres de fautes. Suivant Csoma, cette classification comprendrait deux cent cinquante-trois règles, divisées en cinq chefs, d'après la nature des fautes que ces règles ont pour objet de condamner.

DOCTRINE.

Nous laissons sur ce chapitre la parole à Eugène Burnouf :

« La doctrine de Çakyamouni qui, selon les sutras, était plus morale que métaphysique, au moins dans son principe, reposait sur une opinion admise comme un fait et sur une espérance présentée comme une certitude ; cette opinion, c'est que le monde visible est dans un perpétuel changement ; que la mort succède à la vie, et la vie à la mort ; que l'homme, comme tout ce qui l'entoure, roule dans le cercle éternel de la transmigration ; qu'il passe successivement par toutes les formes de la vie, depuis les plus élémentaires jusqu'aux plus parfaites ; que la place qu'il occupe dans la vaste échelle des êtres vivants, dépend du mérite, des actions qu'il accomplit en ce monde, et qu'ainsi l'homme vertueux doit, après cette vie, renaître avec un corps divin, et le coupable avec un corps de damné ; que les récompenses du ciel et les punitions de l'enfer n'ont qu'une durée limitée, comme tout ce qui est dans ce monde ; que le temps épuise le mérite des actions vertueuses, tout de même qu'il efface la faute des mauvaises ; et que la loi fatale du changement ramène sur la terre et le Dieu et le damné, pour les mettre l'un et l'autre à l'épreuve et leur faire parcourir une suite nouvelle de transformations. L'espérance que Çakyamouni apportait aux hommes, c'était la possibilité d'échapper à la loi de transmigration, en entrant dans ce qu'il appelle le Nirvana, c'est-à-dire l'anéantissement.

Le signe définitif de cet anéantissement était la mort ; mais un signe précurseur annonçait, dès cette vie, l'homme prédestiné à cette suprême délivrance ; c'était la possession d'une science illimitée, qui lui donnait la vue nette du monde, tel qu'il est, c'est-à-dire la connaissance des lois physiques et morales ; et pour tout dire en un mot, c'était la pratique des six perfections transcendantes : aumône, science, énergie, patience, morale et charité. L'autorité sur laquelle Çakyamouni appuyait son enseignement était toute personnelle. Elle se formait de deux éléments, l'un réel et l'autre idéal. Le premier était la régularité et la sainteté de sa conduite, dont la chasteté, la patience et la charité formaient les traits principaux ; le second était la prétention qu'il avait d'être bouddha, c'est-à-dire éclairé, et comme tel de posséder une science et une puissance surhumaine ; avec sa puissance il opérait des miracles, avec sa science il se représentait sous une forme claire et complète, le passé et l'avenir ; par là il pouvait raconter tout ce que chaque homme avait fait dans ses existences antérieures, et il affirmait qu'une foule d'êtres avaient jadis atteint comme lui, par la pratique des mêmes vertus, à la dignité de bouddha avant d'entrer dans l'anéantissement complet ; il se présentait enfin aux hommes comme leur sauveur, et il leur promettait que sa mort n'anéantirait pas sa doctrine ; mais que cette doctrine devait durer après lui un grand nombre de siècles et que quand son action salutaire aurait cessé, il viendrait au monde un nouveau bouddha qu'il annonçait par son nom, et qu'avant de descendre sur la terre il avait, disent les légendes, sacré lui-même dans le ciel en qualité de bouddha futur.

Il est clair qu'il se présentait comme un des ascètes qui, depuis les temps les plus anciens, parcourent l'Inde en prêchant la morale, d'autant plus respectés de la société qu'ils affectent de la mépriser davantage ; c'est même en se plaçant sous la tutelle des brahmes qu'il était entré dans la vie religieuse.

Il n'est pas moins évident que l'opinion philosophique par laquelle il justifiait sa mission était partagée par toutes les classes de la société : brahmes, xchatryas, vaysias et çoudras ; tous croyaient également à la fatalité de la transmigration, à la répartition des récompenses et des peines, à la nécessité et en même temps à la difficulté d'échapper d'une manière définitive aux conditions perpétuellement changeantes d'une existence toute relative. Jusque-là Çakyamouni n'était pas en opposition avec la société brahmanique ; xchatrya par naissance il était devenu ascète, comme quelques autres, et notamment Viçvamitra, avaient fait avant lui ; il conservait même dans un de ses noms la trace du lien essentiellement religieux qui rattachait sa famille à la caste brahmanique ; il se nommait Çramana Gautama, ou l'ascète Gautamide, sans doute parce que Gautama était le nom de famille sacerdotal de la race militaire des Çakyas, qui, en qualité de xchattryas, n'avaient pas d'ancêtres ni de saint tutélaire à la manière des brahmes, mais qui avaient pu prendre, ainsi que la loi indienne l'autorise, le nom de l'ancien sage à la race duquel appartenait leur gouverneur spirituel ;

Philosophe et moraliste, il croyait à la plupart des vérités admises par les brahmes ; mais il se séparait d'eux du moment qu'il s'agissait de tirer la conséquence de ces vérités et de déterminer les conditions du salut, but des efforts de l'homme, puisqu'il substituait l'anéantissement et le vide au brahma unique, dans la substance duquel ses adversaires faisaient rentrer le monde et l'homme. Le culte que l'on rend aux dieux est moins méritoire aux yeux de Çakyamouni que la pratique des vertus morales, qu'il impose au-dessus des objets les plus vénérés des brahmes et du peuple, savoir : brahma, le sacrifice, le feu sacré, les dieux domestiques ; enfin les initiés s'obligent à consacrer toute leur énergie et leur dévouement à la propagation de la doctrine bouddhiste. — (Eugène BURNOUF, introduction à l'histoire du bouddhisme, pages 135 et suivantes).

RÉSUMÉ

Çakyamouni n'est point venu instituer une religion nouvelle ni abolir l'ancienne loi, sa doctrine est une protestation contre les entraves apportées à la liberté de l'homme par le despotisme des brahmes qui ont altéré à leur profit exclusif les textes de la loi primitive des védas. Selon lui tous les hommes sont égaux devant Dieu, ils ont tous droit au salut ; il ne peut exister de barrière qui puisse empêcher à l'homme d'arriver à la vérité et d'atteindre à la délivrance ; il suffit de s'abstenir du mal, de pratiquer la vertu, de réprimer ses passions, d'exercer l'aumône, de rendre le bien pour le mal, de se détacher des choses du monde, en un mot de posséder la science de la vraie sagesse, but principal de la vie humaine, pour échapper aux transmigrations et parvenir au Nirvana. Cette science suprême s'obtient par sept moyens : contemplation, calme d'esprit, égalité d'humeur, indifférence absolue, répression des sens, recherche de la vérité, et enfin effort persévérant vers le bien.

Çakyamouni n'a fait que vulgariser cette science dont les brahmes se sont fait une doctrine secrète qu'ils gardaient pour eux seuls; abondonnant le peuple indien à une foule de superstitions dans lesquelles ils n'ont pas eu honte de l'entretenir pour mieux le tenir sous leur joug.

Les seules innovations que nous reprocherions à Çakyamouni sont l'institution d'un mysticisme absurde et l'établissement de communautés religieuses dont la règle principale est le célibat, violation flagrante de la première des lois de la création.

De même que Kriçhna, qui a précédé Çakyamouni de 2,800 ans environ, celui-ci revient à la loi primitive du véda, loi qui se rapproche le plus de la religion naturelle, avant que le prêtre ne se fût emparé du nom de Dieu pour asservir l'homme et vivre aux dépens de sa crédulité. Les légendes de ces deux réformateurs offrent la plus grande similitude; tous deux naissent par incarnation divine; leur enfance est signalée par des événements plus merveilleux les uns que les autres; ils enseignent tous deux la même morale, combattent les mêmes abus ; tous deux sont l'objet de la persécution des brahmes dont ils ruinent la puissance par leur doctrine égalitaire ; tous deux ont de terribles guerres à soutenir contre leurs ennemis et triomphent de tous les obstacles qu'ils leur opposent ; tous deux donnent l'exemple de toutes les vertus, bien qu'on ait cherché dans les temps modernes à salir la mémoire de Kriçhna en l'accusant d'impudicité et de luxure. Ce sont les deux plus nobles figures dont l'antiquité nous ait légué le souvenir ; et la civilisation moderne n'a rien pu ajouter à la sublime morale qu'ils ont enseignée.

APRÈS LA MORT DE ÇAKYAMOUNI.

Çakyamouni n'a rien écrit.

Peu de temps après sa mort, Kaçiapa, le chef des religieux bouddhistes, réunit cinq cents religieux, non loin de Radjagriha, pour tâcher de rassembler les paroles du maitre. Kaçiapa fut chargé de rédiger l'abbhidharma ou métaphysique, Ananda, les sutras et Upali le vinaya ou discipline.

La seconde rédaction eut lieu cent dix ans après la mort de Çakyamouni, dans un second concile tenu au temps d'Açoka, roi de Patalipouthra, pour mettre fin à la discorde qui s'était élevée entre les religieux de Vaiçali et sept cents Arhats. Enfin un peu plus de quatre cents ans après Çakyamouni, les bouddhistes étaient partagés en dix-huit schismes appartenant à quatre groupes principaux. Il y eut lieu de réunir un troisième concile pour rétablir l'unité de doctrine et créer une sorte d'orthodoxie.

Il y eut donc un premier recueil contenant le corps de doctrine du bouddha et représenté par les sutras simples que l'on considère unanimement comme les plus anciens ; mais bientôt après parurent les sutras développés commençant à contenir des légendes fantastiques et des interprétations s'éloignant des textes primitifs. Puis enfin l'existence de dix-huit schismes signalée quatre cents après la mort du réformateur, nous révèle l'étendue du mal résultant de l'excessive liberté d'interprétation à laquelle l'imagination orientale s'est laissé entraîner ; car nous voyons qu'au dernier concile tenu pour remédier à cet état de discorde, soixante mille prêtres, considérés comme hérétiques, furent dégradés.

Il est arrivé de la loi de Bouddha ce que nous avons signalé pour la loi de Manou. Les prêtres brahmes se sont emparés de la loi des védas ; à l'aide de cette loi, ils se sont composé un code dont le point capital est l'établissement de leur prééminence sur le reste du peuple indien ; et pour rendre leur puissance et leur domination indiscutable, il les ont placées sous la protection de leur dieu Brahma, qui, ont-ils prétendu, les en a investis directement.

De même les prêtres bouddhistes ont commencé par faire un dieu de leur Bouddha, puis ont si bien modifié à leur profit la doctrine égalitaire de Çakyamouni, qu'au bout de quatre cents ans le prêtre a reconquis toute sa puissance.

Le nombre des écrits bouddhiques est immense. Il en est parmi eux qui sont d'une étendue démesurée. les Prajdnâs Paramitâs forment plusieurs collections volumineuses. La première, contenant cent mille articles, auxquels on en a adjoint vingt-cinq mille autres, est de beaucoup la plus considérable. La seconde comprend dix-huit mille articles, la troisième dix mille, la quatrième huit mille.

Il paraîtrait que ces collections ne seraient que des abrégés les unes des autres. La doctrine en est la même. Les sujets en sont les mêmes, ils sont traités de la même manière et les termes en sont souvent les mêmes.

Ces renseignements sont tirés de l'introduction à l'histoire du Bouddhisme, de Burnouf. De la citation dont il les fait suivre nous extrayons les passages suivants qui nous suffisent pour nous donner l'idée du scepticisme absolu où en étaient arrivés les auteurs de ces ouvrages.

Subhûti le sthavira, en présence de Bhagavat (surnom de Çakyamouni) répond aux questions que lui posent Çariputtra et Purna sur la perfection de la sagesse et l'omni-science.

Alors Subhûti parla ainsi à Bhagavat : « Pour moi, Bhagavat, je ne connais pas, je ne comprends pas, je ne saisis pas le nom de Bôdhisattva; je ne connais pas, je ne comprends pas, je ne saisis même pas davantage la perfection de la sagesse. Or, dans cette ignorance où je me trouve sur le nom de Bôdhisattva et sur la perfection de la sagesse, quel est le

Bôdhisattva que je dois instruire et qu'est-ce que la perfection de sagesse que je dois lui enseigner, que je dois lui apprendre ? Ce serait de ma part, ô Bhagavat, une mauvaise action si, ne connaissant pas, ne comprenant pas, ne saisissant pas la chose même, je me contentais pour l'expliquer du nom seul qu'elle porte, celui de Bôdhisattva. Il y a plus, ô Bhagavat, ce nom même n'est ni stable, ni non stable ; il n'est ni instable, ni non instable. Pourquoi cela ? Parce que ce nom n'a pas d'existence. C'est de cette manière qu'il n'est ni stable, ni non stable, ni instable, ni non instable.

« Encore autre chose, ô Bhagavat, le Bôdhisattva qui marche dans la perfection de la sagesse, qui la médite, ne doit pas s'arrêter à la forme, non plus qu'à la sensation, non plus qu'à l'idée, non plus qu'aux concepts, non plus qu'à la connaissance. Pourquoi cela ? C'est que s'il s'arrête à la forme, il marche dans la notion que la forme existe, il ne marche pas dans la perfection de la sagesse, et de même s'il s'arrête à la sensation, à l'idée, aux concepts, à la connaissance, il marche dans la notion de ce qui existe, il ne marche pas dans la perfection de la sagesse. Pourquoi cela ? C'est que celui qui marche dans la notion ne saisit pas la perfection de la sagesse, n'y applique pas ses efforts, ne l'accomplit pas entièrement. N'accomplissant pas entièrement la perfection de la sagesse, il ne parviendra pas à l'omni-science, parce qu'il saisit ce qui n'est pas saisi. Pourquoi cela ? C'est que dans la perfection de la sagesse la forme n'est point saisie, et qu'il en est de même de la sensation, de l'idée, des concepts, de la connaissance, toutes choses qui ne sont pas saisies dans la perfection de la sagesse. Or cet état de la forme de n'être pas saisie, ce n'est pas la forme, et il en est de même de la sensation, de l'idée, des concepts, de la connaissance. La perfection de la sagesse elle-même n'est pas saisie.

« Alors Çâriputtra parla ainsi à Subhûti : Le Bôdhisattva marche-t-il, quand il marche dans la perfection de la sagesse ? Cela dit, Subhûti parla ainsi à Çâriputtra : Si le Bôdhisattva, ô Câriputtra, ne marche ni dans la forme, ni dans le signe de la forme, ni en disant : la forme est le signe ; s'il ne marche ni dans la production de la forme, ni dans la cessation de la forme, ni dans la destruction de la forme, ni en disant : la forme est vide, ni en disant : Je marche, ni en disant : je suis Bôdhisattva ; de même s'il ne marche pas dans la sensation, ni dans l'idée, ni dans les concepts, ni dans la connaissance ; s'il ne marche pas dans le signe de la connaissance, s'il ne marche pas en disant : la connaissance est le signe ; s'il ne marche pas dans la production de la connaissance, dans la cessation de la connaissance, dans la destruction de la connaissance ; s'il ne marche pas en disant : la connaissance est vide, en disant : je marche, en disant : je suis Bodhisattva, s'il ne fait pas cette réflexion : celui qui marche ainsi, marche certainement dans la perfection de la sagesse, il la médite ; si, dis-je, il marche ainsi, il marche dans la perfection de la sagesse; car en marchant de cette manière, il ne porte pas ce jugement : je marche, ni celui-ci : je ne marche pas, ni celui-ci : je marche et je ne marche pas, ni celui-ci : je ne marche pas et je ne suis pas non marchant ; il ne porte pas ce jugement : je marcherai, ni celui-ci : je ne marcherai pas, ni celui-ci : je marcherai et je ne marcherai pas, ni celui-ci : je ne marcherai pas et je ne serai pas non marchant. Pourquoi cela ? C'est que toutes ces conditions, quelles qu'elles soient, sont non perçues, non acceptées par lui. »

Et cela dure des pages et des pages pour arriver à cette déclaration de Subhûti :

« Le nom de Bouddha, ô Bhagavat, n'est qu'un mot. Le nom de Bôdhisattva, ô Bhagavat, n'est qu'un mot. Le nom de perfection de la sagesse, ô Bhagavat, n'est qu'un mot. »

Donnons encore le résumé de Burnouf sur cette bizarre métaphysique :

« Les livres de la Pradjnâ Pâramita sont consacrés à l'exposition d'une doctrine dont le but est d'établir que l'objet à connaître ou la perfection de la sagesse n'a pas plus d'existence réelle que le sujet qui doit connaître, ou le Bôdhisattva, ni que le sujet qui connait ou le Bouddha. Telle est, en effet, la tendance commune de toutes les rédactions de la Pradjnâ; quelle que soit la différence des développements et des circonlocutions dont s'enveloppe la pensée fondamentale, toutes aboutissent à la négation égale du sujet et de l'objet. Il est clair que dans ces derniers ouvrages la doctrine est parvenue à tout ses développements, jusqu'à ne pas reculer devant l'absurdité de ses conclusions. »

Pour nous, nous y trouvons la doctrine secrète développée avec un cynisme inouï. La déclaration de Subhûti la résume dans toute sa crudité. Rien n'existe. Je ne crois à rien.

Si ce n'était pas là le fond de la pensée de Çakyamouni, voilà dans tous les cas ce qu'est devenue sa doctrine entre les mains des prêtres bouddhistes. En cela ils n'ont fait que suivre la tradition des prêtres brahmes.

Sous le nom de Bouddhadharma (loi de Bouddha), la collection du Népaul nous a conservé trois bouddhismes : celui des sutras simples, où ne parait que le Bouddha humain ; celui des sutras développés, où se rencontrent à côté du Bouddha humain d'autres Bouddhas et Bouddhisatvas fabuleux ; enfin celui des tantras, où au-dessus de ces deux éléments est venu se placer le culte des divinités femelles du sivaïsme.

Cette phrase de Burnouf nous fait voir clairement, d'un seul coup d'œil, la transformation considérable qu'a subi le bouddhisme primitif.

Nous n'avons qu'à parcourir ces sutras développés et notamment le Lalita Vistara, pour nous faire une idée de l'exubérance imaginative des prêtres bouddhistes dans leurs légendes.

Nous avons extrait cette étude du bouddhisme presque entièrement de la si remarquable introduction à l'histoire du bouddhisme, de M. Eugène Burnouf.

LE BOUDDHISME EN PALESTINE.

Il est très facile de se rendre compte de la manière dont la doctrine bouddhique a pu pénétrer de très bonne heure en Judée. Ce pays est assez exigu, long et étroit. Il est bordé d'un côté par la mer Méditerranée, de l'autre par la mer Morte et par une succession de chaînes de montagnes considérables confinant aux déserts. Il offre la seule voie par laquelle l'Egypte, la Syrie, la Chaldée, la Perse ont pu communiquer entre elles. C'est à cette situation des plus désavantageuses que les Israëlites ont dû d'être presque constamment obligés de subir la domination des grands empires qui les entouraient. De là il est résulté qu'ils n'ont jamais eu une civilisation propre, ni une langue nationale. Le livre de leur loi attribué à Moïse, et qui est évidemment l'œuvre d'Esdras, n'est qu'une compilation des fables de l'Inde, du code de Manou et du Zend Avesta.

Dans ce perpétuel mouvement de va et vient d'étrangers dans leur pays. Dans leurs propres relations avec l'Egypte qui était bouddhiste dès le temps où l'on fait vivre Moïse, il est évident que les Juifs se sont forcément trouvés en fréquent contact avec les missionnaires bouddhiques.

De la sortie d'Egypte jusqu'au temps de Samuel, les israélites se sont établis au milieu de peuples idolâtres, dont ils ont adopté toutes les superstitions, et avec lesquels ils ont fini par se confondre. L'histoire sainte nous révèle à quel degré d'anarchie et de démoralisation ils sont tombés sous les juges. Elle termine le livre de l'histoire de cette période par ce verset qui à lui seul dépeint leur déplorable état. « En ce temps-là il n'y avait point de rois en Israël, mais chacun faisait ce qui lui plaisait. »

Mais à partir des prophètes, qui surgissent inopinément avec Samuel, s'ouvre une ère toute nouvelle. On est frappé de la guerre acharnée qu'ils font aux rois, aux grands, et aux anciens prêtres du pays. Ils s'érigent en souverains arbitres du gouvernement. Les rois ne trouvent grâce devant eux qu'à la condition de se laisser aveuglément conduire par leurs conseils. Alors aussi commence le règne de ce Dieu qui ne parle que par la bouche des prophètes.

Le Bouddhisme a définitivement pris pied dans la terre sainte.

Samuel, le premier des prophètes, est aussi le premier des Israélites qui professe manifestement la doctrine bouddhique.

ÉTUDE SUR LE BOUDDHISME DES PROPHÈTES JUIFS.

Samuel, 1117 à 1055 avant Jésus-Christ, né par une faveur toute spéciale du très haut, débute en prédisant à Héli, souverain sacrificateur, qu'il va être puni de sa faiblesse envers ses enfants qui ont commis des crimes sans nombre, jusque sur les marches du tabernacle. Les deux fils d'Héli sont tués par les Philistins, et le grand prêtre lui-même tombe, se brise la tête, et meurt en apprenant la mort de ses fils, la prise de l'arche sainte et le désastre infligé aux Israélites par les Philistins. Samuel se fait élire souverain-pontife à sa place. Les propres fils de Samuel ne se conduisent pas mieux que ceux d'Héli. Alors le peuple d'Israël, lassé de vivre dans cette anarchie, exige de Samuel qu'il lui donne un roi.

Nous voyons, livre des rois, 1, chapitre VIII, tous les efforts que fait Samuel pour conserver le pouvoir qui lui échappe, le sombre tableau qu'il fait aux Israélites du despotisme royal, l'énumération de tous les services qu'il leur a rendus, son dévouement pour eux, l'ingratitude dont ils se rendent coupables envers lui. Rien ne peut les émouvoir. Ils résistent à toutes ces considérations, et Samuel est obligé de céder à leur insistance. Il choisit Saül, l'homme le mieux fait et le plus grand d'Israël.

Tant que Saül reste soumis aux conseils du prophète, ils vivent en bonne intelligence. Mais en l'absence de Samuel, Saül ayant osé offrir lui-même à Dieu un sacrifice en action de grâces de la victoire qu'il a remportée sur les Philistins, cette usurpation sur la prérogative sacerdotale soulève toute la colère de Samuel, qui va immédiatement préparer sa vengeance. Il organise une conspiration pour renverser

Saül et lui suscite David pour rival. Il fomente ainsi une nouvelle guerre civile en Israël.

Au chapitre xxi du même livre, verset 20, nous voyons apparaître pour la première fois une école de prophètes. « Les archers envoyés par Saül pour s'emparer de David, ayant vu une foule de prophètes et Samuel qui présidait au milieu d'eux, furent saisis eux-mêmes de l'esprit du seigneur. »

Nul doute ici n'est permis. Il n'y avait point de prophète en Israël jusque-là ; nous trouvons Samuel entouré de toute une école de prophètes, nous devons donc lui attribuer la fondation de cette école et l'introduction de la doctrine qu'il professe.

Nous voyons dès cette époque Samuel enseigner le règne de Dieu, c'est-à-dire du prêtre qui parle pour Dieu. C'est là le principal dogme du bouddhisme.

Ce dogme est exprimé au chapitre XII avec une telle clarté, une telle précision, que toute incertitude disparaît. « Vous avez donc un roi tel que vous l'avez choisi. Vous voyez que le seigneur vous a donné ce roi dont la demande lui a été si injurieuse. » Qui donc a choisi et donné ce roi ? Samuel, bien malgré lui, il est vrai. A qui l'a-t-on demandé ? A Samuel. A qui cette demande a-t-elle été injurieuse ? A Samuel, auquel l'établissement d'un roi a enlevé le pouvoir absolu sur Israël.

« Si vous craignez le Seigneur, si vous le servez, si vous écoutez sa voix et que vous ne vous rendiez pas rebelles à sa parole, vous serez heureux, vous et le roi qui vous gouverne, en suivant le seigneur votre Dieu. » De qui Israël entendra-t-il la voix, si ce n'est celle de Samuel ? Point de bonheur pour les Israélites s'ils sont rebelles à la parole de Samuel qui parle au nom de Dieu. La main de Dieu s'appesantira sur eux, comme il l'a fait sur leurs pères, c'est-à-dire que Samuel saura bien leur faire sentir le poids de sa vengeance.

« Cependant je vais invoquer le seigneur, et il fera éclater les tonnerres et tomber les pluies, afin que vous sachiez et que vous voyez combien est grand devant le seigneur le mal que vous avez fait en demandant un roi. » Samuel ne pourra jamais se consoler d'être obligé de partager avec un roi le gouvernement d'Israël ; il interprétera comme punition divine tous les maux qui pourront frapper Israël. Il inaugure ce système d'interprétation, que ses successeurs exploiteront sur la plus large échelle et convertiront en prophéties.

Mais, quoiqu'il puisse dire ou faire, Israël persiste dans son ingratitude et lui retire le pouvoir pour en gratifier un roi.

Lorsque Samuel reproche aux Israélites leur détermination injurieuse pour lui, ne voyons-nous pas exactement la même idée, exprimée sous une autre forme dans un des fragments de Mégasthènes. « Les gymnosophistes reprochèrent à Calanus de suivre Alexandre, et lui dirent qu'il n'était pas un véritable Çarmane, puisqu'il abandonnait la félicité dont il pouvait jouir avec ses confrères, et qu'il allait servir sous un autre maître que Dieu. »

Samuel est donc pour nous le premier prince prêtre dont l'histoire juive nous ait converyé le souvenir. Après les rois nous les verrons reparaître avec Esdras. Samuel est le fondateur du Bouddhisme en Judée.

De Samuel à Elie, les prophètes se succèdent sans interruption. Ils apparaissent de temps à autre pour annoncer les vengeances divines, c'est-à-dire qu'ils interprètent comme punitions divines les crimes les plus odieux, dont sont victimes ceux de leurs rois qui n'ont pas voulu écouter leur parole, ou qui ont porté atteinte à leur puissance en revenant au culte des faux Dieux, et en mettant leur confiance dans les prêtres de Baal, leurs rivaux. Ils ont scrupuleusement suivi la doctrine qui leur a été léguée par Samuel.

Pour ne pas allonger démésurément cette étude, arrivons immédiatement aux plus célèbres d'entre les prophètes.

Élie de Thesbé, 900 ans avant Jésus-Christ.

Remarquons d'abord que le nom d'Elie n'est autre que celui du soleil, Hélios. Rapprochons ce nom de l'enlèvement d'Élie dans le char du soleil. Sachant que le secret du bouddhisme est le culte solaire, il ne nous est pas difficile de comprendre que le prophète Elie n'est qu'un bouddhiste, prêtre du soleil.

Elie de Thesbé, habitant de Galaad, apparaît dans l'histoire sainte vers l'an 900. Il se présente devant Achab, roi d'Israël, et lui dit : « Vive le seigneur Dieu d'Israël, devant lequel je suis. Il ne tombera pendant ces années ni rosée ni pluie que selon la parole qui sortira de ma bouche. »

Puis il s'enfuit se cacher sur le bord du torrent de Carith, où il est nourri par un corbeau. Lorsque le torrent est à sec, il va à Sarephtha, ville des Sidoniens, où il est recueilli par une pauvre femme chez laquelle il opère des miracles. Il rend inépuisable la pincée de farine qu'elle avait dans un vase, et l'huile contenue dans une petite fiole. Et de ces ressources ils vivent, lui, cette femme et son fils, pendant tout le temps que dure la famine. Ensuite il ressuscite le fils de cette femme qui vient de mourir.

Trois ans après la prédiction qu'il a faite à Achab, il se présente devant ce roi, afin de dire la parole qui doit faire tomber la pluie. Il lui reproche d'avoir abandonné les commandements du seignenr et d'avoir suivi Baal. Jezabel, sa femme, a fait tuer tous les prophètes du seigneur. Elie a seul survécu à ce massacre, mais il va prendre une sanglante et éclatante revanche.

Il invite Achab à réunir le peuple d'Israël sur le mont Carmel, avec les quatre cent cinquante prophètes de Baal et les quatre cent prophètes des grands bois que Jésabel nourrissait de sa table. Quand tout fut réuni, Elie dit : Je reste seul des prophètes du seigneur, au lieu que les prophètes de Baal sont huit cent cinquante, dressons chacun un autel et préparons un sacrifice sous lequel il ne sera pas mis de feu, et que le Dieu qui accordera le feu à nos prières soit reconnu pour Dieu. Le peuple répond : la proposition est juste.

Les prêtres de Baal, après avoir préparé leur autel et dressé leur sacrifice, se mettent à invoquer leur Dieu. Mais il reste sourd à leurs prières, et nulle flamme ne se manifeste, leur impuissance est évidente.

Elie, à son tour, relève l'autel du seigneur qui avait été détruit, et ayant préparé son sacrifice, le fait arroser une première fois de quatre urnes d'eau, puis une seconde fois, puis encore une troisième fois. Alors il se met en prière, et le feu du seigneur tombe et dévore l'holocauste, le bois, les pierres, la poussière, en un mot, tout l'autel. Le peuple, saisi d'admiration à la vue de ce prodige, sur l'ordre d'Elie, s'empare des prêtres de Baal et les égorge dans le torrent de Cison.

« Elie envoie ensuite son serviteur dire à Achab : Faites mettre les chevaux à votre char, et allez vite, de peur que la pluie ne vous surprenne, et lorsqu'il se tournait de côté et d'autre, voilà tout à coup le ciel couvert de ténèbres, de nuées, et de vents, et il tomba une grande pluie. Et en même temps la main du seigneur fut sur Elie, et s'étant ceint les reins, celui-ci courait devant Achab jusqu'à ce qu'il vînt à Jezraël. »

Examinons d'abord cette première partie de l'histoire d'Elie.

Elie annonce à Achab trois années de sécheresse, puis revient trois ans après prédire que la pluie va tomber ; dans l'intervalle, il guérit ou ressuscite le fils de la veuve de Sarephtha. Rapprochons ce récit de ce que Mégasthènes nous dit des philosophes de l'Inde, et notamment des Çarmanes. « Ils se rendent utiles à l'Etat, en prédisant au roi et au peuple le vent, la sécheresse, la pluie, les maladies, etc. Ils ont parmi eux des médecins, des devins, des enchanteurs. Il nous dit ailleurs que tout ce qui a été enseigné par les anciens philosophes grecs sur la nature des choses, l'a été également dans l'Inde par les brahmes, et en Syrie par les philosophes juifs. Il est donc évident qu'Elie remplit devant Achab identiquement le même rôle que les philosophes indiens devant leur roi et leur peuple ; que si Mégasthènes qualifie de philosophes les religieux indiens, ceux qu'il appelle philosophes juifs ne peuvent être que les prophètes juifs.

De même que Samuel, Elie n'enseigne que le règne de Dieu s'exerçant par l'intermédiaire des prophètes.

Qu'est-ce que le miracle qu'il opère dans son sacrifice ? Une atroce perfidie. Comment se trouve-t-il à point nommé sur le sommet du Carmel des urnes pleines d'eau, si elles n'y ont été mises à dessein ? Le tour que joue Elie aux prophètes de Baal et qui coûte la vie à huit cent cinquante d'entre eux, est savamment conçu et préparé. L'eau dont il se sert pour arroser son sacrifice est un liquide inflammable dont seul il connait la vertu par la science qu'il a acquise dans le couvent dont il est actuellement le chef. Il y met adroitement le feu. Et cette eau, qui devait rendre son bûcher absolument incombustible, produit une flamme tellement dévorante, qu'il consume jusqu'aux pierres même de l'autel. Il n'y a que le pétrole qui puisse produire une combustion aussi extraordinaire. C'est bien là le tour d'un des charlatans signalés par Mégasthènes.

Le sol d'une grande partie de la Judée n'est-il pas imprégné de substances bitumineuses, d'asphalte, d'huile minérale ou pétrole ? N'est-ce pas dans ce pays où les nations voisines venaient s'approvisionner du bitume connu sous le nom de bitume de Judée ?

Le lac asphaltique n'est-il pas une source inépuisable de cette huile minérale ?

Quel est le résultat du massacre des prophètes de Baal ? C'est d'abord de satisfaire la vengeance d'Elie, un des rares survivants des prophètes mis à mort par ordre de Jézabel à l'instigation des prêtres de Baal, et ensuite de ressaisir le crédit et la puissance qu'ils lui avaient enlevés par la protection d'Achab et de Jézabel. Dieu ne saurait être pour rien dans l'odieux massacre dont Elie se rend coupable. Il n'y a là qu'une atroce guerre de prêtres à prêtres. Il ne s'agit pour Elie que de sauver la secte des prophètes et d'assurer sa domination en détruisant ses ennemis.

Jézabel a juré de se venger d'Elie, il s'enfuit dans les déserts, il marche pendant quarante jours et quarante nuits, après avoir mangé un pain cuit sous la cendre et bu une cruche d'eau. Selon l'écriture, il n'aurait pas eu d'autre nourriture pour se soutenir pendant quarante jours de marche forcée pour atteindre le mont Horeb. Quelque temps après y être parvenu, il est assailli dans sa retraite par une affreuse tempête accompagnée d'un tremblement de terre, et reconnaît dans le souffle d'un petit vent la voix de Dieu qui lui ordonne de retourner sur ses pas, et lorsqu'il sera parvenu à Damas, de sacrer Hazaël roi de Syrie, puis ensuite il sacrera Jéhu roi d'Israël, et enfin Elisée qui lui succédera en qualité de prophète. Quiconque aura échappé à l'épée d'Hazaël sera tué par Jéhu, et quiconque aura échappé à Jéhu sera tué par Elisée. Et je me réserverai dans Israël sept mille hommes qui n'ont point fléchi le genou devant Baal, et qui ne l'ont point adoré en portant la main à leur bouche pour la baiser.

Examinons cette seconde partie de la vie d'Elie.

Rien de plus naturel que la fureur de Jézabel en apprenant la mort de ses prophètes. Elie agit très prudemment en cherchant à se soustraire à sa vengeance. Mais où le récit de l'écriture devient fabuleux, c'est lorsqu'elle nous raconte le jeûne de quarante jours d'Elie. Tâchons de ramener ce prétendu jeûne à sa juste valeur.

Livre IV des rois, chapitre I, verset 8. Ochosias, roi de Samarie, demande à ceux qui ont rencontré Elie sans le connaître : quelle est la figure, quel est l'habit de cet homme ? Ils répondent : c'est un homme couvert de poil, et qui porte sur les reins une ceinture de cuir. C'est Elie de Thesbé, leur dit-il.

Ce costume est exactement celui qui nous est dépeint par Mégasthènes comme étant le costume des Ascètes indiens. Les Çarmanes de la classe des

Ylobiens, dit-il, se nourrissent d'herbes et de fruits sauvages, s'habillent d'écorces d'arbre, etc. Elie a donc pu, selon ses habitudes ascétiques, vivre facilement dans le désert pendant quarante jours. N'est-ce pas dans ce même désert où ont vécu pendant quarante ans les Hébreux, au nombre de six cent mille hommes de pied, sans compter les femmes, ni les enfants, ni la multitude innombrable de petit peuple, ni les troupeaux immenses qui les suivaient ?

Pourquoi Elie peut-il être envoyé sacrer Hazaël, un des plus redoutables ennemis d'Israël et du seigneur Dieu ?

Pourquoi doit-il sacrer Jéhu roi d'Israël, et pourquoi Elie n'exécute-t-il par l'ordre du seigneur !

Voici ce que nous dit l'écriture elle-même, touchant Hazaël. Livre IV des rois, chapitre ix, versets 11 et 12. « Elisée pleure en annonçant à Hazaël que Bénadab va mourir, et que c'est lui qui lui succédera, parce qu'il sait combien de maux il doit faire aux Hébreux. Il brûlera leurs villes fortes, fera passer au fil de l'épée leurs jeunes hommes, écrasera leurs petits enfants, et ouvrira le ventre aux femmes enceintes. » C'est-à-dire que toutes ces cruautés seront interprétées par les prophètes, comme la vengeance du seigneur contre ceux des Hébreux qui ont abandonné les prophètes pour suivre les prêtres de Baal.

Il en est de même pour Jéhu, il exterminera les prêtres de Baal, tout en conservant le culte des veaux d'or de Bethel et de Dan. Mais qu'importe, s'il détruit les prophètes de Baal, il sert la vengeance des prophètes juifs.

Quel est le sens de la réserve que fait Dieu de sept mille hommes qui échapperont à l'extermination dont le prophète menace Israël ? N'est-ce pas là simplement l'indication précise du nombre des prophètes et de leurs adhérents, dont Elie est le chef souverain. Périsse plutôt la nation entière que la puissance des prophètes.

Nous ne pouvons expliquer le transport à Elisée de l'exécution des ordres donnés par Dieu à Elie, touchant Hazaël et Jéhu, que parce que les faits qui les concernent ne s'accomplissent qu'après la mort d'Elie. Ou bien, ainsi que l'ont pensé divers critiques, il faudrait admettre que ces deux légendes ne sont que deux éditions différentes d'une seule et même légende.

Comment croire que le seigneur Dieu choisisse pour ministre de ses vengeances des princes encore plus idolâtres que ceux qu'ils doivent châtier pour ce crime !

Voulons-nous avoir la preuve que dans ces événements odieux le seigneur n'y est pour rien, et qu'il ne s'agit que d'une guerre féroce entre prêtres, nous lisons au livre IV des rois, chapitre I, verset 3 : « L'ange du seigneur parla à Elie de Thesbé, et lui dit : Allez au-devant des gens du roi de Samarie et dites-leur : Est-ce qu'il n'y a pas un Dieu dans Israël, que vous allez ainsi consulter Béelzébub, le Dieu d'Accaron ? »

Ochosias meurt des suites d'une chute qu'il a faite du haut de sa maison. Mais, avec l'interprétation habituelle des prophètes, cet accident ne suffit pas pour motiver la mort d'Ochosias, il y a une cause beaucoup plus grave et qui le rend fatal, c'est qu'Ochosias, au lieu d'envoyer demander à Elie s'il relèvera de sa maladie, fait consulter le prêtre d'Accaron. Est-ce assez clair ?

Elie part avec Elisée de Guilgal, pour visiter les écoles des prophètes à Béthel et à Jéricho, ensuite ils franchissent miraculeusement le Jourdain, et Elie est enlevé au ciel dans un char de feu. Que signifient ce char de feu et ces chevaux de feu ? N'est-ce pas là la fidèle description de l'équipage dans lequel, selon toute l'antiquité, le soleil accomplissait sa course autour de la terre.

Elie jette son manteau à Elisée qui s'en revêt immédiatement et, grâce à ce talisman, hérite du double esprit du prophète.

Il y avait donc déjà à cette époque une école de prophètes près de Jéricho, c'est-à-dire un couvent bouddhiste.

Elie réunit donc toutes les conditions du Çarmane indien de Mégasthènes. Il prédit la sécheresse, la pluie, il rappelle des malades à la vie, il fait des choses surnaturelles, il est vêtu comme les Çarmanes Ylobiens, il se nourrit comme eux. Comme les bouddhistes, il professe une haine profonde contre les rois et contre toute puissance qui peut porter ombrage à sa secte. Il proclame le règne de Dieu, c'est-à-dire son propre règne, sous le nom de Dieu auquel il se substitue.

Élisée, successeur d'Élie.

Elisée suit très exactement la ligne que lui a tracée son prédécesseur. Il débute par rendre potable, au moyen d'une pincée de sel, la fontaine qui alimente la ville de Jéricho, et par faire dévorer par deux ours quarante-deux enfants qui se moquaient de son étrange costume et de sa tête chauve. Il multiplie l'huile d'une pauvre veuve. Il obtient de Dieu un enfant à une sunamite. Cet enfant tombe malade et meurt, Elisée le ressuscite. Il rend alimentaires des coloquintes sauvages et rassasie cent personnes avec quelques pains et du froment contenu dans une besace, et il y eut du reste.

Remarquons la ressemblance absolue qu'il y a entre les deux principaux miracles d'Elie et d'Elisée; la multiplication de l'huile et la résurrection d'un enfant. Surtout dans ce dernier miracle, les procédés si minutieusement décrits pour rappeler l'enfant à la vie sont textuellement copiés l'un sur l'autre.

Elisée guérit Haaman de la lèpre en l'envoyant se baigner dans le Jourdain. Ce fleuve a donc, comme le gange indien, la vertu de laver toute souillure ?

Il fait revenir sur l'eau le fer d'une cognée. Il prédit la délivrance de Samarie, la mort de Bénadad, le règne d'Hazaël, il envoie sacrer par un jeune homme son ministre, Jéhu, roi d'Israël, qui extermine la maison d'Achab,

Il meurt après avoir prédit à Joas qu'il battra trois fois les Syriens.

Rien ne manque à ce tableau. Elisée est tour à tour médecin, devin, enchanteur. Il accomplit l'œuvre de vengeance conçue par Elie contre son propre pays, en haine des rois qui ne suivent point aveuglement les commandements des prophètes et mettent leur confiance en d'autres prêtres.

Dès maintenant, nous trouvons dans l'histoire les preuves convaincantes de la similitude, de l'organisation de l'école des prophètes avec celle des couvents bouddhiques de l'église des mendiants. De nombreuses traditions puisées jusque dans les auteurs profanes, aussi bien que les ruines qui existent encore, nous font connaître l'existence d'un couvent très important sur le mont Carmel.

Cette montagne, située à la limite de la Judée et de la Syrie, vis-à-vis de Nazareth, dont elle est séparée par la plaine d'Esdrelon, était couronnée par un vaste établissement religieux et sur le point le plus élevé était dressé l'autel sur lequel se faisaient les cérémonies du culte. Dans ses ruines, on montre encore la cellule du prophète Elie. Au pied du Carmel se trouve la grotte appelée École des Prophètes. Outre cette école, il y avait dans l'intérieur de la montagne, notamment dans la vallée des Martyrs, des grottes appelées Cavernes des Fils des prophètes.

Selon l'écriture sainte, c'est sur le Carmel qu'Elie fait assembler le peuple d'Israël par Achab, roi de

Samarie. C'est là qu'il lutte de puissance avec les prophètes de Baal. Il relève l'autel du seigneur détruit par eux. C'est de là qu'il prédit à Achab la chute de la pluie qui va ramener l'abondance en Israël

C'est au couvent du Carmel que la Sunamite vient prier Elisée de venir ressusciter son fils.

Nous trouvons dans le Guide indicateur des lieux saints, par le frère Liévin de Hamme, les précieux renseignements qui suivent :

« Lorsque la Sunamite annonce à son mari qu'elle veut aller au Carmel pour implorer d'Elisée la résurrection de son fils, il lui répond : Ce n'est pas aujourd'hui jour de calendes ni jour de sabbat. Cette réponse nous fait clairement voir qu'il y avait sur cette montagne un lieu de pieuse réunion et de prières que l'on fréquentait aux jours des calendes et du sabbat.

« Il semblerait que cette montagne servait de rendez-vous à un certain nombre d'adorateurs très divers, et il serait bien difficile, sinon impossible de dire quel est le culte qui y fut établi le premier. Non-seulement les Hébreux, mais les Gentils vénèraient le Carmel. Nous voyons dans Jamblique, vie de Phytagore, que le philosophe grec ayant abordé à Sidon et ensuite au Carmel, visita le sanctuaire qui s'y trouvait, il ajoute : On le vit descendre du sommet du Carmel (montagne sacrée entre toutes et regardée comme inaccessible au vulgaire), avec une démarche grave et réfléchie. Il ne se retournait pas en arrière, et aucun précipice, aucun rocher ne l'arrêtait. »

On lit dans Tacite : « Entre la Judée et la Syrie s'élève le mont Carmel. C'est le nom tout à la fois d'une montagne et d'un Dieu. Ce Dieu n'a ni statue ni temple, ainsi l'ont voulu les fondateurs de son culte. Il n'a qu'un autel où on l'adore. »

Suétone, dans la vie de Vespasien, parle également d'un Dieu qu'il appelle Carmel comme la montagne elle-même.

Rappelons encore le passage ou Mégasthènes dit que les philosophes brahmes enseignent les mêmes choses que les philosophes ou prophètes juifs, et nous arrivons à la conviction intime que les philosophes ou prophètes juifs ne peuvent être autre chose que des bouddhistes.

Citons encore une page de Lamartine sur le mont Carmel et sur Elie.

Voyage en Orient. 1er volume, page 334, 29 octobre 1832.

« Journée de repos passée au monastère du mont Carmel, ou à parcourir les sites de la montagne et les grottes d'Elie et des prophètes. La principale de ces grottes, évidemment taillée de main d'homme dans le roc le plus dur, est une salle d'une prodigieuse élévation ; elle n'a d'autre vue que la mer sans bornes, et on n'y entend d'autre bruit que celui des flots qui se brisent continuellement contre l'arrête du cap. Les traditions disent que c'était là l'école où

Elie enseignait les sciences des mystères et des hautes poésies. L'endroit était admirablement choisi, et la voix du vieux prophète, maître de toute une innombrable génération de prophètes, devait majestueusement retentir dans le sein creusé de la montagne qu'il sillonnait de tant de prodiges, et à laquelle il a laissé son nom ! L'histoire d'Elie est une des plus merveilleuses histoires de l'antiquité sacrée. A lire sa vie et ses terribles vengeances, il semble que cet homme avait la foudre du seigneur pour âme, et que l'élément sur lequel il fut enlevé au ciel était son élément natal. C'est une belle figure lyrique ou épique à jeter dans le poème des vieux mystères de la civilisation judaïque. En tout, l'école des prophètes, à la considérer historiquement, est une des époques les moins intelligibles de la vie de ce peuple fugitif.))

On aperçoit cependant, et surtout dans l'époque d'Elie, la clef de cette singulière organisation du corps des prophètes. C'était évidemment une classe sainte et lettrée, toujours en opposition avec les rois ; tribuns sacrés du peuple, le soulevant ou l'apaisant avec des chants, des paraboles, des menaces ; formant des factions dans Israël, comme la parole et la presse en forment parmi nous, se combattant les uns les autres, d'abord avec le glaive de la parole, puis avec la lapidation ou l'épée ; s'exterminant de la face de la terre, comme on voit Elie en exterminer par centaines ; puis succombant eux-mêmes à leur tour, et faisant place à d'autres dominateurs du peuple. Jamais la poésie proprement dite n'a joué un si grand rôle dans le drame politique, dans les destinées de la civilisation. La raison ou la passion, selon qu'ils étaient vrais ou faux prophètes, ne parlait, par leur bouche, que la langue énergique et harmonieuse des images. Il n'y avait point d'orateurs comme à Athènes ou à Rome ; l'orateur est trop homme! Il n'y avait que des hymnes et des lamentations ; le poète est divin.

Le poète a trop poétisé Élie et son époque. Il n'a saisi que l'effet produit sans rechercher la cause. Toutefois, relevons les précieux aveux qui lui échappent. Il reconnaît que l'époque des prophètes est la moins intelligible de l'histoire Juive ; et que les prophètes étaient toujours en opposition avec les rois, formant des factions dans Israël, se combattant et s'exterminant même les uns les autres, en un mot, qu'ils étaient une cause perpétuelle de troubles dans leur pays...

Cette appréciation du poète voyageur n'est-elle pas identiquement la même que la nôtre. Seulement il n'a pas vu le but que poursuivaient les prophètes. Ce but était la propagation de la doctrine du royaume de Dieu gouvernant le monde par l'intermédiaire des prophètes, c'est-à-dire le Bouddhisme.

Entre Elisée et Isaïe, nous ne trouvons qu'une série de prophètes obscurs qui d'ailleurs ne dévient pas de la doctrine qui leur a été transmise. Nous ne relèverons dans cet intervalle que le règne de Joas, pendant lequel le règne de Dieu a réussi pendant quelque temps à ressaisir le pouvoir par la main du grand prêtre Joïada.

Joas. — Josaba, femme du grand prêtre Joïada, parvient à soustraire Joas, son neveu, encore à la mamelle, à la fureur sanguinaire d'Athalie. Il survit seul au massacre de sa famille. Il demeura six ans caché dans le temple. La septième année, Joïada organise une conspiration contre Athalie, réunit dans le temple et autour du temple tous les conjurés, leur présente Joas, et le proclame roi de Juda. Au bruit des acclamations du peuple, Athalie se précipite dans le temple en criant : Trahison ! trahison ! Mais à l'instant Joïada ordonne de l'arrêter, de la traîner dehors, et de la tuer de l'épée.

« Joïada fit donc une alliance entre lui, le peuple et le roi, afin qu'il fussent à l'avenir le peuple du seigneur. Ensuite tout le peuple étant entré dans le temple de Baal, ils renversèrent ses autels, mirent ses images en pièces et tuèrent devant l'autel, Nathan, prêtre de Baal. »

Joïada nous paraît avoir été un homme de tête et énergique, à en juger par sa prudence dans la conduite de la conspiration contre Athalie et la vigueur avec laquelle il l'accomplit. Il nous est facile, dans ces conditions, de nous rendre compte de l'empire qu'il a su prendre sur un pupille de cet âge, sous le nom duquel il exerça le pouvoir royal.

Joïada ne fait que suivre les traditions des prophètes. Pendant plusieurs règnes de rois idolâtres, leur prestige et leur autorité se sont bien affaiblis. Nulle circonstance ne peut être plus favorable pour les ressaisir. Le premier acte par lequel il se signale, est de faire une alliance entre lui, le peuple et le roi. Nous savons ce que veut dire cette alliance avec le seigneur. Joïada sera seigneur et roi. Ensuite il se hâte de faire détruire le temple de Baal et d'en faire massacrer le prêtre devant son autel.

Mais il faut croire qu'il n'a pu oser étendre sa réforme religieuse en dehors de Jérusalem, car il n'abolit pas les hauts lieux, le peuple y sacrifie encore et y offre de l'encens.

A peine Joïada a-t-il rendu l'âme que Joas, circonvenu par les princes de Juda, abandonne le temple du seigneur, fait lapider le grand prêtre Zacharie, fils de Joïada, et retourne au culte des idoles.

La conduite des princes de Juda nous fait entrevoir pourquoi Joïada ne put entièrement rétablir en Juda le culte du seigneur, il eut eu à lutter contre ces princes et le peuple, et a pu ne pas se croire assez solidement établi pour braver leur opposition.

Arrivons à Isaïe qui occupe une certaine place dans l'histoire et qui en outre nous a transmis le livre écrit de ses prophéties.

Isaïe, 781 à 695. Apparaît pour la première fois au livre IV des rois, chapitre XIX. Ezéchias envoie à Isaïe lui faire part du danger dont le menace Sennachérib. Le prophète prédit que Sennachérib n'entrera point dans la ville sainte. Ezéchias est en danger de mort des suites d'un abcès, Isaïe lui annonce qu'il va mourir. Alors Ezéchias implore avec ferveur la miséricorde du seigneur. Isaïe rentre aussitôt et lui dit : Le seigneur a exaucé votre prière, vous guérirez et il vous sera accordé encore quinze ans de vie. Aussitôt il prépare un cataplasme de figues qu'il applique sur l'ulcère du roi, et il guérit. A la prière d'Ezéchias, il ramène l'ombre en arrière sur l'horloge solaire d'Achaz, des dix degrés dont elle était descendue. Enfin, il lui prédit la ruine de sa famille, celle de Jérusalem par Nabuchodonosor et la captivité de Juda.

Voilà tout ce que nous trouvons de saillant dans le livre des rois relativement à Isaïe.

Notons, d'abord, que ce nom d'Isaïe est un nom chaldéen dont la racine est Asa (médecin), d'où *Asaios*, *Esaios*, Isaïe. Or, nous trouvons dans Mégasthènes que, parmi les Çarmanes, il est une classe de médecins dont la méthode consiste dans l'hygiène et dont les médicaments se réduisent à des frictions et des cataplasmes. Puis viennent les devins et les enchanteurs.

Il nous paraît impossible de trouver une plus exacte ressemblance entre le bouddhiste indien et Isaïe, que celle que nous trouvons ici.

Ezéchias, dans son extrême détresse, fait appel au prophète Isaïe. Dès lors, le prophète lui doit toute sa protection. Qu'il se rassure, dès le lendemain, les ennemis abandonneront le siége de Jérusalem, en laissant cent quatre-vingt-cinq mille cadavres des leurs autour de cette ville. Ezéchias est en danger de mort ; il a de nouveau recours au prophète, qui, d'abord, prononce un arrêt de mort contre lui. Mais, touché par la confiance qu'il témoigne dans le Dieu du prophète, il le guérit. Qu'est-ce que cette comédie ? Ne l'aurait-il primitivement condamné à mort que pour avoir ensuite le mérite de le sauver.

Ce n'est pas le dernier charlatan que nous ayons vu recourir à cette petite ruse. Ensuite, il fait rebrousser l'ombre d'un cadran solaire.

Il y a donc bien dans cette histoire, le médecin, le devin, l'enchanteur ou sorcier.

Isaïe prédit ainsi à Ezéchias la ruine de sa famille et de Jérusalem : « Il viendra un temps ou tout ce qui est dans votre maison et tout ce que vos pères y ont amassé jusqu'à ce jour sera transporté à Babylone, sans qu'il en demeure rien. Vos enfants mêmes qui seront sortis de vous, que vous aurez engendrés, seront pris pour être eunuques dans le palais du roi de Babylone. » Jérusalem a été emmené en captivité l'an 599 avant l'ère chrétienne, 114 ans après cette prédiction.

Il est donc évident que le livre des rois n'a été écrit que pendant ou depuis la captivité de Babylone. Nous voyons là clairement le procédé pour faire des prophéties. On raconte au futur les évenements accomplis, et ensuite on attribue ces prétendues prophéties à quelque personnage dont l'histoire a gardé le nom.

A la rigueur, ce simple exposé suffirait pour nous faire voir qu'Isaïe est de la même école qu'Élie et Élisée. Mais, pour étudier ce prophète, nous avons encore quelque chose de plus précis que l'histoire légendaire des Juifs. Ce sont les œuvres écrites attribuées à Isaïe lui-même. Dès le premier chapitre nous trouvons l'exposé de la doctrine du règne de Dieu. Il résume, à lui seul, tout le livre d'Isaïe.

« Malheur à la nation pécheresse, au peuple chargé d'iniquités, à la race corrompue, aux enfants méchants et scélérats. Ils ont abandonné le seigneur, ils ont blasphêmé le saint nom d'Israël, ils sont retournés en arrière. Écoutez la parole du Seigneur ; qu'ai-je à faire de cette multitude de victimes que vous m'offrez ? Tout cela m'est à dégoût. Je n'aime point les holocaustes de vos béliers, ni la graisse de vos troupeaux, ni le sang des veaux, des agneaux et des boucs. L'encens m'est en abomination, je ne puis plus souffrir vos nouvelles lunes, vos sabbats et vos autres fêtes. Je hais vos solennités des premiers jours du mois, et toutes les autres. Je suis las de les souffrir. Lavez-vous, purifiez-vous. Apprenez à faire le bien ; examinez tout avant de juger ; assistez l'opprimé, faites justice à l'orphelin, défendez la veuve, et puis venez et soutenez votre cause contre moi, dit le Seigneur. Quand vos péchés seraient comme l'écarlate, ils deviendraient blancs comme la neige, et quand ils seraient rouges comme le vermillon, ils seront blancs comme la laine la plus blanche.

« Si vous voulez m'écouter, vous serez rassasiés des biens de la terre. Que si vous ne le voulez pas, et si vous m'irritez contre vous, l'épée vous dévorera. Car c'est le Seigneur qui l'a prononcé de sa bouche.

« Vos princes sont des infidèles, ils sont les compagnons des voleurs, ils aiment les présents, ils ne cherchent que le gain et l'intérêt. Ils ne font point justice aux pupilles, et la cause de la veuve n'a point d'accès auprès d'eux. C'est pourquoi le Seigneur Dieu des armées, le fort d'Israël, a dit : Je me consolerai dans la perte de ceux qui me combattent, et je serai vengé de mes ennemis. Et je rétablirai vos juges comme ils ont été d'abord, et vos conseillers comme ils étaient autrefois, et, après cela, vous serez appelée la cité du Juste, la ville fidèle. Les yeux altiers de l'homme seront humiliés ; l'élévation des grands sera abaissée, et le Seigneur, seul, paraîtra grand ce jour-là. »

Nous pouvons nous arrêter ici, le livre d'Isaïe ne nous offrira pas autre chose, pas plus que les autres prophètes qui lui ont succédé.

Maintenant, examinons ce premier chapitre en lui-même. Qu'y trouvons-nous ? des imprécations, des menaces contre le peuple qui, sourd à la voix du prophète, est retourné à ses anciens prêtres, à ses anciennes cérémonies. La loi de Moïse est foulée aux pieds. Plus d'autre culte que la foi au Dieu du prophète. Il a le pouvoir d'effacer les péchés, même les plus abominables. On obtiendra par lui tous les biens de la terre. Il comprend dans la même exécration princes, prêtres et peuple. Leur extermination lui sera une consolation. Il ne rêve que le rétablissement du règne de Dieu, c'est-à-dire le sien et sacrifiera son pays à son ambition.

Où voyons-nous que le Seigneur ait prononcé quelque chose de sa bouche ? N'est-ce pas tout simplement le prophète qui parle en son propre et privé nom et qui défend ses intérêts personnels. Le peuple d'Israël a abandonné le Seigneur, c'est-à-dire qu'Israël est retourné à ses anciens prêtres ; que les prophètes sont tombés dans un profond discrédit, et qu'il faut à tout prix qu'ils arrivent à recouvrer leur puissance et leurs profits.

Remarquons ici la théorie de la rémission des péchés ; elle est le premier des deux principes essentiels du bouddhisme, le second est que l'on ne doit point avoir d'autre maître que Dieu.

Isaïe n'enseigne pas autre chose.

JOSIAS. — L'an 965 avant Jésus-Christ un homme de Dieu vient de Juda à Bethel, où se trouvait Jéroboam, qui venait d'y rétablir l'autel du veau d'or et dit : « Autel, autel, il naîtra dans la maison de David un fils qui s'appellera Josias, et il immolera sur toi les prêtres de Baal qui t'encensent maintenant et brûlera sur toi les os des hommes. »

Le prophète qui fait cette prédiction se retire, mais il est rejoint par un autre prophète qui, par ses instances, parvient à lui faire accepter un repas, malgré la défense qui lui avait été faite par Jéhova de s'arrêter en chemin. Il en est immédiatement puni : il est tué par un lion qu'il trouve sur sa route.

Le prophète cause de cette catastrophe, lui rend les honneurs funèbres et sur sa tombe dit : « Ce que ce prophète a prédit sera accompli sur l'autel de Béthel et sur tous les temples des hauts lieux qui sont dans les villes de Samarie. »

Or, Samarie n'existait point encore, elle ne fut fondée par Amri que vers l'an 913 avant Jésus-Christ, plus d'un demi-siècle après. Rois, Livre III, chapitre XVI, verset 24.

L'introduction de cette prophétie sur Josias en ce chapitre n'est-elle pas une preuve incontestable de l'inqualifiable charlatanisme du prophétisme.

Josias nait l'an 642, 323 ans après cette prédiction, et monte sur le trône à l'âge de 8 ans.

L'an 12 de son règne, la vingtième année de son âge, il purifie Jérusalem et Juda de l'idolâtrie.

L'an 18 de son règne, lorsque Josias veut faire réparer le temple du seigneur, le grand prêtre Helcias, avec l'argent des offrandes, lui envoie par Saphan, secrétaire royal, un livre de la loi trouvé par hasard dans le temple.

Nous aurons à discuter ailleurs l'importance de cette trouvaille.

Josias envoie consulter sur la valeur de ce livre la prophétesse Holda, femme de Sellum, gardien des vêtements. Elle répond aux envoyés du roi : « Voici ce que dit le seigneur : Je vais faire tomber sur ce lieu et sur ses habitants tous les maux que le roi a lus dans ce livre, parce qu'ils m'ont abandonnée et qu'ils ont sacrifié à des dieux étrangers, et qu'ils m'ont irrité généralement par toutes leurs œuvres, et mon indignation s'allumera de telle sorte contre ce lieu, qu'il n'y aura rien qui puisse l'éteindre.

Mais pour le roi de Juda qui vous a envoyé consulter le seigneur, vous lui direz : Parce que vous avez écouté les paroles du livre, que votre cœur en a été épouvanté, que vous vous êtes humilié devant le seigneur ; parce que vous avez déchiré vos vêtements et pleuré devant moi, je vous ai exaucé. C'est pourquoi je vous ferai reposer avec vos pères, afin que vos yeux ne voient point les maux que je dois faire tomber sur cette ville. »

Après cette réponse, Josias réunit tous les anciens de Jérusalem et de Juda et alla avec eux au temple du seigneur, et, devant toute la population de Juda, lut les paroles de ce livre. Le roi, debout, fit alliance avec le seigneur, et tout le peuple consentit à observer les prescriptions et à accomplir les paroles de l'alliance qui étaient dans ce livre.

Il fit ensuite détruire dans toute la Judée et jusqu'à Samarie les temples et les autels des faux dieux et les hauts lieux, brûler les bois consacrés, les idoles et tout ce qui avait servi à leur culte ; il extermina les augures, les pythons, les devins et tous les prêtres des faux dieux. Puis, après cette terrible exécution, il revint à Jérusalem, où il fit célébrer une Pâque solennelle en l'honneur du seigneur.

Jamais la Pâque ne fût célébrée comme elle le fût en l'honneur du seigneur dans Jérusalem.

Il n'y eut point avant Josias de roi qui lui fut semblable et qui retourna comme lui au seigneur de tout son cœur, de toute son âme et de toute sa force selon tout ce qui est écrit dans la loi de Moïse, et il n'y en eut point non plus après lui.

Et malgré tout cela ce prince n'a pu désarmer la colère divine ! Il faut qu'Israël périsse ! C'est-à-dire que selon la tradition prophétique, on attendra que les faits soient accomplis et que Cyrus ait rendu la liberté aux juifs pour interpréter la prise de Jérusalem comme une punition, et la clémence de Cyrus comme une faveur divine. Ce n'est pas plus difficile que cela pour créer des prophéties.

Dieu n'a jamais conspiré contre ses créatures. Une monstruosité semblable n'a pu être conçue que par un fanatique ou un misérable qui ne recule devant aucun moyen pour asservir ses semblables.

De même que Joas, Josias est élevé par le grand prêtre. Helcias a pris sur lui un empire absolu et est parvenu à en faire l'instrument docile des prophètes du seigneur. Par lui ils réalisent leur vœu le plus ardent, l'extermination absolue de leurs rivaux. Enfin le seigneur, disons les prophètes, règnent seuls en Judée. Aussi voyons-nous comme Josias est honoré par eux. Sa naissance a été annoncée 323 ans d'avance et on renouvelle pour lui les louanges faites à Moïse comme prophète. Il n'y a point eu avant lui de roi semblable à lui et il n'y en aura point non plus après lui.

Cette prédiction et cet éloge nous suffisent pour nous prouver une fois de plus que tous ces récits sont l'œuvre de l'école des prophètes. Ils n'ont pu être écrits qu'après la prise de Jérusalem, puisque la captivité de Babylone est si positivement prédite par Isaïe à Ezéchias environ 114 ans, et à Josias par Holda 31 ans avant l'évènement.

L'histoire d'Israël, depuis Samuel jusqu'à Jésus-Christ, n'est que l'histoire du prêtre en lutte contre le pouvoir civil, disons plus, contre l'humanité, ce qui est l'essence même du bouddhisme.

Ainsi s'expliquent toutes les prétendues prophéties et toutes ces odieuses interprétations qui tendent uniquement à la glorification et au profit des prophètes. Ils ont tout sacrifié à ce but, jusqu'à leur propre pays.

Nous ne dirons pas que dans le livre des rois et dans celui des prophètes il n'y ait pas quelques traditions historiques; mais ce que nous pouvons affirmer en toute sûreté de conscience, c'est que la partie historique qui y figure n'est que pour servir de cadre ou de sujet à la glorification du règne de Dieu, c'est-à-dire des prophètes, qui ne sont autre chose que des moines bouddhistes.

Nous ferons encore une remarque qui viendra à l'appui de notre affirmation. A la mort de chaque roi on nous dit invariablement : le reste des actions de ce roi est écrit au livre des annales des rois de Juda ou d'Israël. Ainsi il est parfaitement certain que ce que l'on emprunte à leur histoire a été trié avec soin dans un but spécial, qui est celui que nous indiquons.

Que sont devenues ces annales ? Elles ont été détruites comme toutes les autres écritures juives. Esdras et l'école des prophètes suppléeront à cette perte.

Le règne de Joas et celui de Josias nous montrent l'usage que font les prophètes de leur pouvoir, quand ils peuvent être les maîtres. Et les prêtres des temps modernes ont fidèlement gardé leurs traditions.

Si nous parcourons tout le livre des prophètes, nous constaterons toujours la même doctrine. Ce n'est qu'une plainte éternelle contre l'infidélité d'Israël, qu'il accable des plus horribles menaces.

La conclusion que nous tirons de l'étude de ce livre, c'est que les prophètes ont été incontestablement, par leurs intrigues contre tout ce qui n'émanait pas d'eux, les artisans de la ruine de leur pays. Ils l'ont sacrifié au triomphe de leur secte.

Esdras et Néhémie. — Au moment où les juifs sont emmenés en captivité à Babylone, cette ville est envahie par les missionnaires bouddhistes. La propagande de l'Eglise des mendiants a gagné jusqu'aux classes les plus élevées. Les docteurs juifs se sont retrempés à cette source, et lorsque Cyrus a accordé aux juifs l'autorisation de retourner à Jérusalem et que Zorobabel a réussi à relever Jérusalem de ses ruines, Esdras et Néhémie se hâtent d'aller établir le règne du seigneur, c'est-à-dire le règne du prêtre, sous l'autorité des rois de Perse. Il n'y aura plus de rois, dès lors il n'y a plus besoin de prophètes. Le prince prêtre s'est substitué au roi, comme le prophète s'est substitué à Dieu.

La constitution nouvelle proposée par Esdras et Néhémie, votée par tout le peuple et signée par les grands, a pour base le règne de Dieu. Selon cette constitution, le gouvernement juif est une espèce de république théocratique. Elle est régie par un souverain pontife.

Cette constitution, commune à plusieurs autres peuples de l'époque, n'est pas par elle-même ce qui a fait des descendants d'Israël un peuple à part, partout étranger, partout isolé et si longtemps partout détesté. Cette étrange situation sociale, encore aggravée par la malédiction que le christianisme a attachée au nom juif et qui s'est perpétuée à travers les siècles, est due à une disposition particulière instituée par les chefs de la communauté juive. Revenus à Jérusalem, ils ont voulu, pour se soutenir à l'étranger, conserver à tout prix l'esprit national et sauver au moins leur indépendance morale et religieuse. Ils ont imposé au peuple ce principe absolu que les juifs ne devaient se marier qu'entre eux. Ils ont été plus loin, ils ont exigé d'eux qu'ils se séparassent immédiatement de toutes les femmes d'origine étrangère, même légitimement mariées.

C'est ce principe qui s'est fidèlement conservé jusqu'à nos jours, qui a conservé la nationalité d'Israël, dispersé au milieu de toutes les nations. Ce principe, comme toute cette constitution, est purement emprunté aux livres de l'Inde. Zoroastre, fargard XVIII, slocas 124 à 132, a défendu expressément aux Mazdéens de s'allier avec les adorateurs des dévas. C'est de là qu'Esdras a tiré la loi qu'il a imposée aux juifs.

Les idées bouddhiques se manifestent à chaque instant dans les livres juifs postérieurs à la captivité de Babylone. Daniel lui-même est qualifié de chef des mages.

Israël a vécu quelque temps en paix sous l'égide de cette constitution, sous l'autorité des rois de Perse, mais bientôt de nouvelles calamités viennent fondre sur lui. Alexandre a conquis l'empire des Perses et mis fin à sa domination sur la Judée. Après sa mort, ses généraux se partagent ses immenses états. La Judée a alors à supporter le contre-coup de toutes les querelles qui surgissent entre eux. Ils pillent ce malheureux pays et exercent contre ses habitants d'horribles cruautés. Pour satisfaire à leur rapacité ils mettent à l'encan le souverain pontificat. Les Romains viennent ensuite et continuent le même système de cruauté et d'exaction. De leur côté les princes des prêtres, pour payer les frais de leur ambition et leur luxe personnel, aggravent encore la déplorable situation du pays. La loi de Moïse, livrée aux subtiles interprétations des docteurs de la loi, se hérisse de prescriptions sans nombre qui la rendent aussi onéreuse au peuple que la cupidité des étrangers. Enfin le joug devient tellement intolérable qu'il détermine la révolte des Machabées,

C'est vers cette époque qu'il est parlé pour la première fois des Esséniens dans l'histoire juive.

Mais c'est aussi à cette époque que se développe avec le plus d'intensité la propagande bouddhiste. Après le troisième concile de l'église des mendiants, elle a définitivement triomphé des obstacles que lui opposait le Brahmanisme. Elle a repris avec une nouvelle ardeur son esprit d'envahissement et a lancé dans toutes les directions ses légions de missionnaires.

A cette époque encore, le Bouddhisme, qui avait présidé à la rédaction de la constitution éditée par Esdras, est profondément altéré. Le gouvernement des prêtres, qui est devenu personnel, est aussi exécrable que l'était celui des rois et appelle une réforme.

C'est du couvent des Esséniens, successeurs des prophètes et qui ont fidèlement conservé leurs traditions, que va partir le signal de cette réforme, dont Jésus est la plus remarquable personnification.

Il nous faut donc ici élucider trois points capitaux avant d'arriver à la doctrine de Jésus.

Premièrement : Etablir que les Esséniens sont bien les continuateurs des anciens prophètes juifs.

Secondement : Prouver qu'ils ne sont autre chose que des bouddhistes comme eux.

Troisièmement : Que Jésus est un missionnaire envoyé par le père du couvent des Esséniens, où il a été élevé.

DES ESSÉNIENS.

Premier point. Les Esséniens sont les descendants des prophètes juifs.

Cherchons d'abord l'étymologie du mot Essénien.

Flavius Josephe, dans son autobiographie, appelle cette secte *Essenoi*, mais dans son livre des antiquités juives, livre XV, chapitre XIII, il dit : Hérode (second fils d'Antipater, gouverneur de Galilée) dispensa également de ce serment ceux que nous appelons *Essaioi*, dont les sentiments sont semblables à ceux des philosophes grecs que l'on nomme Pythagoriciens.

Selon l'opinion de M. Munk, le nom d'*Essaioi* viendrait du syriaque Asayos, dont la signification est guérisseur. Il s'en suivrait que le nom d'Essénien et celui de Thérapeute auraient identiquement la même signification. Le mot *Essaioi* se rattachant directement à celui d'Isaïe, l'un des grands prophètes juifs, issu de l'école des prophètes du mont Carmel.

Dans le second volume de la description des lieux saints, par Mgr Mislin, nous trouvons cette note : « Les Esséniens formaient une secte nombreuse, qui se distinguait par des vertus austères et un grand amour de Dieu et du prochain. Ils s'abstenaient du mariage, vivaient en commun, s'appliquaient à l'étude, surtout à la médecine, comme l'indique leur nom Asaya, du chaldéen Asa, médecin. »

Mgr Mislin nous dit encore avoir trouvé, dans le

couvent du Carmel, un livre dans lequel il a puisé la vieille tradition suivante : « Après la mort d'Elie, ses disciples, les fils des prophètes, reconnurent Elisée pour leur maître et lui dirent : Voici que le lieu où nous demeurons avec vous est trop petit pour nous, allons jusqu'au Jourdain, que chacun de nous prenne une poutre, et faisons-nous là un lieu pour y demeurer. »

Ce renseignement, qui nous indique l'intention des prophètes d'aller établir un nouveau couvent dans le voisinage du Jourdain pour suppléer à l'insuffisance de celui du Carmel nous est extrêmement précieux ; il ne nous est plus permis de nous égarer à travers les ruines d'une foule d'autres couvents que l'on trouve en Judée.

Il nous conduit directement à un couvent à proximité de Jéricho, du Jourdain et de Jérusalem. Il est établi sur la montagne de la Quarantaine, dont nous ignorons le nom primitif. Elle a reçu ce nom postérieurement à Jésus-Christ, parce que ce fut là où Jésus jeûna quarante jours et quarante nuits et fut tenté du démon. Les Arabes appellent cette montagne Djebel Korontoul.

Au pied de la montagne se trouve la magnifique fontaine qui porte encore aujourd'hui le nom de fontaine d'Elisée, et qui fait de cet endroit une véritable et délicieuse oasis. Cette fontaine, dont le cours est fort long, alimente Jéricho d'eau potable.

Selon le livre des rois, Elisée reçoit à Jéricho un bienveillant accueil. Pour reconnaître l'humanité des habitants, il assainit l'eau d'une fontaine qui passe à Jéricho, et dont les eaux jusque-là insalubres aux hommes et aux plantes, devinrent aussitôt bienfaisantes et fertilisantes.

Ne devons-nous pas supposer que cette bienveillance des habitants de Jéricho consista à ne point mettre obstacle aux projets du prophète, à l'aider à jeter les premiers fondements du nouveau couvent et à faire quelques travaux d'art pour utiliser cette fontaine, si précieuse dans un pays dépourvu de bonne eau, en lui donnant un écoulement suffisant et en en règlant le cours.

Mgr Mislin nous dit que le nombre des cellules percées dans la montagne est si considérable qu'on peut comparer à un rucher les rochers de la Quarantaine.

Un monticule que l'on voit au pied de la montagne a été couvert autrefois de constructions considérables, à en juger par les décombres et les débris de toute nature dont il est composé, ainsi que le nombre incroyable des cellules pratiquées dans le flanc de la montagne, nous prouvent l'importance de cet établissement.

Nul emplacement ne pouvait, en effet, être plus heureusement choisi pour y placer un couvent dans les conditions exigées par le mode d'existence des prophètes. Situé sur les confins du désert, à proximité du Jourdain et de Jérusalem, il était environné de terres excellentes, dont les moines pouvaient tirer toute leur subsistance. En cet endroit, ils avaient pu donner à leurs constructions toute l'étendue nécessaire pour recevoir et élever les enfants dont on leur confiait l'éducation. Ils avaient là de vastes locaux dans lesquels se trouvaient la salle à manger où toute la communauté prenait ses repas en commun ; le vihara où lieu où l'on recevait les hôtes ; les bâtiments du pensionnat, où les Esséniens élevaient les enfants que les Juifs confiaient à leurs soins ; la grande salle des délibérations, pour la validité desquelles il ne fallait pas moins de cent membres présents, et, enfin, les magasins où on déposait les provisions de toute nature, nécessaires aux besoins du couvent. Ajoutons à cela la belle fontaine d'Élisée, dont les eaux, claires et salubres, fournissaient abondamment à la vie des religieux, à leurs ablutions quotidiennes et à l'irrigation de leurs terres, et la forêt de palmiers, de mirabolans, et d'une foule d'arbres merveilleux qui l'environnent.

Flavius Josèphe, ainsi que nous le verrons plus loin, fait de ce lieu un petit paradis terrestre.

Selon monseigneur Mislin : « Les Réchabites et plus spécialement les Esséniens et les Thérapeutes, faisant vœu de pauvreté, de chasteté et d'obéissance, vivaient en commun loin du monde, sous des tentes et des rochers et s'occupaient de prières ou de contemplation : c'est-à-dire qu'ils étaient les moines de l'ancienne loi. »

Les Esséniens tirent leur nom directement de celui du prophète Isaïe.

Le premier document sur le couvent de la Quarantaine nous est fourni par l'Écriture.— Rois. Livre IV, chapitre 11, verset 1 à 7.

Élie et Élisée viennent de Galgala à Béthel et à Jéricho visiter les écoles de prophètes. Il y avait donc, dès lors, une école de prophètes à proximité de Jéricho et du Jourdain.

La tradition nous dit ensuite que les prophètes, sous la conduite d'Élisée, sont allés fonder un nouveau couvent vers le Jourdain, celui du Carmel, malgré ses deux mille cellules, étant devenu insuffisant.

Le nouveau couvent de la Quarantaine est à proximité de Jéricho, du Jourdain : de Jérusalem. La fontaine qui l'alimente porte le nom d'Élisée, son fondateur.

Selon Josèphe, dont nous allons rapporter tout-à-l'heure le chapitre sur les Esséniens, ils vivent et se vêtissent comme les prophètes dont ils ont gardé toutes les autres traditions.

Aucun des endroits où se trouvent des ruines d'autres couvents ne peuvent se concilier avec notre tradition.

Le nombre incroyable de cellules percées dans les rochers de la Quarantaine peut seul concorder avec celui des religieux esséniens qui l'habitaient et qui, selon Flavius Josèphe, était de quatre mille.

Il est donc incontestable que les prophètes juifs furent les ancêtres des Esséniens. Le Carmel fut leur premier couvent. Plus tard, ils se transportèrent près de Jéricho, dans la région du Jourdain, sur les confins du désert de Judée. C'est là où nous les retrouvons deux siècles environ après que l'histoire a cessé de nous parler des prophètes.

Si ce n'est pas en ce lieu qu'habitaient les Esséniens, qu'on veuille bien nous dire de quelle secte étaient les moines qui l'occupaient ! et où pouvait se trouver le couvent essénien, si clairement désigné par Josèphe et par la Bible elle-même ?

C'est du couvent de la montagne de la Quarantaine, ainsi appelée postérieurement à Jésus-Christ, que Jean-Baptiste descendait au Jourdain en suivant le cours de la fontaine d'Élisée, passant par Jéricho, pour atteindre le Jourdain, entre Bethabara et Béthanie d'au-delà du Jourdain.

« Jérusalem sortait vers lui, et toute la Judée et tout le pays des environs du Jourdain, pour être baptisé dans le fleuve. »

La distance de Jérusalem au Jourdain est d'environ 7 à 8 lieues. Il y avait un chemin qui y conduisait directement ; et, en outre, ce point du fleuve saint était le plus rapproché de Jérusalem.

Second point. — Le couvent des Esséniens était un couvent de Bouddhistes.

Avant de recourir à Flavius Josèphe pour connaître les mœurs et la doctrine des Esséniens, dont il a été lui-même le disciple pendant trois ans, cherchons à nous éclairer sur l'état du Bouddhisme indien à l'époque contemporaine de celle à laquelle on nous signale l'existence de cette secte religieuse.

L'historien grec Mégasthènes nous fournira, à cet égard, les renseignements les plus complets.

Mégasthènes fut envoyé, entre l'an 302 et l'an 298 avant Jésus-Christ, par Seleucus Nicator, en ambassade auprès de Sandrocottus (Tchandra-Gupta), roi de Palibothra (Patalipoutra, aujourd'hui Patna), pour cimenter l'alliance qu'il voulait faire avec ce monarque.

Il rédigea le mémoire de tout ce qu'il put recueillir de renseignements sur ce pays. Ce mémoire a été perdu. Il ne nous reste plus que quelques fragments qui nous ont été conservés par quelques auteurs de l'époque. Ces fragments nous font vivement regretter la perte de son œuvre, qui eût jeté une vive lumière sur l'état de l'Inde dans ces temps reculés. Toutefois, ces fragments contiennent, heureusement, ce qui peut spécialement regarder la question qui nous occupe. Le rapprochement que nous ferons de la description du Bouddhisme par Mégasthènes avec celle de l'Essénisme par Josèphe, à 400 ans de distance, nous permettra d'établir, de la manière la plus précise, la parfaite identité du Bouddhisme et de l'Essénisme.

Au moment où Mégasthènes arrive dans l'Inde, les deux castes brahme et bouddhique sont encore en présence ; ce ne sera que cinquante ans plus tard que s'opérera la séparation sanglante des deux sectes rivales. Mégasthènes a donc pu voir les hommes des deux partis, et il a recueilli directement les renseignements qu'il nous transmet.

Il a appris des physiciens et des philosophes indiens la configuration et les limites de l'Inde. Ils connaissent la sphéricité de la terre et sont assez avancés en astronomie pour déterminer la longitude et la latitude de leur pays et fixer la position des lieux au moyen des cercles astronomiques.

Après nous avoir décrit la fécondité de cette contrée, les différents animaux qu'on y rencontre et même les êtres imaginaires qu'on lui a signalés, il fait l'énumération des castes établies dans la population. La première est la caste religieuse des brahmes et des sarmanes (Çramanas ou Bouddhistes).

Les Indiens lui ont dit que leur pays n'a jamais été conquis que par Bacchus, Hercule et Alexandre. Bacchus a précédé Hercule de cinq cents ans, et de Bacchus à Sandrocottus il s'est écoulé 6000 ans, représentant 143 générations de rois, et que pendant ces soixante siècles, ils ont joui trois fois d'une liberté absolue. C'est-à-dire que trois fois ils ont pu s'affranchir du despotisme monarchique.

La loi sous laquelle ils vivent est celle de Manou, qu'ils tiennent des plus anciens philosophes de leur nation.

Selon ces philosophes, les premiers habitants de l'Inde se nourrissaient des fruits produits par la nature, ils se vêtissaient de peaux de bêtes, puis ils ont inventé peu à peu les arts et toutes les choses indispensables à la vie. La nécessité a suffi pour amener à ces découvertes un animal doué d'une heureuse nature et possédant, pour l'aider en toutes choses, la parole, des mains et une âme intelligente.

Bacchus, venu de l'Occident, leur avait enseigné l'agriculture, l'usage du vin et des choses utiles à la vie. Il avait fondé des villes magnifiques, établi de sages lois, et, enfin, leur avait rendu de si éclatants services, qu'il fut considéré comme un Dieu par ceux d'entre eux qui habitaient les montagnes.

Les habitants des plaines révèrent plus particulièrement Hercule, venu beaucoup plus tard. L'Hercule indien diffère très peu du héros grec. Comme lui, il avait purgé la terre de divers monstres et fondé de puissantes villes dont la plus célèbre fut Palibothra. Il échappa au sort commun des mortels et mérita les honneurs divins. Ces fables ont la plus grande analogie avec celles qui avaient cours parmi les Grecs.

Les Indiens, dit Mégasthènes, ont des lois particulières et tout-à-fait étrangères aux lois des autres pays. Parmi ces lois, il en est une qui a été établie par des anciens philosophes, et qui est encore plus admirable que les autres. Personne ne doit être esclave et tous les hommes doivent être égaux et libres. Sachant qu'ils ne doivent ni s'élever au-dessus ni s'abaisser au-dessous les uns des autres, ils ont, par cela même, la meilleure éducation pour toutes les circonstances de la vie.

Mégasthènes établit une division parmi les philosophes, les Brahmes et les Sarmanes. Les Brahmes sont supérieurs aux Sarmanes. Ils sont exempts des charges publiques ; ils ne commandent point et ne sont point commandés ; ils sont chargés par les particuliers des sacrifices et des cérémonies pour les vivants et pour les morts, parce qu'ils sont particulièrement aimés des Dieux et qu'ils ont une parfaite connaissance de l'enfer.

Cet office leur rapporte beaucoup d'honneurs et de profits. Ils ne sont pas moins utiles à l'Etat, car à la grande assemblée du nouvel an, ils annoncent aux rois et aux peuples le vent, la sécheresse, la pluie, les maladies, et tout ce qui peut intéresser l'Etat. On doit toujours employer un de ces philosophes dans les sacrifices divins, parce qu'autrement les Dieux ne les accepteraient point. Ils ne peuvent être pris en dehors de leur caste.

Leurs dissertations, dit Mégasthènes, portent principalement sur la mort. Ils estiment que la vie actuelle est en quelque sorte comme la vie du fœtus, c'est-à-dire une gestation qui prépare à une autre vie, et que la mort est une naissance qui nous fait revivre dans la vraie et heureuse vie réservée aux sages ; c'est pourquoi il faut toujours régler notre vie comme une préparation à la mort. Il ajoute qu'ils ont entremêlé à leurs théories sur la vie future exactement les mêmes fables que Platon sur l'incorruptibilité de l'âme, sur le jugement des enfers et autres choses semblables, et que, sur beaucoup de points, la philosophie grecque est identique à la philosophie des Brahmes.

Après les Brahmes viennent les Sarmanes (Çramanas, ascètes qui ont dompté leurs sens), ils ont une organisation particulière et se divisent euxmêmes en plusieurs classes. La plus honorée est celle des Ylobiens, c'est-à-dire qui vivent dans les bois. Ils se nourrissent d'herbes et de fruits sauvages. Ils s'habillent d'écorces d'arbres, s'abstiennent de femmes et de vin. Puis viennent les médecins. Ils sont aussi sobres que les philosophes, mais ils ne vivent pas comme les Ylobiens. Ils habitent dans les villes et les villages pour y soigner les malades. Ils reçoivent partout l'hospitalité et tout ce qu'ils demandent. Ils ont des médicaments pour rendre les femmes fécondes et pour avoir à volonté filles ou garçons. Leur médecine consiste surtout dans l'hygiène, et leurs médicaments se réduisent à des frictions et à des cataplasmes, parce que les autres médicaments ne sont pas exempts de dangers. Ylobiens et médecins sont également énergiques, et ont acquis une telle force de résistance contre la peine et la douleur, qu'ils peuvent rester un jour entier dans la même posture.

Il est d'autres Sarmanes qui sont devins et enchanteurs, experts dans les prières et les cérémonies, et qui vont de ville en ville, de village en village. Ils sont moins grossiers que ceux qui se livrent aux rites infernaux. D'autres enseignent tout ce qui concerne la piété et la vertu. Enfin, il y a parmi eux quelques femmes qui philosophent et qui s'abstiennent des plaisirs de l'amour.

Citons enfin un dernier fragment de Mégasthènes rapporté par Clément d'Alexandrie. Tout ce qui a été dit par les anciens philosophes grecs sur la nature des choses a été également enseigné dans l'Inde, par les Brahmes, et en Syrie par les philosophes Juifs.

Les philosophes indiens se divisent en deux classes qu'on appelle Brahmes et Sarmanes. Ceux qui portent le nom particulier d'Ylobiens n'habitent point les villes, n'ont point de maisons, s'habillent d'écorces d'arbres, se nourrissent de fruits sauvages, et boivent de l'eau dans le creux de leurs mains, comme on appelle aujourd'hui les encratiques (de Çramana, qui maîtrise ses sens). Ils n'ont ni femmes ni enfants, ce sont eux qui parmi les Indiens suivent les principes de Butta, et qui, par excès d'honneur, vénèrent Butta comme un Dieu.

Dans un passage isolé de Flavius Josèphe, que nous avons déjà cité, nous avons vu que les sentiments des Esséniens étaient semblables à ceux des philosophes que les Grecs nomment Pythagoriciens. Ce passage confirme celui de Jamblique, que nous avons également déjà cité, dans lequel il dit que Pythagore est allé au couvent du Carmel s'instruire de la doctrine des philosophes juifs.

Si, selon Mégasthènes, les philosophes juifs professent la même doctrine que les philosophes brahmes ou sarmanes, ces philosophes juifs sont bouddhistes. Si, selon Jamblique, Pythagore est venu puiser sa doctrine au Carmel, il est lui-même bouddhiste. Mais alors, si les Esséniens professent les mêmes sentiments que les pythagoriciens, ils sont bouddhistes comme eux.

Notons d'abord que le nom de Pythagore n'est que la transcription littérale de deux mots indiens, Budda-Gourou, le saint maître.

Ensuite nous avons des renseignements précis sur la vie de Pythagore, par Diogène de Laërte, Jamblique et Porphyre. Bien que ces auteurs, pour lesquels le Bouddhisme était inconnu, ne l'accusent point formellement de l'avoir professé, il suffit aujourd'hui de rapprocher la doctrine de Pythagore de celle de Bouddha, et de celle des prophètes juifs pour en constater l'identité.

Rapprochons maintenant ce qui nous a été raconté par Mégasthènes sur les philosophes de l'Inde de ce que Flavius Josèphe nous a transmis sur les Esséniens.

FLAVIUS JOSÈPHE, 37, 98 après l'ère chrétienne. — Flavius Josèphe, issu de race sacerdotale, et ayant pour aïeux plusieurs souverains sacrificateurs, nous instruit d'abord, dans son autobiographie, de son début dans le monde. Dès l'âge de treize ans il voulut connaître les diverses opinions des Pharisiens, des Saducéens et des Esséniens.

« Lorsque j'eus treize ans, je désirai apprendre les diverses opinions des Saducéens et des Esséniens, qui forment trois sectes parmi nous, afin que les connaissant toutes, je pusse m'attacher à celle qui me paraîtrait la meilleure. Ainsi je m'instruisis de toutes, et en fis l'épreuve avec beaucoup de travail et d'austérité. Mais cette expérience ne me satisfit pas encore, et sur ce que j'appris qu'un nommé Banès vivait si austèrement dans le désert, qu'il n'avait pour vêtement que l'écorce des arbres, pour nourriture que ce que la terre produit d'elle-même, et que pour se conserver chaste il se baignait plusieurs fois le jour et la nuit dans de l'eau froide, je résolus de l'imiter. Après avoir passé trois années avec lui, je retournai à l'âge de dix-neuf ans à Jérusalem. Je commençai alors à m'engager dans les exercices de la vie civile, et embrassai la secte des Pharisiens, qui approche plus qu'aucune autre de celle des stoïques entre les Grecs. »

Qu'était-ce que ce Banès, dont le nom ne nous paraît pas être d'origine juive ? Cette question est résolue par Josèphe lui-même. D'abord, il reste trois ans avec lui ; or, il nous dira que les Esséniens n'admettent leurs disciples à l'initiation de leur doctrine qu'après trois ans d'épreuves rigoureuses ; et ensuite il nous dépeint le régime de vie de l'ascète, son maître, dans des termes identiques à ceux employés par Mégasthènes, dans son récit de ce qu'il a appris sur les ascètes indiens.

Il n'y avait que trois sectes en Judée, les Saducéens, les Pharisiens et les Esséniens. Banès, enseignant dans le désert et non dans la synagogue, ne pouvait être Pharisien. Il ne pouvait être Saducéen, puisque ceux-ci n'admettent ni l'ascétisme, ni l'immortalité de l'âme. Banès ne pouvait donc être qu'Essénien.

Josephe nous dit un peu plus bas, que non-seulement les Esséniens se livraient à l'éducation de la jeunesse, mais qu'ils élevaient comme s'ils en eussent été les pères, les enfants qu'on leur confiait. Banès était donc un professeur du couvent essénien.

Nous sommes donc fixé sur ce point, que Josèphe a été affilié à la secte des Esséniens et, partant, au Bouddhisme.

En vain Josèphe cherche à nous donner le change. Il a pris une part des plus actives à la guerre des Juifs contre les Romains, et est tombé entre leurs mains. Mais au moment où il écrit son autobiographie, pour confondre les calomnies de ses ennemis, il est devenu le commensal des Romains, il est honoré de l'estime particulière de l'empereur Vespasien qui le comble de bienfaits. Nous comprenons que dans cette situation il ait passé sous silence tout ce qui pouvait sembler le rattacher à la secte des Esséniens, considérée avec juste raison par les Romains comme l'auteur de toutes les révoltes des Juifs, dont la dernière eut pour suprême conséquence la ruine de Jérusalem et de toute la Judée. Il nous suffit, pour connaitre le fond de sa pensée, de lire avec quelle complaisance il s'étend sur ce qui concerne la manière d'être des Esséniens qu'il déclare être la secte la plus parfaite des quatre qui existent en Judée, et le doux souvenir qu'il a gardé de l'oasis où il a reçu les leçons de son maître, et dont il a fait un petit paradis terrestre.

Bien que Josèphe ait parlé des quatre sectes juives

dans ses antiquités juives, livre XVIII, chapitre II, pour ne pas multiplier ces citations, qui ne seraient que des répétitions, nous ne reproduirons que ce qu'il en dit dans la guerre des juifs contre les romains, livre II, chapitre XII. Ce passage est beaucoup plus étendu et plus complet que le premier.

Toutefois, nous tirerons de ce premier passage une phrase qui manque dans le dernier. « Les Esséniens se contentent d'envoyer leurs offrandes au temple sans y aller faire des sacrifices, à cause qu'ils en font en particulier avec des cérémonies encore plus grandes. Leur seule occupation est de cultiver la terre.

Flavius Josephe. Guerre des Juifs contre les Romains. Livre II, chapitre XI.

§ 1er. — « Lorsque les pays possédés par Archelaüs eurent été réduits en provinces, Auguste en donna le gouvernement à Coponius, chevalier romain. Durant son administration, un Galiléen, nommé Judas, porta les Juifs à se révolter, en leur reprochant de payer tribut aux Romains de cette manière, et d'égaler les hommes à Dieu, puisqu'ils les reconnaissaient pour maîtres aussi bien que lui. Ce Judas fut l'auteur d'une nouvelle secte entièrement différente des trois autres, dont la première était celle des Pharisiens, la seconde celle des Saducéens, et la troisième celle des Esséniens, *qui est la plus parfaite de toutes.* »

Nous comprenons parfaitement le motif pour lequel

Josephe ne veut pas admettre Judas et ses adeptes dans la secte des Esséniens, bien qu'ils lui appartinssent incontestablement. C'est de l'école de Judas que sortirent les Sicaires et les Zélateurs qui, pendant les horreurs du siège de Jérusalem, ont massacré les prêtres, les riches et les gens honorables et influents qui tâchaient de les ramener à la raison, en leur faisant voir l'inutilité de leur lutte contre le colosse romain. Après s'être souillé de tous les crimes, dans leur rage insensée, ils préférèrent s'ensevelir sous les ruines de leur patrie. Josephe ne veut pas que la secte des Esséniens, pour laquelle il a une préférence marquée, et à laquelle il a été lui-même attaché, puisse être solidaire des horreurs commises par Judas et ses sectaires.

§ 2. — « Les Esséniens sont juifs de nation, vivent dans une union étroite, et considèrent les voluptés comme des vices que l'on doit fuir, et la continence et la victoire de ses passions comme des vertus que l'on ne saurait trop estimer. Ils rejettent le mariage, non qu'ils croient qu'il faille détruire la race des hommes, mais pour éviter l'intempérance des femmes, qu'ils sont persuadés ne pas garder la foi à leurs maris ; ils ne laissent pas néanmoins de recevoir les jeunes enfants qu'on leur donne pour les instruire et les élever dans la vertu, avec autant de soin et de charité que s'ils en étaient les pères, et ils les nourrissent et les habillent tous d'une même sorte. »

§ 3. — « Ils méprisent les richesses ; toutes choses

sont communes entre eux, avec une égalité si admirable que, lorsque quelqu'un embrasse leur secte, il se dépouille de la propriété de ce qu'il possède, pour éviter par ce moyen la vanité des richesses, épargner aux autres la honte de la pauvreté, et, par un si heureux mélange, vivre tous ensemble comme frères. »

§ 4. — « Ils ne peuvent souffrir de s'oindre le corps avec de l'huile ; mais si cela arrive à quelqu'un, quoique contre son gré, ils s'essuient comme si c'étaient des taches ou des souillures et se croient assez propres et assez parés, pourvu que leurs habits soient toujours bien blancs. »

§ 5. — Ils choisissent pour économes des gens de bien qui reçoivent tout leur revenu et le distribuent selon le besoin que chacun en a ; ils n'ont point de ville certaine dans laquelle ils demeurent, mais sont répandus dans diverses villes où ils reçoivent ceux qui désirent entrer dans leur société ; et encore qu'ils ne les aient jamais vus auparavant, ils partagent avec eux ce qu'ils ont, comme s'ils les connaissaient depuis longtemps. »

§ 6. — « Lorsqu'ils font quelque voyage, ils ne portent autre chose que des armes pour se défendre des voleurs. Ils ont dans chaque ville quelqu'un d'eux pour recevoir et loger ceux de leur secte qui y viennent, et leur donner des habits et les autres choses dont ils peuvent avoir besoin. »

§ 7. — « Ils ne changent point d'habits que quand

les leurs sont usés ou déchirés. Ils ne vendent et n'achètent rien entre eux ; mais se communiquent les uns aux autres, sans aucun échange, tout ce qu'ils ont. »

§ 8. — « Ils sont très religieux envers Dieu, ne parlent que des choses saintes avant le lever du soleil, et font alors des prières qu'ils ont reçues par traditions pour demander à Dieu qu'il le fasse luire sur la terre. Ils vont après travailler, chacun à son ouvrage, selon qu'il leur est ordonné. A onze heures ils se rassemblent, et couverts d'un linge, se lavent le corps dans de l'eau froide. Ils se retirent ensuite dans leurs cellules, dont l'entrée n'est permise à nul de ceux qui ne sont pas de leur secte, et étant purifiés de la sorte, ils vont au réfectoire, comme en un saint temple, ou, lorsqu'ils sont assis en grand silence, on met devant chacun d'eux du pain et un mets quelconque dans un petit plat. Un prêtre bénit les mets, et on n'oserait pas y toucher jusqu'à ce qu'il eut fini sa prière. Il en fait encore une autre après le repas, pour finir comme il a commencé, par les louanges de Dieu, afin de témoigner qu'ils reconnaissent tous que c'est de sa seule libéralité qu'ils tiennent leur nourriture. Ils quittent alors leurs habits qu'ils considèrent comme sacrés et retournent à leur ouvrage. Ils font le soir à souper la même chose, et font manger avec eux les hôtes, s'il en est arrivé quelques-uns. »

§ 9. — « On n'entend jamais de bruit dans ces

maisons ; on n'y voit jamais le moindre trouble ; chacun n'y parle qu'à son rang, et leur silence donne du respect aux étrangers. Une si grande modération est un effet de leur continuelle sobriété ; car ils ne mangent ni ne boivent qu'autant qu'ils en ont besoin pour se nourrir. »

§ 10. — « Il ne leur est permis de rien faire que par l'avis de leur supérieur, si ce n'est d'assister les pauvres, sans qu'aucune raison les y porte que leur compassion pour les affligés ; car, quant à leurs parents, ils n'oseraient leur rien donner, si on ne le leur permet. »

§ 11. — Ils prennent un soin extrême de réprimer leur colère ; ils aiment la paix et gardent si inviolablement ce qu'ils promettent, que l'on peut ajouter plus de foi à leur parole qu'aux serments des autres. Ils considèrent même les serments comme des parjures, parce qu'ils ne peuvent se persuader qu'un homme ne soit pas un menteur lorsqu'il a besoin, pour être cru, de prendre Dieu à témoin. »

§ 12. — « Ils étudient avec soin les écrits des anciens, principalement en ce qui regarde les choses utiles à l'âme et au corps, et acquièrent ainsi une très grande connaissance des remèdes propres à guérir les maladies, et de la vertu des plantes, des pierres et des métaux. »

§ 13. — « Ils ne reçoivent pas à l'heure même dans leur communauté ceux qui veulent embrasser leur manière de vivre, mais les font demeurer un an au-dehors où ils ont chacun avec le même régime, une pioche, le linge dont nous avons parlé, et un habit blanc. Ils leur donnent ensuite une nourriture conforme à la leur, et leur permettent de se laver comme eux dans l'eau froide pour se purifier ; mais ils ne les font point manger au réfectoire, jusqu'à ce qu'ils aient encore pendant deux ans éprouvé leurs mœurs, comme ils avaient auparavant éprouvé leur continence. Alors on les reçoit, parce qu'on les en juge dignes : mais avant de s'asseoir à la table avec les autres, ils protestent solennellement d'honorer et de servir Dieu de tout leur cœur ; d'observer la justice envers les hommes ; de ne jamais faire volontairement de mal à personne, quand même on le leur commanderait ; d'avoir de l'aversion pour les méchants ; d'assister de tout leur pouvoir les gens de bien ; de garder la foi à tout le monde, et particulièrement aux princes, parce qu'ils tiennent leur puissance de Dieu. A quoi ils ajoutent que si jamais ils sont élevés en charge, ils n'abuseront point de leur pouvoir pour maltraiter leurs inférieurs ; qu'ils n'auront rien de plus que les autres, ni en leurs habits, ni au reste de ce qui regarde leurs personnes ; qu'ils auront un amour inviolable pour la vérité, et reprendront sévèrement les menteurs ; qu'ils conserveront leurs mains et leur âmes pures de tout larcin, et de tout désir d'un gain injuste ; qu'ils ne cacheront rien à leurs confrères des mystères les plus secrets de leur religion, et n'en révèleront rien aux autres, quand même on les menacerait de la mort pour les y contraindre; qu'ils n'enseigneront que la doctrine qui leur a été enseignée, et qu'ils en conserveront très soigneusement les livres, aussi bien que les noms de ceux dont ils les ont reçus. »

§ 14. — « Telles sont les protestations qu'ils obligent ceux qui veulent embrasser leur manière de vivre, de faire solennellement, afin de les fortifier contre les vices. Que s'ils y contreviennent par des fautes notables, ils les chassent de leur compagnie, et la plupart de ceux qu'ils rejettent de la sorte meurent misérablement, parce que ne leur étant pas permis de manger avec des étrangers, ils sont réduits à paître l'herbe comme les bêtes, et se trouvent ainsi consumés de faim : d'où il arrive quelquefois que la compassion que l'on a de leur extrême misère fait qu'on leur pardonne. »

§ 15. — « Ceux de cette secte sont très justes et très exacts dans leurs jugements. Leur nombre n'est pas moins de cent lorsqu'ils les prononcent; et ce qu'ils ont arrêté une fois demeure immuable. »

§ 16. — « Ils révèrent tellement, après Dieu, leur législateur, qu'ils punissent de mort ceux qui en parlent avec mépris, et considèrent comme un très grand devoir d'obéir à leurs anciens, et à ce que plusieurs leur ordonnent. »

§ 17. — Ils se montrent une telle déférence les uns aux autres, que s'ils se rencontrent dix ensemble, nul d'eux n'oserait parler si les neuf autres ne l'approuvent; et ils réputent à grande incivilité d'être au milieu d'eux ou à leur main droite. »

§ 18. — « Ils observent plus religieusement le sabbat que tous les autres juifs, et non-seulement ils font cuire la veille leur viande pour n'être pas obligé, pendant ce jour de repos, d'allumer du feu, mais ils n'osent pas même changer un vaisseau de place, ni satisfaire, s'ils n'y sont contraints, aux nécessités de la nature. Aux autres jours ils font, dans un lieu à l'écart, avec cette pioche dont nous avons parlé, un trou en terre, d'un pied en profondeur, et après s'être déchargés, en se couvrant de leurs habits, comme s'ils avaient peur de souiller les rayons du soleil que Dieu fait luire sur eux, ils remplissent cette fosse de la terre qu'ils en ont tirée ; parce qu'encore que ce soit une chose naturelle, ils ne laissent pas de considérer comme une impureté dont ils se doivent cacher, et se lavent même pour s'en purifier. »

§ 19. — « Ceux qui font profession de cette sorte de vie sont divisés en quatre classes, dont les plus jeunes ont un tel respect pour les anciens, que lorsqu'ils les touchent ils sont obligés de se purifier, comme s'ils avaient touché un étranger. »

§ 20. — « Ils vivent si longtemps que plusieurs vont jusqu'à cent ans, ce que j'attribue à la simplicité de leur manière de vivre, et à ce qu'ils sont si réglés en toute chose. »

§ 21. — « Ils méprisent les maux de la terre, triomphent des tourments par leur constance, et préfèrent la mort à la vie lorsque le sujet en est honorable. La guerre que nous avons eue contre les Romains a fait voir en mille manières que leur courage est invincible. Ils ont souffert le fer, le feu, et vu briser leurs membres plutôt que de dire la moindre parole contre leur législateur, ni manger des viandes qui leur sont défendues, sans qu'au milieu des tourments, ils aient versé aucune larme, ni dit la moindre parole pour tâcher d'adoucir la cruauté de leurs bourreaux. Au contraire, ils se moquaient d'eux, souriaient et rendaient l'esprit avec joie, parce qu'ils espéraient passer de cette vie à une meilleure, et qu'ils croient fermement que, comme nos corps sont mortels et corruptibles, nos âmes sont immortelles et incorruptibles, qu'elles sont d'une substance aérienne très faible, et qu'étant enfermées dans nos corps, ainsi que dans une prison ou une certaine inclination naturelle les attire et les arrête, elles ne sont pas plutôt affranchies de ces liens charnels qui les retiennent comme dans une longue servitude, qu'elles s'élèvent dans l'air et s'envolent avec joie. En quoi ils conviennent avec les Grecs, qui croient que ces âmes heureuses ont leur séjour au-delà de l'Océan, dans une région où il n'y a ni pluie, ni neige, ni une chaleur excessive, mais qu'un doux zéphir rend toujours très agréable ; et qu'au contraire les âmes des méchants n'ont pour demeure que des lieux glacés et agités par de continuelles tempêtes où elles gémissent éternellement dans des peines infinies. Car c'est ainsi qu'il me paraît que les Grecs veulent que leurs héros, à qui ils donnent le nom de demi-dieux, habitent des îles qu'ils appellent fortunées, et que les âmes des impies soient à jamais tourmentées dans les enfers, ainsi qu'ils disent que le sont celles de Sisyphe, de Tantale, d'Ixion et de Titye. »

§ 22. — « Ces mêmes Esséniens croient que les âmes sont créées immortelles, pour se porter à la vertu et se détourner du vice ; que les bons sont rendus meilleurs en cette vie, par l'espérance d'être heureux après leur mort, et que les méchants qui s'imaginent pouvoir cacher en ce monde leurs mauvaises actions, en sont punis en l'autre par des tourments éternels. Tels sont leurs sentiments touchant l'excellence de l'âme dont on ne voit guère se départir ceux qui en sont une fois persuadés. Il y en a parmi eux qui se vantent de connaître les choses à venir, tant par l'étude qu'ils font des livres saints et des anciennes prophéties, que par le soin qu'ils prennent de se sanctifier, et il arrive rarement qu'ils se trompent dans leurs prédictions. »

§ 23. — « Il y a une autre sorte d'Esséniens qui conviennent avec les premiers dans l'usage des mêmes viandes, des mêmes mœurs et des mêmes lois, et n'en sont différents qu'en ce qui regarde le mariage. Car ceux-ci croient que c'est vouloir abolir la race des hommes que d'y renoncer ; puisque si chacun embrassait ce sentiment, on la verrait bientôt éteinte. Ils s'y conduisent, néanmoins, avec tant de modération, qu'avant de se marier ils observent pendant trois ans si la personne qu'ils veulent épouser paraît assez saine pour bien porter des enfants ; et, lorsqu'après être mariée, elle devient grosse, ils ne couchent plus avec elle pendant sa grossesse, pour témoigner que ce n'est pas la volupté mais le désir de donner des hommes à la République qui les engage dans le mariage ; et, lorsque les femmes se lavent, elles se couvrent avec un linge comme les hommes. On peut voir, par ce que je viens de rapporter, quelles sont les mœurs des Esséniens. »

§ 24. — « Quant aux deux premières sectes dont nous avons parlé, les Pharisiens sont ceux que l'on estime avoir une plus parfaite connaissance de nos lois et de nos cérémonies. Le principal article de leur croyance est de tout attribuer à Dieu et au destin, en sorte, néanmoins, que, dans la plupart des choses, il dépend de nous de bien faire ou de mal faire, quoique le destin puisse beaucoup nous y aider. Ils tiennent aussi que les âmes sont immortelles ; que celles des justes passent après cette vie en d'autres corps, et que celles des méchants souffrent des tourments qui dureront toujours. »

§ 25. — « Les Saducéens, au contraire, nient absolument le destin, et croient que, comme Dieu est incapable de faire le mal, il ne prend pas garde à celui que les hommes font. Ils disent qu'il est en notre pouvoir de faire le bien ou le mal, selon que notre volonté nous porte à l'un ou à l'autre, et que quant aux âmes, elles ne sont ni punies ni récompensées dans un autre monde. Mais, autant les Pharisiens sont sociables et vivent en amitié les uns avec les autres, autant les Saducéens sont d'une humeur farouche ; et ils ne vivent pas moins rudement entre eux qu'ils feraient avec des étrangers. »

Nous constaterons, d'abord, dans ce chapitre avec quel soin Josèphe nous rapporte jusqu'aux plus petits détails la règle de vie des Esséniens, qu'il reconnaît pour la secte la plus parfaite de celles qui existent en Judée, tandis qu'il ne consacre qu'un paragraphe à chacune des deux autres. Il a beau nous dire qu'après avoir étudié toutes ces sectes, il a embrassé celle des Pharisiens, il n'en résulte pas moins pour nous que la secte des Esséniens a toutes ses sympathies.

Mais il se garde bien de nous révéler les mystères de cette religion ; il est vrai qu'il est lié par les protestations exigées des initiés, de conserver le secret absolu vis-à vis des étrangers à la secte. Mais, avec les documents que nous avons, il n'est pas difficile de pénétrer ces mystères.

Nous savons que brahmes et bouddhistes ont une double doctrine. En vertu de cette double doctrine, la divinité, ou l'unité de l'ordre supérieur, est pour le sage l'âme du monde, et pour le vulgaire ou le simple initié, le vrai Dieu est le soleil et tout le symbolisme qui en est dérivé.

Ensuite, les Esséniens, nous est-il dit ailleurs, ont les mêmes sentiments que les Pythagoriciens ; or, les cérémonies des Pythagoriciens sont les mêmes que les cérémonies orphiques, bacchiques et égyptiennes (Hérodote, livre II, Euterpe). Il en résulte que les mystères des Esséniens sont purement et simplement bouddhistes comme ceux de Pythagore, qui a emprunté aux religions de l'Inde jusqu'à la métempsycose.

Le vieux culte solaire était le culte public de tous les mystères, et la prière du matin par laquelle on priait le soleil de se lever, est, dans la loi de Manou, la savitri ou hymne au soleil. Cette prière est précisément celle des Esséniens.

Selon monseigneur Mislin : « Partout où était établi le culte d'Hercule, c'est-à-dire de Bâal ou du soleil, on célébrait quelques-unes de ces fêtes par des mystères. »

Il suffit, après cela, de lire l'une après l'autre les citations que nous avons faites de Mégasthènes et de Josèphe pour se convaincre de la parfaite identité de ces deux récits faits à environ quatre cents ans de distance. Nous ne ferons donc que quelques courtes remarques sur certains paragraphes de Josèphe.

§ 2. — L'union entre les membres de la communauté était l'essence du système et le secret de la puissance de l'église des mendiants. Elle était maintenue par une discipline rigoureuse et extrêmement recommandée aux simples membres de la congrégation soumise à la direction du couvent.

L'horreur de la volupté est essentiellement bouddhiste. On en voit un exemple remarquable dans la légende de la courtisane Vasa-Datta ; et les prêtres de Cybèle se soumettaient à la castration.

Le célibat absolu ne vient nullement de la loi de Moïse, qui dit, au contraire : « Croissez et multipliez », mais de la loi de Bouddha. Le mépris pour la femme se trouve exprimé dans les termes les plus violents dans la loi de Manou. Livre IX, slokas 14, 15 et 17.

A cause de leur passion pour les hommes, l'inconstance de leur humeur, le manque d'affection qui leur est naturel, on a beau garder les femmes avec vigilance, elles sont infidèles à leurs époux.

Manou a donné en partage aux femmes l'amour de leur lit, de leur siége et de la parure, la concupiscence, la colère, les mauvais penchants, le désir de faire du mal et la perversité.

Aucun sacrement n'est, pour les femmes, accompagné de prières. Ainsi l'a prescrit la loi ; privées de la connaissance des lois et des prières expiatoires, les femmes coupables sont la fausseté même. Telle est la règle établie.

Un autre moyen des plus puissants de la propagande bouddhiste était l'enseignement. Elle prenait les enfants dès l'âge le plus tendre et leur donnait une éducation d'une incontestable force. Par ce moyen, depuis longtemps éprouvé dans l'Inde, les Bouddhistes devaient arriver, tôt ou tard, à se rendre assez nombreux, non pas pour jamais être les maîtres du pays, car ils sont incapables de gouverner, mais pour le troubler indéfiniment.

§ 3. — La règle primitive du Bouddhisme était la

pauvreté absolue. En se faisant moine mendiant, l'on commençait par donner tous ses biens aux pauvres. Mais, au bout d'un certain temps, la règle se transforma. Si le religieux ne doit rien posséder personnellement, le vihara ou couvent peut devenir riche et puissant. A l'époque de Josèphe, les couvents esséniens avaient déjà adopté cette modification, et leurs couvents, depuis longtemps établis, étaient arrivés à une grande prospérité.

§ 4. — A l'origine, les bouddhistes étaient de vrais mendiants, se faisant des robes en cousant des haillons ramassés dans les tas d'ordures ; plus tard, devenus riches, ils se moquaient de la malpropreté des ascètes brahmes. Les Esséniens étaient arrivés à cette période et étaient d'une propreté scrupuleuse.

En s'abstenant de toute onction d'huile, ils avaient pour but de se distinguer des prêtres juifs qui étaient consacrés par une onction.

En enseignant à leurs élèves une obéissance absolue pour eux-mêmes, ils leur apprenaient par le fait à se mettre en opposition constante et en révolte ouverte contre les maîtres du pays et contre les prêtres juifs.

§ 5 et 6. — Pour comprendre ces paragraphes, il faut se rappeler la distinction fondamentale des couvents religieux et des congrégations libres des Béguins ; il n'y avait pas de couvents dans les villes, mais il y avait dans toutes les villes des membres de la congrégation, non-seulement en Judée, mais partout où le Bouddhisme avait pu pénétrer.

19.

On se rappelle le mot de Bouddha : « N'y a-t-il pas dans ton pays des viharas pour recevoir les religieux qui voyagent ? » Cette pensée de Bouddha, tendant à faciliter les voyages de ses missionnaires, a été développée par les Esséniens de Judée ; et les missionnaires esséniens étaient sûrs de trouver l'hospitalité partout, non-seulement dans les couvents de leur ordre, mais encore dans les maisons particulières de tous les membres de la confrérie.

C'est là ce qui explique comment Jésus envoyait ses disciples dans toutes les villes de Judée en leur donnant le mot d'ordre, *Pax vobiscum*, pour leur assurer l'hospitalité partout.

C'est là ce qui explique la fameuse légende du Juif errant, qui, avec cinq sous seulement, pouvait faire le tour du monde sans manquer de rien.

Suivant monseigneur Mislin : « Les récits sur un être mortel, qui, pourtant, ne peut mourir, sont beaucoup plus anciens que notre ère ; les Indiens et les Perses avaient déjà les leurs. Les Juifs, à leur tour, ont adopté cette légende. Le Juif errant est la personnification du Judaïsme dispersé depuis la destruction de Jérusalem, mais l'idée en est antérieure à cet événement. »

§ 7. — Ici, il faut encore distinguer entre le couvent et la congrégation ou confrérie. Dans le couvent, le religieux n'a rien en propre, il reçoit tout de l'économe, il doit avoir soin de ses vêtements et ne les quitter que quand ils sont usés ou déchirés, mais, au surplus, il ne peut ni acheter, ni vendre, ni prêter, ni emprunter. Dans les congrégations, au contraire, les simples frères ou sœurs, les béguins ou les béguines ont leur fortune personnelle, ils en disposent à leur gré, et c'est à eux que s'applique la règle de s'aider les uns les autres et de prêter sans espérer jamais ni intérêt ni capital : *mutuum date, nil inde sperantes*.

§ 8. — L'organisation de la communauté est complète, chacun est employé au travail qu'il peut faire. Les uns cultivent la terre, les autres enseignent : il y a des surveillants. Le père dirige tout.

Tous les détails sur les ablutions, la propreté du costume, le réfectoire commun, la réception des hôtes, etc., se trouvent dans la description des viharas bouddhistes. Introduction à l'histoire du bouddhisme de Burnouf, pages 283 et suivantes.

§ 18. — En pénétrant en Judée, les missionnaires bouddhistes ont conservé là comme partout les superstitions locales, mais en ayant soin de les dévier. Ils ont spécialement conservé le sabbat, jour de repos précieux au peuple, mais ils l'ont transporté du samedi au dimanche. Avec un scepticisme digne de Subbuthi, ils se sont moqués de la tourbe de leurs ouailles au point de leur recommander de ne pas aller à la selle le jour du dimanche. La règle indiquée pour aller à la selle est la même que celle de Manou, livre IV, slokas 48 et suivants.

§ 23. — C'est ce paragraphe qui, dans Josèphe, correspond à ce que nous avons dit précédemment sur les membres libres de l'association bouddhique qui, n'habitant pas le couvent, vivaient au milieu des populations, en conservant toute la sévérité de leur règle, mais contractaient mariage. Ils représentaient les béguins et les béguines des bouddhistes indiens, et Josèphe lui-même nous paraît avoir appartenu à cette dernière classe d'Esséniens.

Josèphe, en constatant qu'il y avait quatre mille religieux habitant le couvent, ne comprend pas dans ce nombre les membres libres qui devaient être bien plus considérables en nombre que les premiers.

§ 24 et 25. — Les Saducéens comprennent les grandes familles de la Judée, ils forment l'aristocratie de la nation ; ils soutiennent le gouvernement et posent en principe absolu qu'on doit suivre purement et simplement la loi de Moïse ou code d'Esdras, et, en cela, ils conservent les anciennes et véritables traditions juives.

Les Pharisiens, au contraire, forment une classe moyenne ; ce sont des bourgeois frondeurs, plus ou moins éclairés, faisant de l'opposition, excitant le peuple, non-seulement contre les rois et les nobles du pays, mais encore contre les prêtres de la religion de Moïse. Ils sont organisés en associations particulières, ont leurs statuts distincts, et opposent à la loi de Moïse une tradition qu'ils prétendent tenir de leurs ancêtres. Cette tradition est ce qu'on appelle en hébreu kibbel et chez nous cabale. Elle n'a point encore été traduite chez nous, nous n'en possédons que des extraits dans la cabale de Franck, la Palestine de Munk, les esprits de de Mirville. Mais ces extraits suffisent amplement pour reconnaître l'esprit qui anime la cabale. Cet esprit, c'est l'esprit nouveau du Bouddhisme propagé par les Esséniens, en hostilité directe avec la loi de Moïse. Les Pharisiens ne sont qu'un produit bâtard de l'ancienne loi de Moïse et de la nouvelle loi de Bouddha ; ils ne sont plus Saducéens, ils ne sont pas encore Esséniens, et, en somme, c'est avec pleine raison que Jésus les a traités d'hypocrites.

M. Munk, dans sa description de la Palestine, après avoir cité comme nous ce que Josèphe dit des Esséniens, ajoute : « Nous citerons encore un passage de Philon qui nous donne sur les occupations des Esséniens quelques détails qui manquent dans la description de Josèphe.

« Ils servent Dieu avec une grande piété, non pas en lui offrant des victimes, mais en sanctifiant leur esprit. Ils habitent les villages et fuient les villes, à cause des dérèglements habituels des citadins, sachant que, par leur contact, l'âme est atteinte d'un mal incurable, tel que la maladie qui provient d'un air pestiféré. Il y en a parmi eux qui cultivent la terre ; d'autres s'appliquent aux arts qui accompagnent la paix, et ils sont utiles, par là, à eux-mêmes et à leur prochain. Ils n'amassent ni l'or ni l'argent et ne cherchent pas à augmenter leurs revenus en achetant de grands terrains ; ils s'efforcent seulement d'avoir le strict nécessaire pour vivre.

Presque seuls d'entre tous les hommes, ils sont pour ainsi dire sans argent et sans possessions, plutôt par leurs mœurs que parce que la fortune leur fait défaut, et ils sont réputés les plus riches, parce que la richesse consiste pour eux dans la frugalité et dans le contentement. Vous ne trouverez chez eux aucun artisan qui fabrique des flèches, des javelots, des glaives, des casques, des cuirasses ou des boucliers, en général, aucun armurier, aucun qui fasse des machines ou quoi que ce soit qui ait rapport à la guerre et même aucun qui embrasse une profession paisible qui puisse conduire au mal. Ainsi, ils ignorent jusqu'au rêve des métiers de commerçant, de cabaretier, de fréteur; car ils repoussent loin d'eux tout ce qui donne lieu à la cupidité. Il n'existe pas un seul esclave parmi eux; ils sont tous libres et travaillent les uns pour les autres. Ils rejettent la domination non-seulement comme une chose injuste qui détruit l'égalité, mais comme une chose impie, renversant la loi de la nature, qui, semblable à une mère, a mis au monde et élevé tous les hommes et les a faits égaux comme des frères germains, non pas de nom, mais de fait; mais la rusée cupidité l'emportant sur cette parenté, produit l'éloignement au lieu de la familiarité, l'inimitié au lieu de l'amitié.

La partie logique de la philosophie n'étant pas nécessaire pour acquérir la vertu, ils l'abandonnent aux chasseurs de mots; la partie physique étant au-dessus de la nature humaine, ils l'abandonnent à ceux qui prétendent s'élever dans les hautes régions, excepté, toutefois, ce qui traite de l'existence de Dieu et de l'origine de tout ce qui est. Mais la partie morale, ils l'étudient avec un grand zèle, en prenant pour guides les lois naturelles, dont l'intelligence, selon eux, est inaccessible à l'esprit humain, sans une inspiration divine ; ils s'instruisent dans ces lois en tout temps, mais principalement le septième jour de la semaine, qui est réputé un jour sacré, et pendant lequel ils s'abstiennent de toute autre occupation.

Réunis dans les lieux saints, qu'on appelle synagogues, ils forment un auditoire, assis par classes et dans un ordre convenable suivant l'âge, les jeunes au-dessous des anciens. L'un prend les livres et lit ; un autre, d'entre les plus expérimentés, aborde les matières difficiles et les explique, car la plupart des sujets sont présentés chez eux par des symboles, selon la méthode des anciens, etc. »

Pas plus que Josèphe, Philon ne nous a rien dévoilé sur les mystères des Esséniens.

Arrivé à ce point nous pensons qu'il est parfaitement justifié :

1° Que le législateur révéré par les Esséniens presqu'à l'égal d'un Dieu, n'est point Moïse, mais Bouddha ;

2° Que la théologie des Esséniens et leur charlatanisme est essentiellement la théologie et le charlatanisme des prophètes juifs et des prophètes indiens ;

3° Que l'ascétisme essénien est rigoureusement

l'ascétisme des Çramanas ou Sarmanes de Mégasthènes et celui des anciens prophètes juifs ;

4° Qu'ils portent rigoureusement le même costume que les moines indiens et juifs ; qu'ils suivent les mêmes règles de conduite et le même genre de vie ;

5° Que leurs couvents ne sont autre chose que les couvents de l'Eglise des mendiants.

En un mot que les Esséniens sont de vrais bouddhistes.

Description, par Josèphe, de l'oasis arrosée par la fontaine d'Elisée :

« Jéricho est assise dans une plaine commandée par une haute montagne toute nue, très sterile et si longue qu'elle s'étend du côté du septentrion jusqu'au territoire de Scythopolis et du côté du midi, jusqu'à Sodome. Et c'est à cause de cette grande stérilité que l'on n'y rencontre aucun habitant.

« Il y a près de Jéricho une fontaine très abondante, dont les eaux arrosent les champs voisins, et sa source est tout près de l'ancienne ville qui fut la première dont Jésus (Josué), fils de Navé, ce vaillant chef des Hébreux, se rendit le maître par le droit que donne la victoire. On dit que les eaux de cette fontaine étaient autrefois si dangereuses qu'elles ne corrompaient pas seulement les fruits de la terre, mais faisaient accoucher les femmes avant le temps et infectaient de leur venin toutes les choses sur lesquelles leur malignité pouvaient faire impression.

Que depuis, le prophète Elisée, ce digne successeur d'Elie, les avaient rendues aussi bonnes à boire et aussi saines qu'elles étaient auparavant mauvaises et malfaisantes, et aussi capables de contribuer à la fécondité qu'elles y étaient contraires. Cet évènement arriva ainsi : Cet homme admirable ayant été fort humainement reçu par les habitants de Jéricho, voulut leur en témoigner sa reconnaissance par une grâce dont eux et tout le pays ne verraient jamais cesser les effets. Il mit ensuite dans le fonds de la fontaine une cruche pleine de sel, leva les yeux et les mains vers le ciel, fit des oblations sur le bord de cette source, pria Dieu d'adoucir les eaux des ruisseaux dont elle arrosait la terre par autant de veines, de tempérer l'air pour les rendre encore plus tempérées, de donner en abondance du fruit à la terre et des enfants à ceux qui la cultivaient, sans que ces eaux cessassent jamais de leur être favorables, tandis qu'ils demeureraient justes. Une si ardente prière eut le pouvoir de changer la nature de cette fontaine, et elle a rendu depuis les femmes et les terres aussi fécondes qu'elle les rendait stériles auparavant. La vertu de ces eaux est si grande qu'il suffit d'en arroser un peu la terre pour faire qu'elle soit très fertile, et les lieux où elles demeurent longtemps ne rapportent pas davantage que si elles ne faisaient qu'y passer, comme si elles voulaient punir ceux qui les arrêtent dans leur héritage de leur défiance de leurs merveilleux effets. Il n'y a point dans toute cette contrée de fontaine dont le cours soit si long.

« Le pays qu'elle traverse a soixante-dix stades de long et vingt de large (environ 18 kilomètres sur environ 4 kilomètres). On y voit quantité de très beaux jardins, où elle nourrit des palmiers de diverses espèces, et dont les noms aussi bien que le goût des fruits sont différents. Il y en a d'où, lorsqu'on les presse, il sort du miel qui ne diffère guère du miel ordinaire, qui est très abondant dans ce pays. On y voit aussi en grand nombre, outre les cyprès et les mirabolans, de ces arbres d'où distille le baume, cette liqueur que nul fruit ne peut égaler. Ainsi l'on peut dire, ce me semble, qu'un pays où tant de plantes si excellentes croissent en telle abondance, a quelque chose de divin ; et je doute qu'en tout le reste du monde il s'y rencontre un autre capable de lui être comparé, tant tout ce que l'on y sème et que l'on y plante s'y multiplie d'une manière incroyable. On doit, à mon avis, en attribuer la cause à la chaleur de l'air et au pouvoir singulier qu'a cette eau de contribuer à la fécondité du terrain ; l'un fait ouvrir les fleurs et les feuilles, et l'autre fortifie les racines par l'augmentation de la sève pendant les ardeurs de l'été, qui y sont si extraordinaires que, sans ce rafraîchissement, rien n'y pourrait croître qu'avec une extrême peine. Mais quelque grande que soit cette chaleur, il s'élève le matin un petit vent qui rafraîchit l'eau que l'on puise avant le lever du soleil ; durant l'hiver elle est toute tiède, et l'air y est si tempéré qu'un simple habit de toile suffit, quand il neige dans les autres endroits de la Judée. Ce pays est éloigné de Jérusalem de cent cinquante stades et de soixante du Jourdain (25 et 12 kilomètres). L'espace qu'il y a jusqu'à Jérusalem est pierreux et tout désert; et quoique celui-ci, qui s'étend jusqu'au Jourdain et au lac Asphaltite ne soit pas si élevé, il n'est pas moins stérile ni plus cultivé. Je pense avoir fait assez voir de combien de faveurs la nature a embelli et enrichi les environs de Jéricho. »

Dans l'histoire de la guerre des Juifs contre les Romains, comme dans ses antiquités juives, Josèphe est fort sobre de descriptions de lieux, nous n'y en avons remarqué que trois : La description de la Judée et de la Galilée, qui est plutôt un sommaire topographique; celle du lac de Génézareth et de ses environs, qu'il nous dépeint comme un endroit admirable par sa beauté et sa fécondité; mais la troisième, qui a pour sujet Jéricho et son oasis, est celle sur laquelle il s'étend le plus et pour laquelle il a les termes les plus admiratifs. Evidemment il a habité ce lieu, pour nous le décrire avec une aussi grande précision de détails. C'est bien en cet endroit ou, pendant trois ans, il a suivi les leçons de son maître essénien. S'il était sur les confins du désert, il n'a eu à souffrir ni de sa nudité ni de son aridité dans le lieu délicieux où était situé le couvent. Au moment où il écrit son livre, ses souvenirs ont gardé toute la fraîcheur et le charme de la belle nature qui l'entourait.

Troisième point. — Jésus était un missionnaire essénien.

Les évangiles sont muets, et pour cause, sur l'enfance de Jésus-Christ. Ecrits pour faire de Jésus le fondateur d'une nouvelle religion, ils n'ont pas voulu nous dire qu'il n'était que le missionnaire d'une religion qui existait depuis des siècles, Il nous est impossible d'admettre, comme ils voudraient nous le faire croire, que Jésus ait quitté subitement l'atelier de son père, si tant est qu'il y ait jamais travaillé, et se soit tout d'un coup trouvé illuminé de la grâce d'en haut et capable d'enseigner un corps de doctrine complet.

Jésus a été élevé dans le couvent essénien de la montagne de la Quarantaine, et la doctrine qu'il a enseignée est celle des Esséniens. C'est ce que nous allons démontrer et par la tradition et par les Évangiles.

Tradition. — Cette montagne de la Quarantaine, percée d'un si grand nombre de cellules que Mgr Mislin la compare à un rucher, est ainsi nommée parce que Jésus y a jeûné pendant quarante jours, et que c'est dans la cellule la plus élevée où il fut tenté par le diable, qui lui fit voir de là tous les royaumes de la terre. Mgr Mislin ajoute que les Arabes donnent à ce couvent le nom de couvent de Notre-Seigneur Jésus.

Nous trouvons dans le guide indicateur des sanctuaires et lieux historiques de la terre sainte, par le frère Liévin de Hamme, franciscain, résidant à Jérusalem, la note suivante : « La sainte grotte, que Notre Seigneur habita pendant les quarante jours de son jeûne, n'a pas encore perdu toutes les peintures dont elle était ornée ; entr'autres scènes évangéliques, on y voit encore Jésus tenté par le diable. »

Voici donc une tradition parfaitement établie, émanant de personnages dont nous ne pouvons suspecter la véracité.

Est-il possible d'admettre que Jésus ne soit venu en ce couvent que pour y accomplir son jeûne et qu'il ne l'habitait pas dès avant ? Josèphe se charge de répondre à ces questions. Ceux qui ont embrassé la vie monastique sont les seuls qui puissent habiter le couvent, c'est-à-dire y avoir une cellule. « L'entrée des cellules n'est permise à nul de ceux qui ne sont pas de la secte. » Et nous savons avec quelle sévérité la règle était observée dans les couvents.

Ainsi par la seule tradition nous arriverions à établir que Jésus a été élevé au couvent des Esséniens, qu'il a été initié même à la doctrine secrète, puisqu'il a été admis au rang des moines du couvent.

Mais, à défaut même de ces traditions, il nous suffit de lire les Evangiles pour être convaincu que Jésus est Essénien. Nous allons y retrouver toute la doctrine Essénienne telle que Josèphe nous l'a révélée. Or, si les Esséniens ne sont réellement que des moines bouddhistes, Jésus, lui-même, n'est qu'un missionnaire bouddhiste, envoyé par le Père du couvent pour convertir les juifs à sa doctrine.

Évangiles. — Nous laisserons de côté les généalogies, la naissance miraculeuse de Jésus, l'adoration des mages, la fuite en Egypte, le jeûne de quarante jours, la tentation du démon, etc., ainsi que toutes les choses surnaturelles attribuées à Jésus, pour les traiter particulièrement quand nous aborderons la question de la divinité de Jésus.

Suivant nous, il n'y a qu'un seul Evangile émané de Mathieu et encastré dans l'Evangile qui porte le nom de cet apôtre. Il est contenu presque en totalité dans le sermon sur la montagne. Tout le reste ne constitue que des séries d'additions faites à cet Evangile à différentes époques, et par de nombreuses mains, jusqu'à ce qu'il ait été définitivement admis dans le canon des livres saints du Nouveau-Testament. Il est tout spécialement juif et a été écrit à Jérusalem. Dans ces conditions, ses rédacteurs ont été très-réservés sur ce qui constitue la doctrine nouvelle, pour ne point s'aliéner le public israélite, qui n'eût pas pardonné aux novateurs l'abolition de la loi de Moïse.

Marc n'a fait que copier l'Evangile de Mathieu en lui enlevant son caractère trop exclusivement juif. Son Evangile, écrit à Rome, à l'usage des prosélytes romains, a dû subir cette modification pour ne pas froisser leur esprit national, qui n'eût jamais consenti à accepter une loi des juifs, pour lesquels ils professaient plus que du mépris.

Le troisième Evangile, attribué à Luc, loin d'être une œuvre originale, n'est que la combinaison de nos deux premiers Evangiles avec quelques documents particuliers à Luc. Cet Evangile, écrit en Syrie, s'adresse à toute la secte chrétienne ; son caractère est général, tous les peuples sont appelés au royaume de Dieu. Dans cette position, l'Evangéliste est plus indépendant ; la doctrine à demi-voilée dans les deux premiers, s'y étale bien plus librement.

C'est donc dans cet Evangile, principalement, que nous chercherons la doctrine Essénienne, professée par Jésus-Christ.

Quant à l'Evangile de Jean, nous lui refusons et le caractère d'Evangile, et le patronage du nom de l'apôtre, sous le nom duquel il s'est produit. Nous ne le considérons que comme une thèse mystique et métaphysique pour arriver à faire un Dieu de Jésus. C'est le bouddhisme chrétien arrivé à son épanouissement complet.

Luc, chapitre iv. — Prédication de Jean-Baptiste, sa pénitence, son baptême :

« Jean-Baptiste vint au désert de Judée en disant : faites pénitence, car le royaume des cieux est proche. Or, Jean avait un vêtement de poil de chameau, et une ceinture de cuir autour des reins. Sa nourriture était de sauterelles et de miel sauvage. Alors Jérusalem sortait vers lui, et toute la Judée des environs du Jourdain, ils étaient baptisés par lui en confessant leurs péchés. »

Dès ce début nous nous trouvons en présence d'un ascète essénien. Quel est le costume, quel est le genre de vie de Jean-Baptiste ? N'est-ce pas celui du Sarmane ylobien décrit par Mégasthènes ? N'est-ce pas le portrait que Josèphe nous fait de son maître Banès ? Que vient-il annoncer ? Le royaume des cieux, c'est-à-dire le règne de Dieu, ainsi que l'ont annoncé Samuel, Elie, Elisée et tous les prophètes ; ainsi que les bouddhistes annonçaient dans l'extrême-orient le fameux règne du roi Tchakravartin.

Le règne de Dieu, c'est le règne du prêtre sous le nom de Dieu.

C'est Dieu qui parle par la bouche de Jean, comme il a parlé par celle de tous les prophètes. Jean ordonne de faire pénitence et de confesser ses péchés pour obtenir le baptême. Le Jourdain est devenu le Gange de la Judée ; comme les eaux du fleuve indien, ses eaux ont la vertu de purifier tous ceux qui s'y plongent.

Si Jean peut menacer les pécheurs au nom de Dieu, il a aussi le pouvoir de remettre les péchés. C'est là la grande théorie avec laquelle le Bouddhisme a tenu jusqu'ici l'homme sous sa dépendance. Dieu et Diable, ciel et enfer sont à la discrétion du prêtre, qui sait faire parler et agir Dieu à la plus grande gloire et au plus grand profit de sa caste.

« Toute vallée sera remplie, toute montagne sera abaissée, les chemins tortueux deviendront droits et les raboteux unis ; et toute chair verra le sauveur envoyé de Dieu. »

Cette allégorie renferme toute la doctrine bouddhiste, toute la doctrine essénienne. Il n'y aura plus ni rois, ni princes, ni grands, ni riches, ni pauvres ; un niveau inflexible rendra tous les hommes égaux.

N'est-ce pas là ce que nous voyons pratiquer dans le couvent essénien, suivant Josèphe.

« Que celui qui a deux habits en donne un à celui qui n'en a pas et que celui qui a de quoi manger en fasse de même. » Telle est la réponse donnée par Jean à la multitude qui lui demande ce qu'elle doit faire pour éviter les effets de ses menaces. Cette réponse est encore une des principales règles du Bouddhisme; tout doit être commun entre les frères.

« Aux publicains, Jean dit : N'exigez rien au-delà de ce qui vous a été ordonné; aux soldats : N'usez point de violence ni de fraude envers personne et contentez-vous de votre paye. »

C'est-à-dire, simplement, soyez probes et honnêtes.

Pas un mot dans ces réponses qui ait trait à la loi de Moïse.

Nous voyons par Josèphe que la probité des Esséniens est si admirable qu'elle surpasse de beaucoup celle de tous les Grecs et des autres nations. Ces réponses ont donc tout le caractère de l'Essénisme.

« Il a le van à la main et il nettoiera son aire; il amassera le blé dans son grenier et il brûlera la paille dans un feu qui ne s'éteindra jamais. » Paradis et enfer. Doctrine inconnue à la loi de Moïse et qui a été introduite en Judée, comme partout, par les missionnaires indiens.

Jean-Baptiste est donc bien lui-même un missionnaire essénien. Il est le précurseur de Jésus, c'est-à-dire qu'il a été envoyé par le père du couvent, et que Jésus a été choisi pour continuer l'œuvre de la propagande aussitôt que l'on a su que Jean avait été mis en prison par ordre d'Hérode.

Luc, chapitre II : « Jésus arrive à Nazareth, il entre selon sa coutume le jour du sabbat dans la synagogue, et se lève pour lire. On lui présente le livre du prophète Isaïe, et, l'ayant ouvert, il trouva l'endroit où ces paroles étaient écrites : L'esprit du seineur est sur moi ; c'est pourquoi il m'a consacré par son onction, il m'a envoyé pour prêcher l'Evangile aux pauvres, pour guérir ceux qui ont le cœur brisé, pour annoncer aux captifs qu'ils vont être délivrés et aux aveugles qu'ils vont recouvrer la vue ; pour mettre en liberté ceux qui sont accablés sous les fers ; pour publier l'année des miséricordes du seigneur et le jour de la justice. — Ce que vous entendez aujourd'hui de vos oreilles est l'accomplissement de cette parole de l'écriture. »

Ici encore nous retrouvons la tradition du Bouddhisme essénien. Jésus est envoyé prêcher l'Evangile aux pauvres. Quand tout le peuple aura accepté sa doctrine et que tous les rangs sociaux seront effacés, arrivera l'égalité et le bonheur pour tous ; alors commencera l'année des miséricordes du seigneur, et le jour de la justice ; ce sera désormais le règne de Dieu.

Pourquoi l'Evangile ne doit-il s'adresser qu'aux pauvres ? C'est parce que le pauvre a tout à espérer dans la réalisation des brillantes promesses que l'on fait mirer à ses yeux, tandis que les grands et les riches refuseront évidemment d'abandonner leur position, leur fortune et les honneurs pour se faire moines et se perdre au milieu de la plèbe. Mais quand le peuple se révoltera contre leur puissance, il faudra bien qu'ils subissent la loi du plus fort. Comme le Bouddhisme, l'Essénisme ne reculera pas devant l'emploi de la force pour assurer son triomphe. Judas et sa secte nous montreront dans la guerre contre les Romains jusqu'où leur fanatisme a pu les entraîner.

Remarquons ici, une fois pour toutes, que nous trouvons presque dans tous les chapitres la reproduction de cette phrase: « Jésus enseignait l'Evangile du seigneur et la multitude était dans l'étonnement des paroles pleines de grâce qui sortaient de sa bouche; ou bien il enseignait dans la synagogue, et tout le monde célébrait ses louanges. » Pourquoi ne nous a-t-on pas rapporté une seule de ses paroles. Il nous faut découvrir la doctrine de Jésus à travers des allégories ou des paraboles.

Un seul endroit, dans l'Evangile de Mathieu, contient un vrai sermon appelé sermon sur la montagne, Mais évidemment il n'est pas l'expression de la doctrine entière de Jésus. Sans doute il contient des préceptes de la plus haute morale, mais ces préceptes sont professés par toutes les autres religions et ne nous offrent presque rien de particulier. Ce n'est point sur des préceptes généraux comme ceux-là que l'on peut fonder une religion nouvelle. Ce n'est pas avec un semblable sermon que Jésus pouvait passionner les masses; là n'est point sa doctrine particulière.

Luc, chapitre VI. — Élection des apôtres :

Jésus n'est venu que pour prêcher l'Evangile aux pauvres. C'est donc parmi les pauvres qu'il choisit ses premiers ministres. En cela il ne fait que suivre la tradition des Esséniens.

Abrégé du sermon de la Montagne :

Luc, modifiant les béatitudes de Mathieu, leur donna un tout autre sens et leur enleva leur caractère général, pour les convertir en bénédiction pour ceux qui sont pauvres et en malédiction sur les riches et les heureux du jour.

« Vous êtes bienheureux, vous qui êtes pauvres, parce que le royaume des cieux est à vous,

« Vous êtes bien heureux, vous qui avez faim maintenant, parce que vous serez rassasiés. Vous êtes bien heureux, vous qui pleurez maintenant, parce que vous rirez.

« Mais malheur à vous, riches, parce que vous avez votre consolation. Malheur à vous, qui êtes rassasiés, parce que vous aurez faim. Malheur à vous. qui riez maintenant, parce que vous serez réduit aux pleurs et aux larmes. »

Ici nous ne pouvons nous méprendre, c'est bien la vraie doctrine du Bouddhisme essénien. Guerre à tout ce qui possède. Le monde doit devenir une communauté universelle, qui n'aura d'autre maître que Dieu. Tout deviendra commun parmi les membres de cette immense congrégation. Luc reviendra encore sur cette théorie communiste.

Glanons encore dans ce chapitre une formule essénienne : « Faites du bien et prêtez sans rien espérer. » C'est le *mutuum date, nil inde sperantes* que nous avons signalé dans le paragraphe 7 de Josèphe sur les Esséniens.

Rémission des péchés :

Jésus, au grand scandale des Pharisiens, s'attribue le pouvoir de remettre les péchés. Au chapitre v il avait déjà dit à un paralytique : « Mon ami, vos péchés vous seront remis. » Et comme les Scribes et les pharisiens l'accusaient de blasphème et disaient entre eux : Qui peut remettre les péchés, que Dieu seul ? Jésus leur dit : « Or, afin que vous sachiez que le fils de l'homme a sur la terre le pouvoir de remettre les péchés, j'ordonne au paralytique de se lever et d'emporter son lit. »

Ici il remet également les péchés à la femme de mauvaise vie qui lui avait embaumé les pieds avec du parfum, en récompense de la foi qu'elle a eue en lui.

Nous avons eu raison de dire précédemment que le vrai Dieu était le prêtre. Cette prétention de pouvoir remettre les péchés ne date pas de Jésus. Nous l'avons signalée dans le livre de Manou. « Sloka, chapitre XII, 84. Un brahme, par sa seule naissance, est un objet de vénération même pour les dieux, et ses décisions sont une autorité pour le monde. »

85. « Que trois brahmes, versés dans les védas, s'étant réunis, déclarent aux coupables l'expiation qu'exige leur crime; la pénitence indiquée suffira pour leur purification, car les paroles des sages enlèvent la souillure. »

Mais elle s'est développée et perfectionnée entre les mains des bouddhistes, qui en ont fait leur principal moyen pour tenir le peuple crédule sous leur domination. Il est superflu de se demander où Jésus, élève des bouddhistes esséniens, avait puisé ce prétendu pouvoir.

Dans notre étude du Bouddhisme nous avons trouvé jusqu'à un code pénitenciel renfermant la distinction et la classification des divers genres de fautes. Selon Csoma, cette classification comprendrait deux cent cinquante-trois règles, divisées en cinq chefs d'après la nature des fautes, que ces règles ont pour objet de condamner. Le prêtre seul peut indiquer l'expiation de ces fautes et les remettre au nom de Dieu.

Luc, chapitre VIII. — Parabole de la semence.

Les disciples de Jésus ne la comprennent point et lui en demandent l'explication. Et il leur dit, verset 10 : « Pour vous, il vous a été donné de connaître le mystère du royaume de Dieu; mais pour les autres, il ne leur est proposé qu'en parabole, afin qu'en voyant ils ne voient point et qu'en écoutant ils ne comprennent point. »

Ainsi les apôtres sont initiés au mystère du royaume des cieux, il en est auquel on ne peut révéler ce mystère. Pour entendre ce verset, il faut savoir que Jésus a une doctrine secrète qu'il ne confie qu'aux initiés, tandis qu'il y aurait de graves inconvénients à l'annoncer à ceux qui ne le sont pas.

Mais c'est là la loi fondamentale de l'Essénisme. Ceux qui seront initiés ne cacheront rien à leurs confrères des mystères les plus secrets de leur religion et n'en révèleront rien aux autres, quand même on les menacerait de la mort pour les y contraindre. On exige de ceux qui reçoivent l'initiation qu'ils prennent l'engagement solennel d'observer cette loi ; et on leur fait connaître quel serait le rigoureux châtiment pour celui qui la violerait. Jésus lui-même ne saurait enfreindre cette loi. Voilà pourquoi il ne nous dira jamais en quoi consistent les mystères du royaume de Dieu.

Luc, chapitre ix. — Mission des apôtres :

« Or, Jésus ayant assemblé ses douze apôtres, leur donna puissance et autorité sur les démons, avec le pouvoir de guérir les maladies. Puis il les envoya prêcher le royaume de Dieu et rendre la santé aux malades. Et il leur dit : « Ne portez rien dans le chemin, ni bâton, ni sac, ni pain, ni argent et n'ayez point deux habits, etc., etc. »

Reportons-nous aux paragraphes 6 et 7 du chapitre de Josèphe sur les Esséniens. Si ce ne sont les mêmes termes, c'en est du moins très exactement le fond.

Pierre dit à Jésus qu'il est le christ de Dieu. Jésus défend aux apôtres avec menace de dire cela à personne. « Car il faut que le fils de l'homme souffre beaucoup ; qu'il soit rejeté par les anciens, par les princes des prêtres et par les scribes, et qu'il soit mis à mort. »

Nous comprenons le danger que ferait courir à Jésus la révélation d'un semblable propos. Il est évident qu'il sera mis à mort par les anciens, les princes des prêtres et par les Scribes le jour où ils auront la preuve que Jésus enseigne un nihilisme qui a pour but le renversement de toutes les institutions de son pays.

Ce mot de nihilisme qui vient de tomber de notre plume est immédiatement justifié. Jésus dit : « Si quelqu'un veut venir après moi, qu'il renonce à lui-même. » C'est parfaitement le nihilisme absolu. Dans la communauté essénienne, l'homme a perdu son individualité, il n'est plus qu'une unité,

Jésus est déjà entré dans cet ordre d'idées, quand sa mère et ses frères lui font savoir qu'ils désirent le voir. Il répond à ceux qui l'en préviennent : « Ma mère et mes frères sont ceux qui écoutent la parole de Dieu et qui la pratiquent. » Ce renoncement aux liens sacrés de la famille nous dispense de tout commentaire.

Nous réunissons ici tout ce qui, dans l'évangile, se rapporte à cette grave question.

Mathieu, chapitre x : « Ne pensez pas que je sois venu apporter la paix sur la terre ; je ne suis pas venu apporter la paix, mais l'épée. Car je suis venu séparer le fils d'avec le père, la fille d'avec la mère, la belle-fille d'avec sa belle-mère. Et l'homme aura pour ennemis ceux de sa propre maison. Or, le frère livrera le frère à la mort, et le père, le fils. Les enfants mêmes se soulèveront contre leurs pères et leurs mères et les feront mourir. »

Cette citation est certainement la plus grave de celles que nous pourrions tirer des Evangiles, en ce qu'elle nous fait voir avec quel sang-froid l'auteur envisage les horribles conséquences que peut entraîner sa doctrine. Mais qu'importe au fanatisme la ruine de la société humaine, s'il croit arriver à ses fins.

Luc nous présente cette même abominable théorie, chapitre xiv : « Si quelqu'un vient à moi et ne hait son père et sa mère, sa femme et ses enfants, ses frères et ses sœurs, et même sa propre vie, il ne peut être mon disciple. Quiconque d'entre vous ne renonce pas à tout ce qu'il possède, ne peut être mon disciple. »

« Laissez aux morts le soin d'ensevelir leurs morts. » C'en est fait, il ne doit plus rester à l'homme le moindre sentiment humain. Nous retrouvons encore au chapitre xviii de Luc cette obligation de vendre tout ce que l'on a et de le donner aux pauvres.

Si, après avoir lu les citations qui précèdent, on peut nier que la doctrine de Jésus soit le nihilisme communiste, c'est-à-dire le Bouddhisme essénien, on peut nier que ce soit le soleil qui nous éclaire.

La mission donnée aux soixante-douze n'est que la répétition de celle donnée aux douze. De même que le verset 21 : « En cette même heure, Jésus tressaillit de joie par un mouvement du Saint-Esprit et dit ces paroles : Je vous rends gloire, mon père, seigneur du ciel et de la terre, de ce que vous avez caché ces choses aux sages et aux prudents et que vous les avez révélées aux petits. Oui, mon père, parce que vous l'avez ainsi voulu, » n'est que la répétition du verset 10 de l'explication de la parobole de la semence.

Un docteur de la loi demande à Jésus ce qu'il doit faire pour posséder la vie éternelle. Jésus lui répond : « Qu'y a-t-il d'écrit dans la loi, qu'y lisez-vous ? » Il répartit : « Vous aimerez le Seigneur votre Dieu de tout votre cœur, de toute votre âme, de toutes vos forces et de tout votre esprit, et votre prochain comme vous-même. » Jésus lui dit : « Vous avez bien répondu ; faites cela et vous vivrez. »

Nous trouvons une nouvelle édition de ce passage au chapitre XVII de Luc : Un homme de qualité lui demande ce qu'il doit faire pour posséder la vie éternelle. Jésus lui répond : « Vous savez les commandements : Vous ne tuerez point ; vous ne commettrez point d'adultère ; vous ne déroberez point ; vous ne porterez point de faux témoignage ; honorez votre père et votre mère. » J'ai gardé ces commandements dès ma jeunesse. Ce que Jésus ayant entendu, il lui dit : « Il vous manque encore une chose, vendez tout ce que vous avez et le donnez aux pauvres : On ne peut servir à la fois Dieu et l'argent. »

Ce serait donc là à quoi se réduirait le culte de la nouvelle doctrine : soyez honnêtes et vertueux, mais surtout ayez foi aveuglément au prêtre qui prétend représenter Dieu et parler en son nom. Il n'y a point d'autre religion que celle-là.

« Celui qui sera le plus petit sera le plus grand, » formule de l'égalité absolue qui doit exister entre tous les frères esséniens.

Marthe ayant été honorée de la visite de Jésus, s'empresse de préparer tout ce qui est nécessaire pour le traiter honorablement. Elle se plaint à Jésus de ce que Marie, sa sœur, ne vient point à son aide et demeure en contemplation devant lui. Jésus lui répond : « Marthe, Marthe, vous vous inquiétez et vous vous embarrassez du soin de beaucoup de choses. Cependant, une seule chose est nécessaire. Marie a choisi la meilleure part, qui ne lui sera point ôtée.

Aux petits des oiseaux Dieu donne la pâture,
Et sa bonté s'étend sur toute la nature.

Nous allons trouver la justification de ces vers au chapitre XII.

Le riche fait une foule de projets, puis quand il les aura réalisés, il dira à son âme : « Mon âme, tu as beaucoup de biens en réserve pour plusieurs années ; repose-toi, mange. bois, fais bonne chère. En même temps, Dieu lui dit : « Insensé que tu es, on va te redemander ton âme cette nuit même ; et pour qui sera ce que tu as amassé. »

Puis, Jésus s'adressant à ses disciples, il leur dit : « Ne vous mettez donc point en peine pour votre vie, où vous trouverez à manger, ni où vous trouverez des habits pour votre corps. Considérez les corbeaux ; ils ne sèment ni ne moissonnent, ils n'ont ni cellier, ni grenier, cependant, Dieu les nourrit. Or, combien êtes-vous plus que des corbeaux ? Considérez les lis, comment ils croissent ; ils ne travaillent ni ne filent, et, cependant, je vous assure que Salomon, dans toute sa magnificence, n'a jamais été vêtu comme aucun d'eux. Ne vous mettez donc point en peine, vous autres, de ce que vous mangerez ou de ce que vous boirez ; et ne vous laissez point emporter à ces soins. Car ce sont là les gens du monde qui s'inquiètent pour toutes ces choses ; mais votre père sait que vous en avez besoin. Cherchez donc, premièrement, le royaume et la justice de Dieu, et toutes ces choses vous seront données par-dessus. Ne craignez point, petit troupeau ; car il a plu à votre père de vous donner son royaume. Vendez ce que vous avez et le donnez en aumônes. »

Rapprochons de cette citation le verset 22 du chapitre x : « Mon père m'a mis touches choses entre les mains ; et nul ne sait qui est le fils, sinon le père, ni qui est le père, sinon le fils, et celui à qui le fils aura voulu le révéler. »

Maintenant, traduisons tout ce qui précède en langue vulgaire :

Ayez la plus entière confiance en mes promesses, affiliez-vous à notre secte. Donnez-nous tout ce que vous possédez, à nous qui, par état, sommes voués à la pauvreté, et mon père (le père du couvent), dont le nom ne peut être révélé qu'à ceux qui, ayant été jugés dignes de l'initiation, auront été admis à la connaissance de nos mystères les plus secrets, pourvoiera à tous vos besoins ; débarrassés de tous soins terrestres, vous n'aurez plus qu'à chercher le royaume et la justice de Dieu. C'est-à-dire qu'à vous rendre dignes de la vie éternelle.

N'est-ce pas là du pur essénisme ? N'est-ce point là ce que Josèphe nous a si clairement expliqué dans son chapitre sur les Esséniens, livre II, chapitre XII, guerre des Juifs contre les Romains.

Luc, chapitre XI. — Prière de Jésus-Christ :

Un de ses disciples demande à Jésus de lui apprendre à prier, comme Jean-Baptiste l'a appris à ses disciples. Et il leur dit : « Lorsque vous priez, dites : Notre père, que votre nom soit sanctifié, que votre règne arrive. Donnez-nous notre pain de chaque jour, et remettez-nous nos offenses, car nous remettons nous-mêmes aussi à tous ceux qui nous sont redevables, et ne nous abandonnez point à la tentation.

Remarquons, d'abord, que, puisque c'est là la formule de prière que Jean-Baptiste a donnée à ses disciples, Jean et Jésus appartiennent donc tous deux à la même école.

Ensuite, que la formule donnée par Luc diffère essentiellement de celle de Mathieu, qui a été évidemment retouchée par une main catholique. Celle de Luc est essénienne, comme toute la doctrine de Jésus; elle s'adresse au père de la communauté : « Notre père, que votre nom soit sanctifié. » Le nom du père, auquel on doit une obéissance aveugle, doit être révéré comme un Dieu. « Que votre règne arrive. » C'est-à-dire, que le jour arrive où notre secte règnera sur tout le genre humain; c'est là toute l'ambition du Bouddhisme essénien. « Donnez-nous notre pain de chaque jour. » Quand le grand jour du règne du père sera arrivé et qu'il aura en main toutes les richesses de la terre, il pourra donner à ses moines le pain de chaque jour. « Remettez-nous nos offenses et ne nous abandonnez point à la tentation. » Soyez indulgents pour tous, mais, cependant, maintenez rigoureusement la discipline, afin qu'aucun de nous ne soit tenté de s'affranchir de la stricte obéissance à laquelle il s'est solennellement engagé.

Le Pater selon Mathieu.	*Le Pater selon Luc.*
Notre Père, qui êtes dans les cieux, que votre nom soit sanctifié ;	Notre Père, Que votre nom soit sanctifié ;
Que votre règne arrive ; que votre volonté soit faite sur la terre comme au ciel ;	Que votre règne arrive ;
Donnez-nous aujourd'hui notre pain qui est au-dessus de toute substance, et remettez-nous nos dettes, comme nous remettons nous-mêmes à ceux qui nous doivent ;	Donnez-nous aujourd'hui notre pain de chaque jour ; Et remettez-nous nos offenses, car nous remettons aussi nous-mêmes à tous ceux qui nous sont redevables ;
Et ne nous laissez point succomber à la tentation, mais délivrez nous du mal. Ainsi soit-il.	Et ne nous abandonnez point à la tentation.

Jésus, en ne respectant pas le jour du sabbat, si rigoureusement observé par les Pharisiens, et tout en leur démontrant qu'on peut faire du bien même le jour du sabbat, ne fait qu'obéir à la tradition esséniene, qui a transporté le sabbat du samedi au dimanche. Flavius Josèphe a composé son ouvrage en la langue et selon le calendrier juif, Ces mots du texte grec de son œuvre portent *emera mia*, c'est-à-dire le premier jour ; ils signifient donc le dimanche et non pas le samedi, jour du sabbat des Juifs. Ce point a une certaine importance, il explique comment l'église catholique, né du bouddhisme essénien, a adopté cet usage.

Luc, chapitre xvii. — Des Pharisiens demandent un jour à Jésus quand viendra le royaume de Dieu. Il répond : « Il ne viendra pas avec un éclat qui le fasse remarquer, et on ne dira point : Il est ici, il est là, car dès à présent il est au milieu de vous. Alors, il dit à ses disciples : « Le temps viendra où vous désirerez voir le fils de l'homme, et vous ne le verrez point, et des hommes vous diront : Il est ici, il est là. N'y allez point et ne les suivez point. Car, comme un éclair qui brille et se fait voir d'une extrémité du ciel à l'autre, il en sera de même du fils de l'homme en son jour. »

Ce passage a besoin d'une traduction.

Le royaume du ciel, c'est-à-dire la propagande essénienne, a dès maintenant envahi la Judée. L'arbre de la Boddhi a jeté au loin de profondes racines sans bruit et sans éclat. Jésus n'espère pas personnellement voir son triomphe définitif, mais quand le père du couvent jugera que le moment est favorable il donnera le signal de la révolte, et de l'extrémité dn ciel jusqu'à l'autre, les frères surgiront de partout pour marcher à la conquête du monde en exterminant tout ce qui voudrait leur résister. Ils ont tenté, mais ils n'ont réussi qu'à ruiner leur pays sans retour.

« Cette génération ne passera pas que toutes ces choses ne soient accomplies. » Evidemment Jésus n'est ici que le Fils de l'homme et non point de Dieu. Jésus Dieu ne pouvait se tromper. Si donc son affirmation ne s'est point réalisée, c'est que cette phrase n'a pas le sens qu'on lui a prêté. Il s'est fait au temps de Jésus une propagande bouddhique très active. Le missionnaire, en voyant avec quel succès il prêchait sa doctrine, et avec quelle rapidité croissait le nombre de ses adhérents, a estimé qu'avec les moyens dont disposait le Père, il suffirait du temps d'une génération pour réaliser la conversion du monde entier, et l'avènement du royaume de Dieu, c'est-à-dire le triomphe définitif de l'église des mendiants dominant enfin sur les ruines des anciennes civilisations. Il s'est trompé.

La cène elle-même, à l'exception du sens symbolique que les évangélistes lui font donner par Jésus, n'est que la reproduction de la cérémonie qui se pratique au repas des Esséniens.

F. Josèphe, guerre des Juifs contre les Romains, livre II, chapitre XII, paragraphe 8, décrit ainsi le repas essénien :

« Un prêtre bénit les mets, et on n'oserait pas y toucher jusqu'à ce qu'il ait achevé sa prière. Il en fait encore une autre après le repas, pour finir comme il a commencé, par les louanges du seigneur, afin de témoigner qu'ils tiennent leur nourriture de sa libéralité. »

Evangiles. — Multiplication des cinq et des sept pains :

« Jésus prit les pains et les poissons ; et levant les yeux au ciel, il prononça sa bénédiction, puis rompant les pains, il les donna à ses disciples, etc. »

Cène : « Or, pendant qu'ils soupaient, Jésus prit du pain, et l'ayant béni, il le rompit et le donna à ses disciples, et ayant dit le cantique, ils sortirent. »

Chapitre xviii. — Motifs de la condamnation de Jésus :

Les Juifs conduisent Jésus devant Pilate. Celui-ci, après l'avoir questionné, dit aux princes des prêtres : « Je ne trouve rien de condamnable en cet homme. Mais eux, insistant de plus en plus, ajoutèrent : « Il soulève le peuple par la doctrine qu'il a répandue dans toute la Judée, depuis la Galilée où il a commencé, jusqu'ici. » C'est là le seul et véritable acte d'accusation formulé contre Jésus. Celui en vertu duquel il est condamné à mort à la requête des Juifs.

Jésus était un missionnaire essénien ayant toutes les qualités nécessaires pour séduire un peuple crédule ; il était beau de sa personne, éloquent, entraînant par la douceur et l'aménité de son langage. Il s'adressait aux pauvres, auxquels il annonce un règne où ils verront la fin de leurs maux et de leur misère. Il déclarait la guerre à tous les rangs élevés de la société juive, et les désignait à la haine des basses classes. Il était devenu un véritable danger pour les institutions de son pays. Hérode a pu ne pas croire à la profondeur du mal opéré par la diffusion de sa doctrine et penser qu'il écraserait facilement toute tentative de désordre ; mais les anciens, les princes des prêtres, les scribes qui l'entendaient parler tous les jours, ne s'y sont point trompés. C'était pour eux une question de vie ou de mort à courte échéance. Ils étaient en cas de légitime défense en le faisant mourir. Ils n'ont fait que couper la plus haute branche de l'arbre. Il faudra tous les efforts de l'empire romain pour abattre l'arbre lui-même, mais du même coup la Judée aura vécu.

Le sang de tant de victimes immolées au nom de Dieu a-t-il profité à l'humanité ? Loin de là. Le Bouddhisme, comme le phénix, est rené de ses cendres, et l'homme est de nouveau asservi sous le joug du bouddhisme chrétien.

Nous ne voulons pas pousser plus loin l'examen des Evangiles. Nous eussions pu allonger démesurément notre démonstration, mais aussi nous fussions inévitablement tombé dans des redites fastidieuses. Nous pensons que ce que nous avons dit pour prouver que Jésus n'était qu'un missionnaire essénien, et partant boudhiste, suffira pour convaincre tout esprit de bonne foi.

Pour prouver que Jésus a enseigné à ses disciples une doctrine purement essénienne, ajoutons, comme complément, ce que Luc nous raconte dans ses actes des apôtres sur le régime de vie que Jésus avait institué parmi eux.

Chapitre II, verset 44. — Ceux qui croyaient étaient tous unis ensemble, et tout ce qu'ils avaient était commun entre eux. »

Chapitre IV, versets 32, 34 et 35.— « Or, la multitude

de ceux qui croyaient n'était qu'un cœur et qu'une âme ; nul ne considérait ce qu'il possédait comme étant à lui en particulier ; mais toutes choses étaient communes entre eux. »

« Car il n'y avait point de pauvres parmi eux, parce que tous ceux qui possédaient des terres et des maisons les vendaient et en apportaient le prix qu'ils mettaient au pied des apôtres; et on le distribuait ensuite à chacun, selon qu'il en avait besoin. »

Chapitre v. — Ananie et sa femme Saphire vendent leur bien pour être admis dans la communauté, mais ils n'apportent aux apôtres qu'une partie du prix qu'ils ont touché et gardent par devers eux l'autre partie. Ils sont frappés de mort pour avoir ainsi voulu tromper les frères.

Comparons ce régime de vie avec celui que mènent les Esséniens, selon Josèphe, et nous acquérerons une nouvelle conviction que Jésus et ses apôtres appartenaient à la secte des Esséniens, et que la règle était aussi rigoureusement observée dans le petit cénacle des apôtres que dans le grand couvent de la Quarantaine.

—

Jésus guérit les malades, conjure les démons et ressuscite les morts.

Les guérisons et les miracles opérés par Jésus sont-ils une nouvelle preuve que Jésus est un Bouddiste essénien ?

Rappelons-nous, premièrement, ce que nous a dit Mégasthènes, 300 ans avant Jésus-Christ, sur les Sarmanes ou Bouddhistes. Après les Ylobiens qui prophétisent, vient la classe des médecins qui vont de villes en villages pour soigner les malades. Il est d'autres Sarmanes qui sont devins et enchanteurs. Puis enfin ceux qui se livrent aux rites infernaux. Jésus nous paraît remplir très exactement ce programme. Il prophétise, il guérit les malades, il fait des choses surnaturelles, ils conjure les démons qui obéissent à ses ordres.

De son côté, Flavius Josèphe nous dit que parmi les Esséniens il en est qui se vantent de connaître les choses à venir, tant par l'étude qu'ils font des livres saints que par le soin qu'ils prennent de se sanctifier ; et il arrive rarement qu'ils se trompent dans leurs prédictions. Ils étudient avec soin les écrits des anciens, principalement en ce qui regarde les choses utiles à l'âme et au corps, et acquièrent une très grande connaissance des remèdes propres à guérir les maladies, et de la vertu des plantes, des pierres et des métaux.

Nous voyons la parfaite concordance existant entre Mégasthènes et Josèphe au sujet des Bouddhistes et des Esséniens, mais en même temps nous voyons que Jésus est doué des mêmes talents que les Bouddhistes et les Esséniens.

Il paraît donc certain que Jésus a pu guérir des malades dans les localités qu'il parcourait, grâce aux hautes connaissances médicales acquises au couvent Essénien ; et arriver ainsi à se faire une grande réputation. Il était là tout à fait dans les conditions de son rôle d'Essénien, Ce qui va au-delà de ces guérisons n'est plus que du charlatanisme.

Ainsi se réunissent tous les genres de preuves pour établir que Jésus ne fut qu'un missionnaire bouddhiste.

Nous avons donc clairement établi les trois points que nous nous étions proposé de démontrer.

1° Que les prophètes n'étaient autre chose que des juifs bouddhistes, et que les Esséniens sont leurs continuateurs directs ;

2° Que comme eux les Esséniens professent le bouddhisme indien ; et que le couvent de la Quarantaine était, depuis Elisée, leur principal établissement ;

3° Enfin, que Jésus a été élevé dans le couvent essénien, et qu'il n'a enseigné à ses disciples qu'un pur bouddhisme. Les pouvoirs qu'il leur a transmis ne sont que ceux que lui-même a reçus du père du couvent essénien.

Il ne nous reste plus qu'à examiner comment de disciple bouddhiste il est devenu bouddha lui-même.

Jésus n'a rien écrit. Ostensiblement il a enseigné une haute morale, nous le reconnaissons. Mais cette morale ne lui appartient pas ; elle est la base immuable de toutes les religions qui l'ont précédée. Cette morale existait tout entière dans la loi juive. Là ne pouvait donc se borner sa mission auprès des Juifs.

En vertu de la doctrine secrète, il est envoyé par son père (le père du couvent essénien), pour révolutionner la Judée au profit de sa secte. Pour les initiés, la doctrine secrète est le communisme. Il ne doit plus y avoir ni rois, ni prêtres, ni grands, ni riches, dans la nouvelle société religieuse.

Il faut ne plus posséder absolument rien pour y être admis. Il n'y a plus que des pauvres. Il est vrai que si le rêve essénien eût pu se réaliser, et que tout le genre humain eut fait partie d'une communauté universelle, cette communauté se trouvait par le fait maîtresse de toutes les richesses de la terre. Tout étant à tous, il n'y avait plus ni riches ni pauvres. C'était l'égalité, le communisme, disons le mot, le nihilisme absolu régnant sur la terre.

C'est le missionnaire de cette doctrine qu'il s'agit de diviniser.

Même dans les évangiles, Jésus n'a jamais prétendu être d'origine divine. Jamais il n'est sorti de sa bouche un mot qui puisse faire penser qu'il fallût lui ériger un culte personnel. Il se donne comme fils de l'homme exécutant les ordres de son père. Ce père n'est que l'homme élu par le couvent essénien pour exécuter les décrets rendus par la communauté. Son nom ne doit être révélé qu'aux initiés. Tous les membres du couvent lui doivent une obéissance aveugle, sous les peines les plus effrayantes.

L'idée de faire un Dieu de Jésus ne s'est manifestée qu'après sa mort. Le premier Evangile attribué à Mathieu, et racontant la vie de Jésus, paraît après l'an 70. Cette date ne peut être discutée, malgré les affirmations contraires de la chronologie dite sacrée. Jérusalem a été prise et brûlée par Titus en l'an 70.

Or, le récit de cette catastrophe se trouve au chapitre XXIV de cet évangile. Il a donc une date certaine. Il n'a pu être publié dans sa forme actuelle qu'après 70, c'est-à-dire trente-trois ans après la mort de Jésus-Christ.

Après la ruine de la ville sainte, les Juifs ont été dispersés ; beaucoup sont morts, aussi bien sous les coups des zélateurs que sous les coups des Romains. Il ne reste déjà plus qu'un bien petit nombre de contemporains de Jésus. Le petit recueil de sentences ou loggia de Mathieu, qui a été écrit pour les Juifs à Jérusalem, avant la ruine de la Judée, va devenir le noyau autour duquel se grouperont une foule de légendes qui tendront timidement d'abord à faire de Jésus un descendant de David, un être né par l'opération du Saint-Esprit, et doué d'un pouvoir surnaturel.

Marc vient ensuite, copiant Mathieu, en retranchant toutefois tout ce qui s'y trouve de trop exclusivement juif, pour ne pas froisser les Romains pour lesquels il écrit. Il va un peu plus loin que Mathieu dans la légende posthume de la résurrection.

Vers la fin du premier siècle, apparaît l'évangile de Luc, profondément emprunt de la doctrine de Paul, dont il est le fidèle disciple, et le compagnon inséparable. La divinité de Jésus commence à se dessiner nettement.

Dans l'épitre aux Romains, Paul annonce toujours le royaume de Dieu, comme Jésus, mais Jésus est devenu le rédempteur de l'humanité ; il est la victime de propitiation proposée par Dieu. La foi en Jésus, même sans les œuvres de la loi, suffit désormais au salut.

Enfin, vers l'an 150, apparaît l'évangile attribué à Jean. Cette œuvre métaphysique n'a plus rien qui la rattache à l'histoire de Jésus. Elle n'est pour nous que le tableau de la transformation qui s'est opérée dans les idées au sujet de Jésus, Sa divinité est irrévocablement établie. En vain s'élèveront de nombreuses protestations que l'on qualifiera d'hérésies. L'église naissante, défendue par une nouvelle caste sacerdotale solidement fondée, est en état de résister à toutes les attaques.

Les derniers bouddhistes de Judée n'ont point été tués par les Romains. Les apôtres, selon la révélation qui nous est faite par Luc dans ses actes, sont eux-mêmes bouddhistes, comme leur maître. Ce sont eux qui se sont mis à la tête du courant mystique, né à la suite des épouvantables malheurs qui ont frappé Israël. Ils ont habilement exploité la situation en exploitant les esprits. Ils ont repris leurs espérances si cruellement déçues, et ont reconstitué un nouveau bouddhisme sur le nom de leur maître.

Mais il faut convenir que dans le travail considérable qui s'est opéré pour exalter le nom de Jésus et en faire un Dieu, l'imagination orientale fait complétement défaut. Tout y est renouvelé, non pas des

Grecs, mais du bouddhisme indien. Lisez la légende de Krichna, la légende de Çakyamouni, celle de Jésus n'en est que la pâle copie.

On n'a pas inventé un miracle nouveau pour en faire honneur à Jésus. Ses principaux miracles sont copiés dans les prophètes juifs. Moïse a guéri sa sœur de la lèpre, Elisée a guéri de la lèpre Naaman, général syrien. Jésus, Dieu, ne peut être inférieur aux prophètes, il guérira les lépreux. Elie a ressuscité le fils d'une veuve de Sarephtha ; Elisée a ressuscité le fils d'une sunamite, Jésus ressuscitera la fille de Jaïre, le fils de la femme de Naïm et Lazare. Elisée a pu nourrir à Galgala cent personnes avec vingt petits pains d'orge et du froment contenu dans une besace, et il y eut du reste ; Jésus nourrira cinq mille personnes avec cinq pains et quelques poissons, et on remplira douze paniers avec les restes. Isaïe a dit quelque part, de l'on ne sait qui : « Il a pris sur lui nos infirmités et il a guéri ceux qui étaient malades ; » Jésus guérira toutes les infirmités et toutes les maladies.

Selon les évangélistes, Jésus aurait usé de tout le charlatanisme employé par les enchanteurs et les sorciers de l'Inde.

Pas un de ces miracles n'a la moindre portée, ni la moindre grandeur. Rien que de petits faits isolés, n'intéressant nullement l'humanité. Rien ne dépasse la petitesse des conceptions humaines.

On a torturé toutes les œuvres des prophètes pour en tirer des prophéties pouvant s'appliquer à Jésus.

On a inventé des généalogies pour faire de Jésus un descendant de David; une naissance surnaturelle; puis une interminable série de miracles plus invraisemblables les uns que les autres; enfin, on inventera une résurrection qui n'aura pas un seul témoin, et dont les récits sont en manifeste contradiction les uns avec les autres.

La nouvelle église des mendiants couvre tout cela au moyen d'une nouvelle invention, celle de l'inspiration du Saint-Esprit. Elle l'impose à la crédulité de ses adhérents, et elle en interdit la critique sous peine de damnation éternelle. Le paradis et l'enfer deviennent la base de la nouvelle doctrine. Le purgatoire n'est pas encore inventé. La caste sacerdotale est définitivement reconstituée, et le bouddhisme chrétien va de nouveau prétendre à soumettre l'univers à ses lois.

Que sont devenus les Esséniens ? Depuis cette époque leur nom n'est plus prononcé dans l'histoire. Cependant une secte aussi nombreuse que la leur, puisqu'au temps de Josèphe ils étaient quatre mille moines, sans compter les membres libres de la congrégation, qui étaient encore plus nombreux, ne peut subitement disparaître. Ils se sont évidemment transformés ; ils se sont fondus dans les nouvelles communautés chrétiennes, dans lesquelles ils ont vu la réalisation de leurs rêves.

Les Esséniens sont renés de leurs cendres, ils n'ont fait que changer de nom ; et Jésus n'est qu'une **nouvelle incarnation de Bouddha.**

Il y avait une telle ressemblance entre l'Essénisme et le Christianisme, que plusieurs des pères de l'Eglise ont considéré les Esséniens comme de véritables chrétiens.

Le livre de Liévin de Hamme contient la note suivante :

« Au premier siècle du christianisme, selon Epiphane et Eusèbe de Césarée, les solitaires du Mont Carmel (le couvent père de celui de la Quarantaine), embrassèrent le christianisme, et plusieurs se joignirent aux apôtres pour prêcher l'évangile. »

« Selon Josèphe d'Antioche, qui écrivait vers l'an 130, les pieux anachorètes du Carmel quittèrent souvent leur montagne pour aller propager la foi de Jésus dans la Samarie et la Galilée. »

Si les solitaires du Carmel ont embrassé le christianisme, à quelle religion appartenaient-ils donc auparavant ?

Il n'y avait au temps de Jésus que trois sectes en Judée, les Pharisiens, les Saducéens et les Esséniens.

Ni les Pharisiens, ni les Saducéens ne pratiquaient la vie cénobitique. Des lors les moines du Carmel, comme ceux de la Quarantaine, ne pouvaient être que des Esséniens. Ils professaient donc la même doctrine que Jésus, l'un de leurs missionnaires. Pour se convertir, ils n'ont eu qu'à changer de nom. Les Esséniens sont devenus les chrétiens, et bouddha est devenu Jésus.

LES CARMES

(Extrait de l'Encyclopédie catholique).

Les Carmes prétendaient avoir eu pour fondateur le prophète juif Elie de Thesbé, et qu'ils étaient les successeurs des premiers moines du Mont Carmel, d'où ils tirent leur nom. Certains écrivains de leur ordre avaient été jusqu'à soutenir, à l'appui de leur prétendue ancienneté, que tous les prophètes et les saints de l'Ancien-Testament, depuis Elie jusqu'à Jésus-Christ, Pythagore, les anciens Druides gaulois, (Larousse ajoute : Zoroastre, les Vestales romaines), ont fait partie de leur ordre, dont Jésus-Christ aurait été le protecteur, sinon un des membres, puisque ses apôtres n'étaient que des missionnaires du Mont Carmel.

Par l'histoire des ordres monastiques publiée en 1714 par le R. P. Héliot, de l'ordre de Saint-François de Picpus, nous apprenons que l'authenticité de la généalogie invoquée par les Carmes fut battue en brèche par Hinschenius et Papebroch, jésuites, continuateurs de Bollandus en l'an 1668.

Ils invoquaient le récit de Phocas, qui, d'officier de l'empereur Emmanuel Comnène, s'étant fait moine, visita les saints lieux en 1185. Selon Phocas, on voyait au Mont Carmel la caverne ou grotte d'Elie ; il y avait quelques années qu'un certain moine calabrais, revêtu de la dignité de prêtre, vénérable par ses cheveux blancs, étant venu sur cette montagne après une révélation qu'il eut du prophète Elie, fit un petit retranchement autour d'un lieu où l'on voyait encore les vestiges d'un monastère ; et qu'y ayant bâti une tour et une petite église, il demeurait dans cette enceinte avec dix religieux qui s'étaient joints à lui.

De ce récit, ils inféraient que le commencement de l'institution de l'ordre du Carmel ne pouvait remonter pas plus loin qu'à l'an 1080 ou 1081.

Il naquit de là une très ardente polémique entre les Carmes et les Bollandistes. Les Carmes publièrent contre ces derniers une foule de pamphlets allant jusqu'aux injures.

Le Père Daniel, moine de la vierge Marie du Carmel, composa pour la défense de son ordre un ouvrage en quatre volumes in-folio. Il fut publié après sa mort avec ce titre :

Speculum carmelitanum, sive historia Eliani ordinis F. F. B. M. V. de Monte Carmelo, in quâ a sancto propheta Elio, Origo, per filios prophetarum propagatio, per *Essénos*, Eremitas et Monachos diffusio, et continuata successio, exponuntur, sanctorum acta aliaque proponuntur; contra impugnatores propugnacula armamentaria, etc, Antuerpiæ, 1680.

Le miroir du Carmel, ou l'histoire de l'ordre d'Elie, des frères de notre Dame du Mont Carmel, dans laquelle on montre son origine par le prophète Elie, sa propagation par les enfants des prophètes, son étendue et sa succession sans interruption par les

Esséniens, les ermites, les moines, contre les attaques, etc. Anvers, 1680.

Sans prétendre juger le différend élevé entre les Bollandistes et les Carmes, nous sommes heureux de nous rencontrer dans une aussi parfaite communion d'idées avec l'ordre des Carmes.

Les Esséniens sont les successeurs des prophètes. Jésus-Christ et ses apôtres sont des missionnaires Esséniens. Les Carmes, ensuite, se sont constitués leurs continuateurs. Mais les prophètes étaient des Bouddhistes ; les Esséniens, Jésus-Christ, les apôtres sont alors des Bouddhistes ; les Carmes sont donc aussi des Bouddhistes, comme toutes les congrégations chrétiennes.

C'est là précisément ce que nous voulions démontrer.

TABLEAU DE CONCORDANCE

ENTRE LES RELIGIONS DE L'INDE ET LE CHRISTIANISME.

CHRISTIANISME.	INDIANISME.

Prédication de la venue du Rédempteur.

La venue de Jésus a été prédite par les prophètes.	« C'est de la bouche même du brahme qui naîtra dans ce pays que tous les hommes sur la terre apprendront leurs devoirs. » — (MANOU, traduction Jacolliot.)
	La naissance de Krichna est annoncée par Brahma à Adima et Héva, le premier couple humain, lorsqu'il les chasse du paradis terrestre. — (Légende de KRICHNA.)
	Elle est renouvelée au patriarche Adjigartha, l'Abraham indien.
	Cette prophétie se retrouve dans un grand nombre d'ouvrages de ces temps reculés.

Le Verbe.

Au commencement était le verbe, et le verbe était avec Dieu ; toutes choses ont été faites par lui, et rien de ce qui a été fait n'a été fait sans lui. — (JEAN.)	De celui qui est, de cette cause immortelle qui existe pour la raison et n'existe pas pour les sens, est né le divin Pouroucha, verbe créateur par qui tout a été fait. — (MANOU.)

CHRISTIANISME.	INDIANISME.
	Zoroastre demande à Ormuzd : « Quelle est donc cette grande parole, donnée de soi-même, cette parole vive et prompte qui existait avant le ciel, avant l'eau, avant la terre, avant les troupeaux, avant les arbres, avant le feu, avant l'homme pur, avant tout le monde existant; avant tous les biens, avant tous les germes purs donnés par Ormuzd ? » Alors, Ormuzd dit : « C'est le pur, le saint, le prompt Honover, verbe créateur. » — (ZOROASTRE.)

Lignée du Rédempteur.

Jésus est issu de la race royale de David. Sa mère est la vierge Marie ; elle est belle, à la fleur de l'âge, et n'a pas encore enfanté ; elle est l'épouse de Joseph, descendant de David.	Krichna est de race royale ; sa mère est la vierge Devanagny, sœur de Kansa, roi de Madura ; elle descend en droite ligne, par le patriarche Adjigartha, l'Abraham indien, de Vivaswat, le Noé brahmanique. — (Traduction Jacolliot. Légende de KRICHNA.)
	Çakyamouni est de la famille royale des Çakyas ; sa mère est Maya-Dévi, fille du roi des Çakyas, Souproboud-

23.

CHRISTIANISME. INDIANISME.

dha ; elle est jeune, dans la fleur des années, sa beauté est accomplie ; elle n'a pas encore enfanté ; elle réunit toutes les perfections morales et physiques ; elle est mariée à Çouddhodana, issu d'une race de rois vraiment pure, prospère, grande et attachée à la bonne loi. — (LALITAVISTARA. Traduction Fourcaut.)

Incarnation.

Incarnation de Jésus.

L'ange Gabriel apparaît à Marie et lui dit : « Voilà que vous concevrez en votre sein, et vous enfanterez un fils auquel vous donnerez le nom d'Emmanuel. Le Saint-Esprit surviendra en vous, et la vertu du Très-Haut vous couvrira de son ombre. C'est pourquoi le saint qui naîtra de vous sera appelé le fils de Dieu.

Neuvième incarnation de Vischnou.

Vischnou apparaît à la vierge Devanagny dans tout l'éclat de sa divine majesté. Elle tomba dans une profonde extase, et le Dieu la couvrit de son ombre. Elle conçut et enfanta Krichna, l'homme-Dieu. — (Légende de KRICHNA.)

Le Bouddhisattwa Çakyamouni descendit de l'excellent séjour du Touchita dans le sein de sa mère, livrée au jeûne, semblable à un jeune éléphant blanc, à six défenses, à la couleur de cochenille, aux dents brillantes

CHRISTIANISME.	INDIANISME.
	comme de l'or, parfait dans tous ses membres, sans défaut dans ses organes. Il entra par le flanc droit de sa mère. — (LALITA-VISTARA.)
Jésus naît le 25 décembre à minuit, au solstice d'hiver.	On célèbre le 25 décembre, solstice d'hiver, la naissance de Mithra.
Jésus, né par l'opération du Saint-Esprit, n'a point été entaché du péché originel.	Çakyamouni sortit du côté droit de sa mère, sans être souillé par la tache du sein de sa mère.

Adoration des mages ou bergers.

Des mages, conduits par une étoile, viennent d'Orient adorer Jésus et lui offrent de l'or, de l'encens et de la myrrhe. Au même instant, il se joignit une grande troupe de l'armée céleste chantant les louanges du Seigneur.	Krichna et sa mère Devanagny sont déposés par l'envoyé de Vischnou dans la bergerie de Nanda. Les bergers, mis au courant du dépôt qui leur est confié, se prosternent devant l'enfant divin et l'adorent.—(Légende de KRICHNA.)
	Trente mille Asparas viennent offrir à Maya des huiles imprégnées de parfums divins, des onguents divins, des vêtements des enfants des dieux, des parures des enfants des dieux, et des chœurs de musique.
	Pendant sept jours, le Bod-

CHRISTIANISME. INDIANISME.

dhisattwa fut honoré par la musique des dieux et des hommes, entouré de respect, entouré d'offrandes.

Un grand Richi, roi des montagnes, ayant vu par son œil divin, dans la ville de Capilavastou, dans la demeure du roi Çouddhodana, l'enfant qui brillait de l'éclat des œuvres pures, vint avec son neveu Naradatta, à travers les cieux, considérer cet enfant, et ayant vu qu'il possédait les trente-deux signes du grand homme, il prophétisa qu'il serait Bouddha, qu'il enseignerait la loi et qu'il sauverait l'humanité. — (LALITA-VISTARA.)

Du nom de Jésus.

Joseph et Marie appellent leur fils Jésus, quoiqu'il dut porter le nom d'Emmanuel, selon la prophétie d'Isaïe. (En vieux français Jésus s'écrit Ihésus.)

Jehova, Theos, Zéor, Deus, Isis, Ieséus, Ihéséus, Jésus. Tous ces mots qui désignent la divinité, sont évidemment

Les disciples de Krichna, après sa transfiguration, lui donnent le nom de Yéséus (ou issu de la pure essence). La signification du nom de Krichna est la même que celle du Christ, homme sacré.

— 273 —

CHRISTIANISME.　　　　　INDIANISME.

dérivés du sanscrit Zéus, nom donné à Swayambhouva, l'être suprême.

Plus tard, Jésus est surnommé Christ, ou Oint du Seigneur.

Massacre des Innocents

Par ordre d'Hérode.　　*Par ordre de Kansa.*

Massacre des enfants juifs.　Kansa, en apprenant la naissance de son neveu Krichna, qui doit, suivant son rêve, lui ravir son trône et la vie, ordonne dans ses États le massacre de tous les enfants mâles venus au monde dans la nuit où est né Krichna. — (Légende de KRICHNA.)

Présentation au Temple.

Jésus est présenté au Temple.　Les Bhikchous, les plus anciens vieillards de la famille des Çakyas, parlèrent ainsi au roi : « Seigneur, veuillez faire savoir que ce jeune enfant sera conduit au temple des Dieux. » Le roi dit : « Il est bien que l'enfant y soit conduit. » — LALITA-VISTARA.

Education de l'enfant.

Jésus est confié par ses parents à Zachée, qui ins-　L'enfant ayant grandi, fut conduit à l'école d'écriture. Il

CHRISTIANISME.

truisait les enfants. Le maître lui présente un alphabet et lui dit de prononcer Aleph ; et quand il l'eût fait, il lui demanda de dire Beth. Jésus lui répondit : Dis-moi d'abord quelle est la signification d'Aleph et alors je prononcerai Beth. Le maître se disposait à le réprimander, mais Jésus se mit à lui expliquer la signification des lettres Aleph et Beth. Quelles sont les lettres dont la forme est droite, celles dont la forme est oblique, celles qui sont doubles, celles qui sont accompagnées de points, celles qui ne le sont point, etc., etc. Le maître, transporté d'admiration, dit à Joseph et à Marie : Cet enfant en sait plus que tous les docteurs. Il n'a nul besoin de notre enseignement. — (Évangile de l'enfance).

INDIANISME.

prit une feuille à écrire faite d'essence de sandal des ouragas, enduite d'une couleur divine, et parla ainsi au précepteur Viçvamitra : Eh bien ! maître, quelle écriture m'apprendras-tu ? (suit l'énumération de soixante-quatre genres d'écritures) ; laquelle m'enseigneras-tu ? Alors, Viçvamitra fut rempli d'admiration et dit : Je ne connais même pas le nom de toutes ces écritures. Ce Dieu, le plus grand des Dieux, se distingue éminemment, sans égal : C'est le génie incomparable du monde.

Ensuite, Çakyamouni expliqua à Viçvamitra la valeur de chacune des lettres de l'alphabet. — (LALITA-VISTARA.)

Préparation à l'enseignement de la Loi.

Jésus ne se révèle qu'à trente-quatre ans ; qu'a-t-il fait jusque-là ? Il se retire

Çakyamouni, ne pouvant obtenir de son père l'autorisation de suivre sa vocation,

CHRISTIANISME.	INDIANISME.
dans le désert après avoir été baptisé par Jean, et y demeure pendant quarante jours et quarante nuits, jeûnant, souffrant toutes les intempéries, et vivant des plantes sauvages du désert.	s'enfuit et se réfugie au village d'Ouroulviva ; il reste six ans dans cette retraite, d'où il s'enfonce dans les déserts, s'imposant les plus dures austérités, exposé aux injures de l'air et ne mangeant qu'un grain de sésame par jour. — (LALITA-VISTARA.)
	Zoroastre, avant d'entreprendre sa mission, se retire pendant vingt ans dans les montagnes désertes, n'ayant d'autre aliment que le laitage des troupeaux qui les parcouraient. — (ZEUD-AVESTA.)

Baptême.

Jésus dit à Nicodème qu'il faut que l'homme renaisse une seconde fois par le baptême. — (JEAN.)	Le brahme est appelé Dwidja, deux fois né, quand il a reçu le baptême et les autres sacrements de l'initiation.
Jean-Baptiste baptise dans l'eau du Jourdain, fleuve sacré des Juifs.	Chez les brahmes, le Gange est le fleuve sacré, dont l'eau a la vertu de purifier et d'enlever les péchés. — (MANOU.)
Pendant le baptême de Jésus par Jean, l'esprit de Dieu descendit sur lui en forme de colombe. (MATHIEU.)	Dans le sacrifice d'Adjigartha, au moment où il va immoler son fils, Vischnou, sous la forme d'une colombe, vint se poser sur la tête de

CHRISTIANISME.	INDIANISME.
	l'enfant et arrêta le bras de son père.

Tentation.

Jésus, dans le désert, est tenté du démon. Le diable met à ses pieds tous les royaumes du monde et leur gloire. Jésus le met en fuite en lui disant : Il est écrit : Vous adorerez le Seigneur votre Dieu et vous le servirez lui seul. — (MATHIEU.)	Çakyamouni, dans sa retraite, est assailli par le démon, qui met tout en œuvre pour lui faire abandonner ses résolutions. Il sort victorieux de cette tentation. Le démon, vaincu, s'enfuit en disant : Mon règne est passé. — (LALITA-VISTARA.)
	Zoroastre est également tenté du diable. Anromainius lui dit : Tu es le fils de Pourushaçpa, tu as reçu ton nom d'une mère de condition humaine, renie la loi sainte, la loi mazdéenne, tu obtiendras le bonheur comme l'obtint Vadagno, le maître des royaumes. Zoroastre lui répondit : Je ne renierai pas la loi sainte de Mazda. Que plutôt mon corps, mon âme et mon intelligence se séparent à jamais. — (ZEWD-AVESTA.)

Choix des disciples.

Jésus choisit ses disciples parmi les derniers du peuple.	Çakyamouni choisit ses disciples sans acception de

CHRISTIANISME.   INDIANISME.

Les Pharisiens lui font un crime de fréquenter des publicains et des gens de mauvaise vie. — (Évangiles.)

castes. Les brahmes exhalent contre lui des plaintes amères, parce qu'il accueille jusqu'aux soudras et jusqu'aux tchandalas ou décastés.

Mission des disciples.

Jésus dit à ses disciples : N'ayez ni or, ni argent, ni autre monnaie dans vos ceintures ; point de sac pour le voyage, ni deux habits, ni souliers, ni bâton, car l'ouvrier mérite qu'on le nourrisse. Cherchez votre nourriture chez les gens de bien.

Voici que je vous envoie comme des brebis au milieu des loups. Soyez donc prudents comme des serpents, simples comme des colombes, mais gardez-vous des hommes, ils vous fouetteront, ils vous conduiront devant les gouverneurs pour rendre témoignage de moi ; vous serez tous haïs à cause de mon nom.

Jésus, en s'adressant aux foules, avides d'entendre sa

Çakyamouni enseigne à ses disciples le détachement des choses du monde, l'abnégation, l'amour du prochain, la charité, la douceur, la tolérance. Il les envoie prêcher sa doctrine. Ils devront faire jusqu'au sacrifice de leur vie pour accomplir leur mission. Ils vivront des aumônes qu'ils recueilleront sur leur chemin, sans se laisser décourager par les persécutions que les brahmes susciteront contre eux.

Krichna, en s'adressant aux populations qui accouraient

CHRISTIANISME.	INDIANISME.
parole, les instruit en se servant de paraboles, réservant pour ses disciples le secret ou sens caché de sa doctrine.	sur son passage pour entendre ses sublimes enseignements, faisait un fréquent usage de paraboles ; réservant pour ses initiés les hautes leçons sur l'immortalité de l'âme et les destinées de l'homme. — (Légende de KRICHNA.)
Jésus et ses apôtres parcourent les villes de Galilée en enseignant que les hommes sont égaux devant Dieu, et que le paradis est ouvert à tous.	Çakyamouni porte sa doctrine de ville en ville, les hommes sont tous égaux, tous peuvent parvenir au Nirvana.
Jésus recommande à ses disciples d'aller porter l'Évangile parmi toutes les nations.	Çahyamouni impose comme premier devoir à ses disciples la propagation de sa doctrine chez toutes les nations.

Doctrine.

Jésus respecte la loi de Moïse, il n'attaque que le despotisme sacerdotal auquel est soumis le peuple juif, et les entraves mises à sa liberté. Il consacre l'égalité de tous les humains. Il est venu régénérer le monde en lui enseignant la manière dont il doit adorer son créateur, et le moyen d'arriver au paradis,	Çakyamouni n'attaque en rien la loi de Brahma. Il ne veut qu'annihiler les castes, sur l'existence desquelles repose toute l'économie de la puissance des brahmes. Il rétablit l'égalité et la liberté pour tous. Il est venu régénérer le monde, et enseigne le moyen de parvenir au Nirvana.

CHRISTIANISME.	INDIANISME.
à la vie éternelle. Il ne doit plus y avoir qu'un seul peuple.	
La loi de Jésus est une loi de grâce.	Il en est de même de la loi de Çakyamouni.
Jésus est la lumière du monde.	Il en est de même de Çakyamouni.
Jésus est le pain de vie.	Affamés de pain de vie, nous implorons, etc.—(Hymne védique au soleil).
Ne vous faites point de trésors sur la terre où la rouille, etc.; mais faites-vous des trésors dans le ciel. — (MATHIEU.)	Celui qui a amassé une grande quantité de bonnes actions et qui s'est purifié de ses fautes par des austérités méritoires, passe dans des mondes supérieurs où il revêt une forme plus parfaite. — (MANOU.)
Jésus enseigne l'immortalité de l'âme, la résurrection, le jugement dernier, où chacun recevra la récompense de ses bonnes actions ou la punition de ses fautes. Le salut des riches est difficile. Il y aura beaucoup d'appelés et peu d'élus.	Çakyamouni admet l'immortalité de l'âme, la résurrection, le jugement dernier, la récompense des bons et la punition des méchants. Il reconnaît combien l'entrée du Nirvana est difficile.
	Zoroastre reconnaît aussi l'immortalité de l'âme, etc.
Souviens-toi que tu n'es que poussière et que tu retourneras en poussière.	L'âme vient de Dieu; elle s'introduit dans le corps de l'homme aussitôt qu'il est conçu. Le corps de l'homme est rendu à la terre; l'âme

CHRISTIANISME.	INDIANISME.
	retourne à Dieu. Si l'homme a vécu saintement, son âme va directement au Gorotman, tandis que l'âme du criminel est précipitée du pont Cinwat dans le Douzach. — (ZEND-AVESTA.)
Jésus ne parle aux masses qu'en paraboles et ne traite devant elles que des principes de la plus haute morale, tandis qu'il ne découvre qu'à ses disciples les mystères du royaume de Dieu.	Krichna, suivant l'usage d'Orient, faisait un fréquent usage des paraboles et son enseignement, vis-à-vis des masses, ne comportait que des leçons de haute et saine morale. Il réservait pour ses disciples les sublimes principes de l'immortalité de l'âme et des destinées de l'homme après sa mort.
Entretien de Jésus avec la Samaritaine.	*Entretien d'Ananda avec la Matanga.*
Jésus vient à Sichar, ville de Samarie, et s'assied sur le bord du puits de Jacob; une femme de Samarie vient y puiser de l'eau. Jésus lui dit : Donnez-moi à boire ; mais elle lui répond : Comment, vous qui êtes Juif, me demandez-vous à boire, car les Juifs	Ananda, disciple de Çakyamouni, rencontre une jeune fille Matanga, qui puisait de l'eau et lui demanda à boire ; mais la jeune fille, craignant de le souiller, l'avertit qu'elle est de la caste matanga et qu'il ne lui est pas permis d'approcher d'un religieux.

CHRISTIANISME.

n'ont point de commerce avec les Samaritains. — (JEAN.)

Jésus répond à quelqu'un qui lui demande : Bon maître, quel bien faut-il que je fasse pour gagner la vie éternelle? Si vous voulez être parfait, allez et vendez tout ce que vous avez et le donnez aux pauvres et vous aurez un trésor dans le ciel. Venez et suivez-moi.

Jésus donne à Pierre tout pouvoir de lier et de délier sur la terre comme au ciel.

Paradis, Enfer, Anges et Démons.

Dans le tableau du jugement dernier que Mathieu met dans la bouche de Jésus, nous voyons apparaître la théorie de Zoroastre. Le bon et le mauvais principe, Dieu et diable, paradis et enfer. Quand le fils de l'homme

INDIANISME.

Ananda lui répond : Je ne te demande, ma sœur, ni ta caste, ni ta famille. — (Extrait de l'introduction au bouddhisme de BURNOUF.)

Çakyamouni, après avoir abandonné lui-même tout ce qu'il possédait, réunit les ascètes solitaires et ceux qui acceptent sa doctrine, il les organise en communautés où ils ne doivent plus rien posséder en propre ; on doit renoncer jusqu'à soi-même pour le suivre.

La pénitence donnée effacera le crime, car le brahme est une autorité en ce monde et dans l'autre, il est un objet de vénération pour les Dieux. — (MANOU.)

Le Brahmanisme admet une foule de bons et de mauvais génies.

Il en est de même de Zoroastre.

24.

CHRISTIANISME.

viendra dans sa majesté, accompagné de tous ses anges, il sera assis sur le trône de sa gloire. Il dira aux justes : « Venez, bénis de mon père, possédez le royaume qui vous a été préparé dès le commencement du monde ; » et il dira aux méchants : « Allez, maudits, au feu éternel qui a été préparé pour le diable et pour ses anges.

Jésus annonce que sa doctrine convertira le monde entier et que son dernier avénement arrivera avant l'extinction de sa génération.

Jésus a déchaîné contre lui la fureur des prêtres par sa doctrine, il leur enlevait tout leur prestige, toute leur puissance et anéantissait la source de leur opulence.

Jésus brave jusqu'à la mort pour le triomphe de sa doctrine.

INDIANISME.

Çakyamouni était convaincu que sa doctrine devait régénérer le monde ; elle devait lui survivre et durer jusqu'à l'avènement d'un nouveau Bouddha.

Çakyamouni s'est attiré la haine implacable des brahmes. Sa doctrine abolit leur tyrannie et détruit la source de leurs richesses.

Çakyamouni et Krichna bravent tous les dangers pour accomplir leur mission divine.

Puissance surnaturelle, Miracles.

Jésus est représenté comme   Il nous est fait le même

CHRISTIANISME.	INDIANISME.
le type de la beauté physique de l'homme. Il réunit, en outre, toutes les perfections morales.	portrait de Çakyamouni dans le Lalita-Vistara.
Il possédait une science universelle et une puissance surnaturelle. Le passé, le présent n'avaient point de secrets pour lui, il possédait le pouvoir de faire des miracles.	Çakyamouni possédait également une science universelle et une puissance surnaturelle ; par la première, il connaissait le présent, le passé et l'avenir ; par la seconde, il opérait une foule de miracles.
Résurrection de la fille de Jaïre.	*Résurrection de la fille d'Angachouna.*
Comme Jésus disait ces choses à ses disciples, un chef de synagogue l'aborda et l'adora, en disant : « Ma fille vient de mourir ; mais venez lui imposer les mains et elle vivra. » Alors, Jésus, se levant, le suivit avec ses disciples.	Le roi Angachouna faisait célébrer avec grande pompe à sa cour les fiançailles de sa fille, la belle Kalavatty, avec le fils de Vamadéva, le puissant roi de l'Antarvedi, nommé Govinda. Or, comme Kalavatty se réjouissait dans les bosquets avec ses compagnes, elle fut piquée par un serpent et mourut. Tous les assistants furent plongés dans la désolation. Angachouna déchira ses vêtements, se couvrit de cendres et maudit le jour où il était né.
Lorsqu'il fut arrivé à la maison de ce chef de synagogue et qu'il eût vu les joueurs de flûte et une troupe qui faisait grand bruit, il leur dit : « Retirez-vous, car cette jeune fille n'est pas morte,	

CHRISTIANISME.	INDIANISME.
elle n'est qu'endormie. » Et ils se moquaient de lui.	Tout-à-coup, une grande rumeur éclate dans le palais, et on entend les cris mille fois répétés : Paçya-pitaram ! paçya-gourum ! voici le père ! voici le maître ! et Kristna s'approche en souriant, appuyé au bras d'Adjouna : J'ai appris, dit-il, que vous vous réjouissiez ici et je suis venu, car la joie des cœurs purs fait le bonheur des cieux.
	Mais pourquoi les cris de douleur ont-ils succédé aux chants des plaisirs ?
Après qu'on eût fait sortir	Maître ! s'écrie Angachouna en se jetant à ses pieds et les inondant de ses larmes, voilà ma fille, et il lui montre le corps de Kalavatty étendu sur une natte, couverte encore de ses joyaux de fête. Pourquoi pleurez-vous ? répondit Kristna d'une voix douce, ne voyez-vous pas qu'elle dort ? écoutez le bruit de sa respiration, semblable au souffle de la nuit qui agite les feuilles du margousier. Voyez ses joues qui se colorent, ses yeux dont les cils tremblent, comme s'ils allaient s'ouvrir,

CHRISTIANISME.	INDIANISME.
tout le monde, il entra, il la prit par la main, et la petite fille se leva.	ses lèvres s'agitent comme pour parler ; elle dort, vous dis-je, et tenez, la voilà qui s'agite... Kalavatty, lève-toi et marche !
	A mesure que Kristna parlait, le souffle, la chaleur, le mouvement, la vie, revenaient peu à peu dans le cadavre, et la jeune fille, obéissant à l'injonction de l'homme-Dieu, se leva de dessus sa couche et rejoignit ses compagnes.
Et le bruit s'en répandit dans tout le pays.	Et la foule, émerveillée, s'écriait : Celui-ci est un Dieu, puisque la mort n'est pas plus pour lui que le sommeil. — (JACOLLIOT.— Extrait du Hari-Pourana, Kristna et le Christ.)

Multiplication des cinq pains.	*Multiplication des trois mauganis de riz.*
Jésus, avec cinq pains et deux poissons, nourrit cinq mille hommes, sans compter les femmes et les petits enfants, et on remplit douze paniers des morceaux qui étaient restés.	Krichna, pendant une famine, nourrit l'Inde entière avec trois poignées de riz.
	Zoroastre a opéré également de nombreux miracles.

CHRISTIANISME.

INDIANISME.

commandait aux éléments, au tonnerre, aux animaux, à toute la nature. C'est surtout par la manifestation de sa puissance surnaturelle qu'il frappa l'esprit du roi Vitaçpa et le convertit à sa doctrine.

Jésus chasse les démons et guérit toutes les maladies. Les aveugles voient, les boîteux marchent, les sourds entendent, les lépreux sont guéris, les morts ressuscitent. — (MATHIEU.)

Çakyamouni dit : Je vaincrai le démon et l'armée des démons.

La mémoire fut retrouvée par les insensés, la vue recouvrée par les aveugles, les sourds entendirent les sons, ceux dont les membres étaient imparfaits eurent des organes sans imperfection. — (LALITA-VISTARA.)

Transfiguration de Jésus.

Jésus, accompagné de Pierre, Jacques et Jean, monte sur une haute montagne et est transfiguré devant eux ; Moïse et Elie apparaissent et s'entretiennent avec lui. — (MATHIEU).

Transfiguration de Krischna.

Un jour, les disciples de Krichna sont prêts à l'abandonner, épouvantés par l'armée qui les menace. Krichna leur dit : Ignorez-vous qui est celui qui est avec vous ? et alors, quittant sa forme naturelle, il parut à leurs yeux dans tout l'éclat de sa majesté divine, et le front rayonnant d'une si vive lumière, qu'ils se prosternèrent à terre.

CHRISTIANISME.	INDIANISME.
	Krichna, reprenant sa première forme, leur dit : N'avez-vous donc point foi en moi ? Sachez que je serai toujours au milieu de vous pour vous protéger. (Légende de Krichna).

Parfums répandus

Sur la tête de Jésus.	*Sur la tête de Krichna.*
Jésus étant à Béthanie, en la maison de Simon le lépreux, une femme vint lui verser un vase de parfums sur la tête lorsqu'il était à table, Jésus dit à ses disciples, qui blâmaient l'action de cette femme : « Lorsqu'elle a répandu ce parfum sur mon corps, elle l'a fait pour m'ensevelir. » N'est-ce pas encore dans cette légende où Marc a puisé le fond de l'épisode, aumône de la veuve indigente ?	Deux femmes de basse extraction, Nichdali et Sarasvati, lui versent sur la tête un vase de parfums et l'adorent. Le peuple murmure de leur hardiesse ; mais Krichna leur dit avec bonté : « Femmes, j'accepte votre sacrifice ; le peu qui est donné par le cœur, vaut plus que toutes les richesses offertes par ostentation : Que voulez-vous de moi ? Elles répondent : Dieu nous a refusé la joie d'être mères. Krichna leur dit : Allez, vous avez cru en moi, vos vœux seront exaucés.

Eucharistie.

Jésus célèbre la Pâques avec ses disciples ; il bénit le pain et le vin et attache à cette	Le soma, liqueur fermentée, était dans l'Inde le breuvage eucharistique ; on le mélan-

CHRISTIANISME.	INDIANISME.
cérémonie, pratiquée par les Esséniens et même par les Juifs, une signification symbolique.	geait avec du lait. L'oblation du soma était accompagné d'orge frite, ou de gâteaux de farine et de beurre. — (Essai sur le Veda Burnoux).

Communion.

En leur présentant le pain, il leur dit : « Mangez, ceci est mon corps ; » et, prenant le calice, il le leur donna, en disant : « Buvez-en tous, car ceci est mon sang. »	En faisant l'oblation aux quatre coins de la terre, que le brahme officiant mange une partie de ces gâteaux, et partage ensuite le restant de cette nourriture sanctifiée aux assistants, en disant : Que cette nourriture sanctifie et purifie vos corps. — (MANOU).
Jésus n'a donc point institué le sacrifice eucharistique. Il n'aurait fait qu'attacher un sens symbolique à une cérémonie pratiquée de toute antiquité.	Le Homa ou Pérahom mazdéen, liqueur fermentée comme le soma védique est la liqueur eucharistique des Mazdéens. Le Zend-Avesta, dans les Yaçnas IX, X et XI, nous donne la préparation, les cérémonies et les vertus du Homa, breuvage divin.

Après la mort.

Jésus meurt et remonte au ciel d'où il est descendu.	Krichna et Çakyamouni remontent immédiatement, le premier au séjour de Brahma, le second au Nirvana.

CHRISTIANISME.

INDIANISME.

*Disparition
du corps de Jésus.*

du corps de Kriçhna.

Jésus est mis à mort par ses ennemis. Il est enseveli provisoirement par Joseph d'Arimathie, mais son corps a disparu quand les saintes femmes et les apôtres viennent pour procéder aux cérémonies des funérailles.

Kriçhna est assassiné par ses ennemis et son corps est suspendu à un arbre pour être dévoré par les vautours. Ses disciples viennent en toute hâte pour lui rendre les honneurs de la sépulture, mais son corps avait disparu. — (Légende de KRIÇHNA).

Jésus donne à ses disciples le pouvoir de manier les serpents. (Év. de Marc, chap. xvi et dernier.)

Les Indiens, chez lesquels pullulent les serpents les plus vénimeux, ont eu de toute antiquité le pouvoir ou le secret de charmer les serpents.

Jésus meurt, descend aux enfers et ressuscite à l'équinoxe du printemps.

Mithra meurt au 25 mars, époque de l'équinoxe du printemps, on fait alors les cérémonies de son inhumation ; il ressuscite le troisième jour et un prêtre allumant le flambeau sacré annonce aux initiés que leur Dieu est ressuscité et que ses peines et ses souffrances vont faire leur salut.

Descente aux enfers.

Bien qu'aucun des Évangiles n'ait parlé de la descente de Jésus aux enfers, l'Église

Dans un traité portant le titre de Guna-Karanda'Vyada, Çakyamouni enseigne aux

CHRISTIANISME.	INDIANISME.
a adopté cette légende que nous trouvons dans l'Évangile apocryphe de Nicodême ; nous la trouvons encore énoncée dans le credo catholique.	deux Bodhisattwas Maitreya et Sarvanivarana Vichkambhin, les perfections du saint Avalokiteçvara, en commençant par les miracles qu'accomplit ce dernier lorsqu'il descendit aux enfers pour y convertir les pêcheurs, les en faire sortir et les transporter dans l'univers Suchhavati, etc., etc. — (Introduction au Bouddhisme BURNOUF).
Jésus se qualifie toujours de fils de l'homme dans l'Évangile selon Mathieu. Il n'apparaît nullement qu'il prétende au titre de fils de Dieu.	Çakyamouni ne se dit ni Dieu ni fils de Dieu, il n'aspire qu'à vivre assez saintement pour échapper aux lois de la métempsycose et entrer au Nirvana immédiatement après sa mort.
Il ne fait pas une seule fois allusion à son incarnation miraculeuse pas plus qu'à sa qualité de fils de David ; même dans son interrogatoire devant Caïphe, qui l'adjure de dire s'il est le fils de Dieu, il ne fait qu'une réponse amphibologique.	Ses disciples s'emparent de sa personnalité et en font un Dieu. Il devient Bouddha.
Ce n'est donc qu'après sa mort que ses apôtres ont pensé à le diviniser. Le premier évangéliste n'ose pas encore dire franchement qu'il	

CHRISTIANISME.

est Dieu; Marc et Luc font quelques pas en avant; mais Jean le proclame hautement.

Le dogme de la divinité de Jésus est définitivement fondé et Jésus est devenu le Bouddha chrétien.

Jésus ne s'est nullement occupé du culte, il n'a donné aucune prescription de ce genre à ses apôtres.

Le culte chrétien est l'œuvre des apôtres et encore bien plus des successeurs des apôtres.

Jésus a fait tant d'autres choses, que, si on les rapportait en détail, je ne crois pas que le monde entier put contenir les livres qu'on en écrirait. — (JEAN.)

INDIANISME.

Çakyamouni n'attachait aucune importance au culte ; il mettait l'accomplissement des devoirs moraux bien au-dessus de la pratique des cérémonies religieuses. Il a dit : « Brahma habite les maisons où les fils vénèrent leurs père et mère. » Le culte dont on l'a honoré après sa mort a été institué par ses disciples.

En supposant qu'il y eut une boule d'encre semblable à une montagne noire, que l'océan fut l'encrier, qu'on prit la terre pour feuille de papier, et que la déesse Saraswati, se taillant des styles dans les rameaux de l'arbre merveilleux du ciel, eût écrit toute la durée des temps, elle n'attendrait pas même encore à la rive ultérieure de tes qualités.—(Traduct. FAUCHE).

Ici se termine le tableau des emprunts faits par les évangélistes aux religions de l'Inde.

Mais là ne s'arrêtent pas ceux que le Catholicisme a fait entrer dans sa nouvelle doctrine.

Nous donnons ici l'énoncé sommaire des cérémonies que l'église catholique a calquées sur les antiques religions de l'Inde :

La trinité, le baptême, l'eucharistie et la présence réelle, la confirmation, la confession, la pénitence, le repentir, le ferme propos, le mariage, le drap tendu sur la tête des époux, l'anneau d'alliance, l'aumône, le jeûne, la purification, la consécration par le saint chrême, la tonsure cléricale, la hiérarchie sacerdotale, le bâton pastoral, l'infaillibilité du prêtre, le directeur spirituel, le chapelain, le sacre des rois, l'excommunication, les exorcismes, le droit divin, le droit d'aînesse, les épreuves ou jugement de Dieu, les prières pour les biens de la terre, pour les morts, le célibat, le cénobitisme, les couvents d'hommes et de femmes, les ordres mendiants, le chapelet, le scapulaire, les conciles, l'orientation des églises au soleil levant, les pèlerinages aux lieux saints, les indulgences, le culte des saints, etc., jusqu'au signe de la croix. Selon M. de Mortillet « la croix a été dans la haute antiquité, bien longtemps avant la venue de Jésus-Christ, l'emblême sacré d'une secte religieuse qui repoussait l'idolâtrie. Il ressort de là que le Christianisme est bien, comme l'ont déjà soutenu des hommes du plus haut mérite, une simple synthèse des idées antérieures. Son emblême, le signe du chrétien, ne lui est pas même propre ; c'est aussi un emprunt fait au passé. »

« La croix est un signe ou symbole religieux très employé dans l'Inde, surtout dans l'Inde ancienne. le Bouddhisme l'a emprunté à des cultes bien antérieurs à lui. »

Le Brahmanisme, le Mazdéïsme, le Bouddhisme, le Mosaïsme, l'Essénisme, le Christianisme, tous dérivés du premier, ont un vice radical. C'est l'enseignement de l'ingérence divine dans les actes humains, ingérence qui ne se manifeste que par la voix du prêtre. Ce pouvoir que s'attribue le prêtre de parler au nom de Dieu, est une monstrueuse imposture que l'homme a été assez crédule pour se laisser imposer jusqu'ici. Si, à force de répéter cette phrase impertinente, que le prêtre a su entourer de circonstances merveilleuses, de prodiges, de miracles, il est parvenu à la faire accepter comme une réalité, il a gardé pour lui seul le secret du néant de sa puissance. C'est là la fameuse doctrine secrète. Rappelons-nous la réponse de Subhuti le Sthavira à Baghavat (Çakyamouni) : « Le mot de Bouddha, ô Baghavat, n'est qu'un mot.

Le nom de perfection de la sagesse n'est qu'un mot. Baghavat approuve ainsi la réponse de Subhûti : « Le Bouddha lui-même, ô Subhûti, est semblable à une ombre, à une illusion ; les conditions du Bouddha lui-même sont semblables à une illusion, à un songe. » (Prajdûa-Pâramitâ. BURNOUF. Introduction au Bouddhisme indien).

25.

Ainsi, le nom de Dieu n'est qu'un nom sous lequel le prêtre abrite tout ce qu'il a inventé pour établir sa domination sur ses semblables. Tout ce qui le concerne, lui et son culte, est saint et sacré. Ses doctrines, sa puissance, ses livres, tout émane de ce Dieu. C'est ce Dieu qui n'est qu'un mot, qu'une ombre, une illusion, un songe, qui les a investis directement de leur mission divine. La loi sainte dictée par ce Dieu est au-dessus de toutes les lois sociales de l'humanité.

Terminons par une page que nous copions dans la relation du voyage du Thibet, 1844-1846, du R. P. Huc, prêtre missionnaire de la congrégation de Saint-Lazare, tome II, par 110. « Pour peu qu'on examine le culte Lamaïque (bouddhique), on ne peut s'empêcher d'être frappé de son rapport avec le Catholicisme. La crosse, la mitre, la dalmatique, la chape ou pluvial, l'office à deux chœurs, la psalmodie, les exorcismes, l'encensoir soutenu par cinq chaines, et pouvant s'ouvrir et se fermer à volonté, les bénédictions donnés par les lamas en étendant la main droite sur la tête des fidèles, le chapelet, le célibat ecclésiastique, les retraites spirituelles, le culte des saints, les jeûnes, les processions, les litanies, l'eau bénite ; voilà autant de rapports que les Bouddhistes ont avec nous. »

Jésus ou Bouddha, il n'y a qu'un nom à changer.

UNE PAGE DE RABELAIS.

Rabelais a-t-il aussi connu la doctrine secrète et son néant ? A-t-il voulu réduire à leur juste valeur les éternelles discussions auxquelles donnaient lieu les absurdes interprétations religieuses, mystiques et métaphysiques de son époque, quand il les écrasait de ridicule sous les coups de sa verve toute gauloise. Ne dirait-on pas qu'il a fait la satire de Subhûti, et de tous les charlatans religieux de son espèce, quand au livre II, chapitre xviii, histoire de Pantagruel, il fait arguer un grand clerc d'Angleterre, nommé Thaumaste, contre Panurge.

« Mais voici, dit l'Anglais, comme j'entends que nous disputions. Je ne veux pas disputer *pro* et *contra*, comme font ces sots sophistes de cette ville et d'ailleurs ; semblablement, je ne veux disputer en la manière des Académicques, par déclamation, ni aussi par nombre, comme Pithagoras, et comme voulut faire Picus Mirandolas à Rome, mais je veux disputer par signes seulement, sans parler. Car les matières sont tant ardues, que les paroles humaines ne seraient suffisantes à les expliquer à mon profit. »

Le défi est accepté par Panurge, et la lutte commence, continue, et se termine par une série de grimaces et de gestes plus comiques et plus grotesques les uns que les autres. Il n'y est pas prononcé une seule parole. Tout le monde est satisfait de l'admirable science des deux lutteurs.

Il est impossible d'imaginer une satire plus spirituelle et plus mordante.

La religion des mystères avait fixé le nombre des jours d'après le nombre des grands astres. Le premier jour était consacré au soleil, le second à la lune, le troisième à mars, le quatrième à Mercure, le cinquième à Jupiter, le sixième à Vénus, et le septième et dernier à Saturne. Nous avons conservé la même semaine et les mêmes noms. Lundi, mardi, mercredi, jeudi, vendredi, samedi et dimanche, jour du seigneur.

Le mois de mai consacré à Maïa, la nature divinisée, la mère de tous les êtres, est également consacrée à Maria, la mère du Christ. Les grandes fêtes des solstices sont devenues la fête de Noël et de la Saint-Jean. La grande fête de l'équinoxe du printemps, où le soleil franchit l'équateur pour remonter au nord, est devenue la grande fête de Pâques, et à l'époque de l'année où les femmes de l'antiquité pleuraient la mort et fêtaient la résurrection de notre seigneur Adonis, c'est-à-dire le soleil, les femmes chrétiennes continuent à pleurer la mort et à fêter la résurrection de notre seigneur, avec cette seule différence, que notre seigneur, au lieu de s'appeler Adonis, s'appelle aujourd'hui Jésus.

La messe elle-même, ainsi que le démontre si clairement M. le comte de Mirville, provient des anciens mystères, nous n'avons changé que les noms. Citons à l'appui les textes sacrés de l'Inde.

Brahma est tout à la fois le sacrificateur et la victime, de sorte que le prêtre qui officie tous les matins aux cérémonies du Sarvaméda, sacrifice universel symbolique de la création, en présentant à Dieu son offrande, s'identifie au sacrificateur divin, qui est Brahma ; ou plutôt c'est Brahma, victime dans son fils Kristna, qui est venu mourir sur la terre pour nous sauver, qui accomplit lui-même le sacrifice solennel.

Le sacrifice de la messe chrétienne n'a-t-il pas exactement la même signification.

« Le prêtre brahme mange à l'autel le pain azime et les offrandes sur lesquelles il a appelé la bénédiction de Dieu. Cette nourriture céleste, qu'il partage avec les assistants aux jours des grandes fêtes, maintient celui qui l'a reçue dans un état de pureté parfaite pendant un certain temps, car, ainsi que le dit le verset du Véda, que le prêtre prononce en donnant cette communion : « Celui qui mange la nourriture de Dieu devient semblable à Dieu. »

(Extraits des fils de Dieu. JACOLLIOT.)

Le dogme de la trinité, inconnu à Jésus et à ses apôtres, a été conçu et fondé par l'école juive d'Alexandrie sur les idées platoniciennes, qui elles-mêmes n'étaient qu'une reproduction des trinités indiennes.

Il fallait de toute nécessité, après avoir fait un dieu de Jésus, trouver un moyen de le rattacher au principe divin sans attenter au monothéisme. Ce problème, fort embarrassant d'abord, trouva sa solution par l'institution d'une nouvelle triade divine, le Père, le Fils, le Saint-Esprit, un seul Dieu en trois personnes.

Cette solution ne coûta pas, en somme, grands frais d'imagination ; comme pour tout le reste, on n'eut qu'à puiser dans les vieilles traditions de l'Inde.

CONCLUSION

Que résulte-t-il en somme de notre étude, c'est que, ainsi que nous l'avons établi dans un premier volume sur l'origine du principe religieux, il n'y a, il ne peut y avoir qu'une seule et unique religion, la religion naturelle. *Dieu et l'homme sans intermédiaires.*

Que cette religion, non-seulement n'est point à chercher, mais qu'elle existe absolument complète dans toutes les religions anciennes et modernes, qui n'auraient pu se soutenir sans elle.

Il faut donc supprimer dans les religions actuelles les superstitions de toutes natures inventées par les castes sacerdotales. Alors se dégagera dans toute sa simplicité et dans toute sa grandeur la sublime morale de l'humanité.

FIN.

CULTE SOLAIRE

Dans le cours de l'étude qui précède nous avons, à diverses reprises, parlé du culte solaire. Nous croyons utile, pour l'instruction de nos lecteurs, de leur donner, en quelques pages, un précis de ce culte, de son histoire, et des points par lesquels le Christianisme lui-même y est rattaché.

Si nous étudions attentivement les origines de toutes les théories religieuses de l'antiquité, nous acquérons immédiatement la certitude qu'elles ont pour base le culte de la nature.

Dans l'état où s'est trouvée la première humanité, ce culte est absolument logique. L'homme n'est point né avec des idées métaphysiques ; ne pensant primitivement qu'à la satisfaction de ses appétits matériels, il était incapable de se livrer à des abstractions.

Prenons l'homme au moment où il commence à avoir conscience de son intelligence ; le premier objet qui frappe ses yeux et attire son attention, c'est l'éclatante lumière qui émane du soleil. Ses rayons bienfaisants viennent réchauffer ses membres engourdis par le froid de la nuit, et lui permettre de chercher sa vie, en même temps qu'ils font développer toute la végétation à laquelle l'homme doit emprunter la plus grande partie de son alimentation. Il reconnaît que, selon des périodes régulières, le soleil croit et décroit, suivant la hauteur à laquelle il s'élève au-dessus de l'horizon terrestre. Pendant la période d'exaltation du soleil, il jouit de tous les dons de la nature, tandis que pendant celle de sa décroissance il n'éprouve que privations et souffrances. La puissance de l'astre solaire est la seule qui se manifeste à lui. C'est à elle qu'il doit les instants de bonheur qu'il peut gouter sur la terre. Par instinct de reconnaissance, il fêtera l'heureux moment où, par son retour, le soleil lui ramènera l'abondance et le bienêtre, et déplorera le temps où il sera privé de ses bienfaits. C'est évidemment ainsi qu'est né le culte du soleil, de l'astre par excellence. Le soleil est pour l'homme le roi de la création, le seigneur des mondes.

Puis le champ des observations s'est élargi. Certains hommes se sont consacrés à l'astronomie ; ils ont reconnu la périodicité des transformations de la lune et de sa course, et ont fait de cette planète le second des astres, en raison de la lumière qu'elle dispensait à la terre, pendant qu'en l'absence du soleil la terre était plongée dans les ténèbres. Ces astronomes ont distingué les révolutions des autres planètes qui gravitent autour du soleil, et constaté que certaines constellations se retrouvaient à époques fixes sur le parcours annuel du soleil.

Les grands principes de l'astronomie étaient découverts. Mais ces astronomes ne trouvèrent point une récompense suffisante dans la satisfaction d'avoir enseigné à leurs semblables un guide dans leurs travaux, de leur avoir appris à se mettre en mesure de lutter, par leur prévoyance, contre les privations résultant de l'inclémence de la saison d'hiver. Jaloux de leur science, ils en firent une doctrine secrète qu'ils gardèrent pour eux seuls, et ne livrèrent aux peuples enfants, toujours prêts à accueillir toutes les superstitions, que des emblêmes ou des fables allégoriques. Ils supposèrent aux constellations ou aux conjonctions des astres, des influences sur les choses terrestres. De là la nécessité d'inventer des prières pour implorer la bienveillance de certains astres considérés comme malfaisants. C'est ainsi que ces astronomes ont fondé le culte solaire dont ils se sont fait les ministres. Toutes les fables héroïques de l'antiquité qui, au fond, ne sont que des allégories astronomiques, sont dérivées de ces principes. Les astrologues et les magiciens ont été les premiers prêtres de l'humanité.

LE CULTE SOLAIRE DANS L'INDE

BRAHMANISME.

Tous les calculs du Brahmanisme sur les quatre

âges du monde, sur la durée d'un jour et d'une nuit de Brahma, qui nous sont donnés par le livre de Manou, chapitre Ier, slokas 68 à 74, n'ont d'autre base que l'année solaire, les douze signes du Zodiaque et les subdivisions de ces signes poussées à l'infini. Le sloka 67 du premier chapitre ne permet pas le moindre doute à cet égard. « Une année des mortels est un jour et une nuit de Brahma ; et voici quelle en est la division ; le jour répond au cours septentrional du soleil, et la nuit, à son cours méridional. »

La savitri, prière védique et brahmanique par excellence, n'est qu'une hymne au soleil. « Cet excellent et nouvel éloge de toi, ô radieux et brillant soleil, t'est adressé par nous. Daigne agréer mon invocation ; visite mon âme avide comme un homme amoureux va trouver sa femme. Que le soleil qui voit et contemple toutes choses soit notre protecteur. Méditons sur la lumière admirable du soleil resplendissant ; qu'il dirige notre intelligence. »

« Avides de nourriture, nous sollicitons par une humble prière les dons du soleil adorable et resplendissant. »

« Les prêtres et les brahmes, par des sacrifices et par de saints cantiques, honorent le soleil resplendissant, guidés par leur intelligence. »

Au sloka 83, Manou nous enseigne l'excellence de cette prière.

« La prononciation du monosyllable *aum*, des trois mots Bhour, Bhouvah, Swar, et la récitation de la savitri tout entière, sont l'austérité pieuse la plus parfaite. Rien n'est au-dessus de la savitri. »

Le feu, emblême du soleil, est l'âme de toutes les cérémonies, de tous les actes du culte de Brahma. Chaque père de famille doit entretenir un feu sacré dans sa maison.

CULTE SOLAIRE DU MAZDÉÏSME. — RELIGION DE ZOROASTRE. YEST DE MITHRA. — ZEND AVESTA.

Ahura-Mazda (Ormuzd), dit au saint Zoroastre : « Lorsque j'ai produit Mithra aux vastes campagnes, je l'ai fait aussi digne d'honneur et de louange que moi-même, Ahura-Mazda. Mithra, qui s'étend au loin sur les campagnes, donne des chevaux rapides à ceux qui ne le fraudent point. Le feu, fils d'Ahura-Mazda, rend leur chemin droit.

« A cause de son éclat et de sa majesté, je veux honorer à haute voix et par ces offrandes de Zaothra, Mithra qui règne sur les campagnes, en qui résident la joie et le bonheur des contrées aryaques. »

« Qu'il vienne à nous pour nous secourir, qu'il vienne à nous, nous donner la victoire et le bien-être, qu'il vienne à nous pour nous établir en pureté, lui le puissant, l'impétueux génie, digne d'honneurs et de louange.

« Je veux honorer par ces offrandes ce puissant et fort Yazata, qui donne aux créatures leur développement. Je veux l'honorer, l'implorer par nos témoignages de dévouement et de respect. Je veux l'honorer à haute voix, lui, Mithra qui règne sur les campagnes, par cette offrande de Homa uni au Myasda. »

Nous honorons Mithra, le premier Yazata céleste, qui s'avance au-dessus du Hara, dirigeant le soleil immortel, aux coursiers rapides ; qui le premier paré de l'éclat de l'or, atteint les sommets brillants d'où il embrasse, favorisant tous les êtres, tout le sol Aryaque.

Ainsi de suite pendant les 145 strophes de ce Yest ; nous y trouvons la description du char de Mithra et sa marche triomphale.

Si nous avons découvert dans le Brahmanisme quelques passages indiquant l'existence de deux principes opposés, le bien et le mal, se disputant constamment l'empire du monde, c'est surtout dans le Zend-Avesta que nous trouvons le développement complet de cette théorie. La lutte, entre Ormuzd et Arhiman, commence avec la création. Dès le premier sloka du premier fargard, Ormuzd crée un lieu de nature parfaite : il y eut une seconde création opposée à la première, produite par l'esprit homicide et essentiellement destructive. « Ormuzd créa le premier le meilleur des lieux et des séjours, l'Airyana-Vaëja, d'excellente nature ; mais à cette œuvre, Ahriman, le meurtrier, opposa une création hostile, un serpent issu d'un fleuve, et l'hiver, œuvre de Dévas. Et les mois d'hiver sont froids pour les eaux, froids pour la terre, froids pour les plantes. Quand vient le milieu de l'hiver, alors le froid envahit tout, alors surgit une foule de fléaux. »

Ormuzd crée ainsi seize lieux de séjours excellents auxquels Ahriman oppose seize créations hostiles. Ce premier fargard, composé de 81 slokas, est uniquement consacré à ces deux créations opposées.

MONUMENT DE MITHRA.

Voir la copie de ce monument dans Hyde, Montfaucond, dans l'Œdipe de Kirker, dans l'Atlas de Dupuis, origine des cultes.

Dans le monument de Mithra, l'animal le plus apparent est le taureau céleste, celui que monte Mithra, et celui pour qui semble être fait tout le cortége astrologique qui l'entoure. Au-dessus de lui, les sept planètes auxquelles on supposait qu'il donnait le mouvement, y sont représentées par sept autels ou pyrées rangés sur une même ligne. D'un côté est le soleil, monté sur son char entraîné par un quadrige, de l'autre est la lune sur un char attelé de deux chevaux. Le taureau est poignardé par Mithra et son sang est recueilli par un chien. C'est donc à l'époque où le taureau ouvrait l'équinoxe du printemps, qu'avait lieu le triomphe de Mithra. De notre temps, par suite de la précession des équinoxes, c'est dans le signe de l'agneau ou bélier que Mithra vient éclairer et féconder notre hémisphère, et c'est l'agneau qui est immolé pour son triomphe.

Dans les nombreuses prières du Zend Avesta, adressées au taureau, il ne peut y avoir de doute que les invocations ne s'adressent pas à un taureau animal, mais à un taureau symbolique. Ainsi, quand il est dit : « J'invoque et je célèbre le taureau élevé, ce taureau qui fait croître l'herbe en abonbance, — le taureau créé pur, qui a donné l'être à l'homme pur, — je célèbre le divin Mithra, élevé sur les mondes purs, sur les astres, peuple excellent, sur la lune, dépositaire du germe du taureau, etc. C'est bien le taureau solaire qui, lorsque le soleil était arrivé à ce signe, semblait présider à la renaissance de la nature.

L'antre, ou grotte, où l'on faisait naître Mithra, était disposé régulièrement et symétriquement. Chacune des divisions contenait les différents emblèmes relatifs aux constellations, à la division des saisons et au cours du soleil. C'était dans cet antre où l'on célébrait sa naissance le 25 décembre, ou solstice d'hiver. Puis au 25 mars, à l'équinoxe du printemps, se célébraient les mystères sacrés de sa mort et de sa résurrection. Les prêtres portaient la nuit son effigie sur une litière et la déposaient dans un sépulcre, autour duquel on entonnait des chants funèbres, accompagnés de pleurs et de gémissements. Enfin, après ce simulacre, les prêtres allumaient le flambeau sacré, et l'un d'eux prononçait gravement ces paroles : « Rassurez-vous, troupe sacrée des initiés, votre Dieu est ressuscité, ses peines et ses souffrances vont faire votre salut. »

LE CULTE SOLAIRE EN ÉGYPTE.

Les Égyptiens ont reçu de l'Inde le culte solaire. Leur législateur religieux Manès est le Manou-Vena indien. Révolté contre les brahmes et vaincu par eux, il s'enfuit à travers la Perse, et vint s'établir en Egypte, avec ses compagnons, vers l'an 7000 avant notre ère.

Osiris, le soleil ; Isis, la lune ; Typhon, le dieu des ténèbres. Osiris et Isis représentent tous deux le principe fécondant et bienfaisant qui, pendant la durée du printemps et de l'été, font régner sur la terre l'abondance et le bien-être.

Typhon, frère d'Osiris, au contraire, représente le génie des ténèbres et du mal ; pendant l'automne et l'hiver il exerce toutes sortes de cruautés sur la terre.

Tel est le fond de la fable allégorique que les prêtres égyptiens ont composée sous les noms d'Osiris, Isis et Typhon, auxquels ils ont associé les différents astres que le soleil rencontre sur sa route.

Canevas de cette fable :

Osiris ayant épousé sa sœur Isis, et étant monté sur le trône égyptien, s'attache à faire le bonheur de son peuple en le civilisant, en lui enseignant tous les arts utiles. Il lui donna les principes de l'agriculture, et le dota de sages lois. Ce fut encore lui qui découvrit la vigne et le produit qu'on pouvait en tirer. Après avoir ainsi comblé ses sujets de ses bienfaits, il pensa, par bienveillance, à répandre par toute la terre les éléments de prospérité dont il avait enrichi l'Egypte. Il confia donc pendant son absence le gouvernement de son empire à Isis, son épouse, à laquelle il donna Mercure pour conseiller. Il institua Hercule commandant de ses armées et pourvut à la garde de ses frontières. Alors il parcourut l'Ethiopie, l'Arabie, et, suivant les rives de la mer Rouge, pénétra dans l'Inde et jusqu'aux extrémités de l'Orient ; puis, après avoir visité les autres parties de l'Asie, il traversa l'Hellespont et arriva en Europe ; il parcourut toute la Grèce. Enfin il rentra en Egypte chargé de présents, qu'on lui offrit en reconnaissance des bienfaits dont il avait semé sa route.

A peine fut-il de retour, que son frère Typhon, jaloux de sa puissance et de sa gloire, lui tendit un piége et le tua.

Son épouse, Isis, est aussitôt informée de ce meurtre ; le corps d'Osiris a été enfermé dans un coffre et jeté dans le Nil. Des enfants apprennent à Isis que ce coffre a été entraîné dans la mer, dont les flots l'ont porté jusques aux rives de Byblos. Ce coffre se trouve enveloppé si étroitement dans un arbuste, qui prend subitement un énorme accroissement, qu'il fait corps avec lui. Le roi, émerveillé de la beauté de cet arbre, le fait abattre et convertir en colonne pour l'ornement de son palais, sans se douter de ce que contenait le fût de cette colònne. Isis est instruite par la renommée de ces nouveaux événements, elle arrive à Byblos et s'assied sur les bords d'une fontaine où les femmes de la reine viennent se promener. Elle les aborde et parfume leurs chevelures d'une essence divine. La reine, informée de la présence de cette étrangère et frappée de l'exquise odeur exhalée de la chevelure de ses suivantes, demande à la voir. Isis se rend au désir de la reine, vient au palais, consent à s'attacher à sa personne et à être la nourrice de son fils. Elle brûle toutes les parties mortelles de cet enfant, puis se métamorphose en hirondelle. Elle voltige autour de la colonne et fait retentir l'air de ses cris de douleur. Alors la déesse se fait connaître, demande et obtient le don de la colonne, dont elle retire le coffre qui contenait le corps de son époux. Elle s'embarque et revient en Egypte auprès de son fils Orus, élevé à Butos, et dépose le coffre dans un lieu écarté.

Typhon, chassant la nuit dans ces parages, trouve ce coffre, l'ouvre et reconnaît le cadavre de son frère ; il le coupe en quatorze morceaux qu'il disperse de tous côtés. Mais la déesse l'a vu, elle rassemble toutes les parties du corps de son époux, à l'exception de celles de la génération, qu'elle ne put retrouver.

Enfin Osiris ressuscite et sort des enfers, il vient au secours de son fils Orus, et le met en état de le venger. Typhon est vaincu.

Pour trouver la clef de cette allégorie, il suffit de jeter les yeux sur le planisphère céleste ou zodiaque égyptien et de lire le tableau de concordance dressé par Dupuis, dans son ouvrage sur l'origine de toutes les religions, pour comprendre que cette allégorie n'est qu'un tableau mystérieux du cours de l'astre solaire et de la lune, traversant les douze signes du zodiaque.

Premier tableau céleste.

Le scorpion, signe qu'occupe le soleil à l'équinoxe d'automne, au moment de la mort d'Osiris, a pour paranatellons les serpents, qui fournissent les attributs des mauvais génies et de Typhon, qui est représenté lui-même sous cette forme, dans le planisphère égyptien.

Dans la division du scorpion, se trouve aussi Cassiopée, reine d'Etiopie, dont le coucher produit les vents impétueux.

Premier tableau historique.

Osiris est mis à mort sous le signe du scorpion, par Typhon son rival, génie ennemi de la lumière, qui s'associe une reine d'Ethiopie dans sa conspiration, et cette reine désigne les vents.

Deuxième tableau céleste.

Le soleil s'unit alors au serpentaire, qui, suivant tous les auteurs, est le même qu'Esculape, et qui donne ses formes au soleil dans son passage aux signes inférieurs, où il prend les noms de Plutus et d'Adés.

Deuxième tableau historique.

Osiris descend au tombeau ou aux enfers. Alors, suivant diverses traditions, il prend le nom de Sérapis, le même que Pluton.

Troisième tableau céleste.

Au moment où le soleil descend aux signes inférieurs, et où il répond au dix-septième degré du scorpion, époque à laquelle on fixe sa mort, sous

Troisième tableau historique.

Ce jour-là même Isis pleure la mort de son époux, et dans la même cérémonie lugubre, qui tous les ans retrace cet événement tragique, on prole nom d'Osiris, la lune se trouve pleine au taureau céleste. C'est le signe dans lequel au printemps elle s'unit à ce même astre au moment où la nature reçoit du ciel la fécondité, et où le jour reprend son empire sur la nuit Ce taureau, opposé au lieu du soleil, entre dans le cône d'ombre, que projette la terre, et qui forme la nuit, avec laquelle monte et descend le taureau, et qu'elle couvre de son voile pendant toute la durée de son séjour sur notre horizon.

Quatrième tableau céleste.

La lune seule va régler désormais l'ordre de la nature. Tous les mois son disque, plein et arrondi, nous présente, dans chaque signe supérieur, une image du soleil, qui n'y est plus, et dont elle tient la place, sans l'égaler ni en force ni en lumière. Elle se trouve alors occuper le premier signe, où Osiris avait le siège de sa fécondité; si-

mène en pompe un bœuf d'or couvert d'un crêpe noir, et l'on dit que ce bœuf est l'image d'Osiris. On y exprime le deuil de la nature, que l'éloignement du soleil prive de sa parure et de la beauté du jour qui va céder à l'empire de la nuit. On y pleure la retraite des eaux, que le taureau du printemps avait fécondées, la cessation des vents, qui amènent la pluie qui grossit le Nil, l'accourcissement des jours, le dépouillement de la terre. Voilà quels sont les maux périodiques qui résultent de son absence et qui attristent l'homme.

Quatrième tableau historique.

Les Egyptiens, le troisième jour qui suit cette mort, vont à la mer pendant la nuit, forment une image sacrée, qui représente la lune; ils la parent, ils l'ornent, après avoir crié déjà qu'ils ont retrouvé Osiris. Cette image est composée de terre mêlée d'eau, pour désigner, disent-ils, que l'eau et la terre composent la nature de ces deux divinités; c'est-à-

gne consacré à l'élément de la terre, tandis qu'Osiris occupe le scorpion affecté à l'élément de l'eau.

dire, la nature des signes, dans lesquels le soleil et la lune se trouvent au moment de leur séparation.

Cinquième tableau céleste.

Le taureau, où répond le cône d'ombre et où se trouve la lune pleine, a sous lui le fleuve d'Orion appelé le Nil, et au-dessous la constellation de Persée, dieu de Chemmis et celle du Chevrier, qui fournit à Pan ses attributs. La chèvre qu'il porte est appelée la femme de Pan ; elle a avec elle ses chevreaux.

Cinquième tableau historique.

Le coffre qui renferme Osiris est jeté dans le Nil. Ce sont les Pans et les Satyres, qui habitent près de Chemmis, qui les premiers s'aperçoivent de cette mort, qui l'annoncent par leurs cris, et répandent partout le deuil et l'effroi.

Sixième tableau céleste.

La pleine lune suivante arrive dans les gémeaux, dans le signe où sont peints deux enfants qui président aux oracles de Didyme, et dont l'un s'appelle Apollon, dieu de la divination.

Sixième tableau historique.

Isis, averti de la mort de son époux, voyage pour chercher le coffre qui renferme son corps. Elle rencontre d'abord des enfants qui avaient vu le coffre ; elle les interroge, et les enfants reçoivent le don précieux de la divination depuis cette aventure.

Septième tableau céleste.

La pleine lune qui suit lieu au Cancer, domicile de la lune. Les paranatellons de ce

Septième tableau historique.

Isis apprend qu'Osiris a, par erreur, couché avec sa sœur. Elle en trouve la preuve

signe sont la couronne d'Arianne, ou de Proserpine, composée de feuilles de mélilot, le chien Procyon et le Grand Chien, dont une étoile s'appelle étoile d'Isis : lui-même fut honoré sous le nom d'Anubis, en Egypte.

dans une couronne de mélilot qu'il a laissée chez elle. Il en était né un enfant, qu'elle cherche à l'aide de ses chiens. Elle le trouve, l'élève, et se l'attache sous le nom d'Anubis, son fidèle gardien.

Huitième tableau céleste.

Huitième tableau historique.

La lune du mois suivant se trouve pleine dans le signe du lion, domicile du soleil, ou d'Adonis, dieu de Byblos. Les paranatellons de ce signe sont le fleuve du Verseau et le Cephée, roi d'Ethiopie, appelé Régulus ou simplement le roi. A sa suite se lève Cassiopé, sa femme, ou la reine d'Ethiopie ; Andromède, sa fille, et Persée, son gendre : tous paranatellons en partie de ce signe et en partie du signe suivant.

Isis se transporte à Byblos, et se place près d'une fontaine, ou elle est rencontrée par des femmes de la cour d'un roi. La reine et le roi veulent la voir. Elle est amenée à la cour, et on lui propose d'y remplir la fonction de nourrice d'un fils du roi. Isis accepte la place.

Neuvième tableau céleste.

Neuvième tableau historique.

La lune suivante se trouve pleine au signe de la vierge, à qui le savant Eratosthène donne le nom d'Isis, dont cette figure céleste est vraisemblablement l'image. On

Isis, devenue nourrice, allaite l'enfant pendant la nuit. Mais au lieu de son sein, elle met dans sa bouche le bout de son doigt. Elle brûle toutes les parties de son corps, qui

peignait dans ce signe une femme qui allaitait un enfant. Cet enfant ne peut être que le jeune fils d'Isis, dont elle accoucha vers le solstice d'hiver. Ce signe a pour paranatellons le mât du vaisseau céleste et le poisson hirondelle; ainsi qu'une partie de Persée, gendre du roi d'Ethiopie.

Dixième tableau céleste.

Sur les divisions qui séparent le signe de la vierge, que quitte la lune, de celui de la balance, où elle va redevenir pleine, se trouvent placés le vaisseau, Persée, fils du roi d'Ethiopie et le Bootès, qu'on dit avoir été le nourricier d'Orus. Le fleuve d'Orion, qui se couche le matin, est aussi un paranatellon de ce signe. Les autres paranatellons de la balance sont le porc d'Erymanthe ou l'ourse céleste, chien de Typhon, et le dragon du Pôle, le fameux Python, qui fournit à Typhon ses attributs. C'est là le cortége dont se trouve entourée la pleine lune de la balance ou du dernier des signes supérieurs,

étaient mortelles, et elle-même est métarmorphosée en hirondelle, s'envole, et se place près d'une grande colonne, qui s'était formée tout à coup d'une très petite tige et à laquelle tenait le coffre qui renfermait le corps de son mari.

Dixième tableau historique.

Isis ayant trouvé le coffre précieux, s'en empare ; quitte Byblos, monte sur un vaisseau avec le fils aîné du roi, dirige sa route vers Boutos, où était le nourricier d'Orus, et tarit le matin un fleuve d'où s'élevait un vent trop fort. Elle dépose à l'écart le coffre qui renferme le corps de son époux. Mais ce coffre est découvert par Typhon, qui, au clair de la lune, chassait alors et poursuivait un porc. Il reconnait le corps de son rival et le coupe en quatorze morceaux ; c'est-à-dire, en autant de parties qu'il y a de jours depuis cette pleine lune jusqu'à la nouvelle ; intervalle de temps durant lecelle qui précède la Néoménie du printemps, qui va se reproduire au taureau, dans lequel le soleil ou Osiris doit se réunir à elle.

Onzième tableau céleste.

La lune, au bout de quatorze jours, arrive au taureau et s'unit au soleil, dont elle va rassembler les feux sur son disque pendant les autres quatorze jours qui vont suivre. Elle s'unit alors tous les mois à lui, dans la partie du monde où règnent la lumière, l'ordre et l'harmonie, et elle emprunte de lui la force, qui va détruire les germes du mal que Typhon, pendant l'hyver, avait mis dans la nature. Ce passage du soleil au taureau qui lui donne ses attributs au printemps lorsqu'il revient de l'hémisphère inférieur ou des enfers, est marqué par le lever du soir du cheval du centaure et du loup ; et par le coucher, Héliaque d'Orion, appelé astre d'Orus, qui tous les jours suivants se trouve uni au soleil printannier, dans son triomphe sur les ténèbres ou sur Typhon.

quel chaque jour la lune perd une portion de la lumière qui remplissait la totalité de son disque.

Onzième tableau historique.

Isis rassemble les quatorze morceaux du corps de son époux, leur donne la sépulture, consacre le Phallus, que l'on promenait en pompe aux fêtes du printemps, connues sous le nom de Paamylies ; époque à laquelle on célébrait l'entrée d'Osiris dans la lune. Osiris, alors, est revenu des enfers au secours d'Orus, son fils, et d'Isis, son épouse, à qui il unit ses forces contre Typhon. La forme sous laquelle il apparaît est le loup, suivant les uns, et le cheval, suivant les autres.

Douzième tableau céleste.

L'année équinoxiale finit au moment où le soleil et la lune sont réunis avec Orion, ou avec l'astre d'Orus, constellation qui est placée sous le taureau, et qui s'unit à la Néoménie du printemps. La nouvelle lune se rajeunit dans le taureau ; et la première fois qu'elle se montre, sous la forme du croissant, c'est au signe suivant ou aux gémeaux domicile de Mercure. Alors Orion, uni au soleil, précipite le scorpion, son rival, dans les ombres de la nuit, et le fait coucher toutes les fois qu'il reparaît le matin avec le soleil. Le jour prolonge sa durée, et les germes du mal sont à peu près détruits.

Ainsi le poème de Nonnus nous peint Typhon vaincu à la fin de l'hiver, dès que le soleil, dit le poète, parcourt le signe du taureau, et qu'avec lui Orion, que Plutarque appelle l'astre d'Orus, paraît aux cieux. Ainsi dans Ovide, après que Lycaon a été changé en loup, arrive le déluge, et Apol-

Douzième tableau historique.

Isis, pendant l'absence de son époux, avait rejoint le terrible Typhon, lorsqu'elle déposa le coffre dans le lieu où se trouvait son ennemi. Ayant enfin rejoint Osiris, dans le moment où celui-ci se dispose à combattre Typhon ; elle est privée de son ancien diadème par son fils. Mais elle reçoit des mains de Mercure un casque à forme de tête de taureau qui lui en tient lieu. Alors Orus, sous les traits et dans l'attitude d'un guerrier, tel qu'on peint Orus, combat et défait son ennemi, qui avait attaqué son père sous la forme du serpent du Pôle, ou du fameux Python. Ainsi, dans Ovide, Apollon défait le même Python, au moment où Io reçoit les faveurs de Jupiter, qui la métamorphose en vache, et qui la transporte dans le taureau céleste où elle devient Isis.

lon vainqueur tue le fameux dragon Python, qui est au pôle.

Une correspondance aussi complète, et qui porte sur tant de points de ressemblance entre les tableaux allégoriques et ceux du ciel, ne permet point de douter que le prêtre, auteur de cette légende sacrée, n'ait fait autre chose que peindre les cours du soleil sous le nom d'Osiris, et de la lune sous le nom d'Isis.

Après avoir lu le précis que nous venons de donner de la fable solaire sous le nom d'Osiris, il est évident que le poëme des Dionisiaques de Nonnus sur le Bacchus grec, n'est qu'une copie de la fable égyptienne.

L'Héracléide, ou poëme sacré, sur Hercule soleil, est encore une allégorie solaire. Les douze travaux d'Hercule ne représentent que le cours du soleil parcourant les douze signes du zodiaque. Pour ne pas donner à cette notice sur le culte solaire une étendue démesurée, nous nous bornerons à reproduire le tableau dressé par Dupuis sur la concordance entre le planisphère céleste ou zodiaque et le poëme sur Hercule.

Premier mois.	*Premier travail.*
Passage du soleil au lion, appelé lion de Némée, fixé par l'hercule céleste.	Victoire d'Hercule remportée sur le lion de Némée.
Deuxième mois.	*Deuxième travail.*
Passage du soleil au signe de la vierge, appelée Cérès,	Victoire d'Hercule sur l'Hydre de Lerne.

déesse adorée à Lerne, marquée par le coucher de l'Hydre céleste, appelée l'Hydre de Lerne.

Troisième mois.

Passage du soleil au signe de la balance, à l'entrée de l'automne, fixé par le lever du centaure qui donna l'hospitalité à Hercule, lequel est encore représenté avec une outre pleine de vin, et avec un Thyrse orné de pampres et de raisins. Lever de l'ourse, appelé le Porc et l'animal d'Erymanthe.

Troisième travail.

Hospitalité donnée à Hercule par le Centaure, et combat des Centaures pour un tonneau de vin. Victoire d'Hercule sur les Centaures. Défaite d'un affreux sanglier qui ravageait les forêts d'Erymanthe.

Quatrième mois.

Passage du soleil au scorpion fixé par le coucher de Cassiopée, constellation dans laquelle on peignait autrefois une biche.

Quatrième travail.

Triomphe d'Hercule sur une biche aux cornes d'or et aux pieds d'airain, qu'il prit sur le bord de la mer où elle se reposait.

Cinquième mois.

Passage du soleil au sagittaire, consacré à Diane qui avait un superbe temple à Stymphale, où l'on voyait les oiseaux stymphalides. Ce passage est fixé par le lever de trois oiseaux de la voie lactée,

Cinquième travail.

Hercule, près de Sthymphale, donne la chasse à trois oiseaux connus sous le nom d'oiseaux du lac de Stymphale, oiseaux que les médailles de Périnthe représentent au nombre de trois.

le vautour, le cygne et l'aigle percé par la flèche d'Hercule.

Sixième mois.

Passage du soleil au signe ou à la station céleste du bouc, autrement le capricorne, siège de Pan, dieu des bergeries, bouc à queue de poisson, fils de Neptune, suivant les uns, et petit-fils du soleil suivant d'autres. Ce passage est remarqué par le coucher du fleuve du Verseau, dont l'extrémité coule dans la station du Capricorne, et dont la source est entre les mains d'Aristée, fils du fleuve Pénée, et qui habitait sur ses bords.

Sixième travail.

Hercule nétoye les étables d'Augias. Ce prince était fils du soleil suivant les uns, et fils de Neptune suivant d'autres ; il y fit couler les eaux du fleuve Penée, qui arrose l'Elide, et sur les bords duquel se célébraient les jeux olympiques.

Septième mois.

Passage du soleil au signe du verseau, et au lieu du ciel, où se trouvait tous les ans la pleine lune qui servait d'époque à la célébration des jeux olympiques. Ce passage était marqué par le vautour placé dans le ciel à côté de la constellation appelée Prométhée, en même temps que le

Septième travail.

Hercule arrive en Elide, sur les bords de l'Alphée ; il était monté sur le cheval Arion. Il amène avec lui le taureau de Crète, qu'avait aimé Phasiphaë, et qui ravagea ensuite les plaines de Marathon. Il fait célébrer les jeux olympiques, qu'il institue, et où il combat le pre-

taureau céleste, appelé le taureau de Phasiphaë, d'Europe et de Marathon, culminait au méridien et au coucher du cheval Arion ou de Pégase.

mier. Il tue le vautour de Prométhée.

Huitième mois.

Passage du soleil aux poissons, fixé par le lever Héliaque du Pégase, qui avance sa tête sur le verseau ou sur Aristée, fils de Cyrène.

Huitième travail.

Conquête que fait Hercule des chevaux de Diomède, fils de Cyrène.

Neuvième mois.

Passage du soleil au signe du bélier consacré à Mars, et qu'on appelle encore bélier de Phryxus ou bélier à toison d'or. Ce passage est marqué par le lever du navire Argo, ou vaisseau des Argonautes ; par le coucher d'Andromède et de sa ceinture ; par celui de la baleine ; par le lever de Méduse et par le coucher de la reine Cassiopée.

Neuvième travail.

Hercule s'embarque sur le vaisseau Argo, pour aller à la conquête de la toison d'or. Il combat des femmes guerrières, filles de Mars, a qui il ravit une superbe ceinture, et il délivre une jeune fille exposée à une baleine ou monstre marin, tel que celui auquel fut exposée Andromède, fille de Cassiopée.

Dixième mois.

Le soleil quitte le bélier de Phryxus et passe sous le taureau. Ce passage est marqué par le coucher d'Orion, de cet

Dixième travail.

Hercule, après son voyage vers la Colchide avec les Argonautes, passe en Hespérie à la conquête des Bœufs Gé-

Orion qui fut amoureux des Atlantides ou des Pléiades ; par celui du bouvier, conducteur des bœufs d'Icare ; par celui du fleuve Eridan ; par le fleuve des Atlantides et par celui de la chèvre, femme de Pan ou de Faune.

rion, tue un prince cruel, qui poursuivait les Atlantides, et arrive chez Faune, en Italie, au lever des Pléiades.

Onzième mois.

Le passage du soleil aux gémeaux est indiqué par le coucher du chien de Procyon ; par le lever cosmique du grand chien, au-dessus duquel monte l'Hydre ; et par le lever du soir de la constellation du Cygne.

Onzième travail.

Hercule triomphe d'un chien affreux, dont la queue était un serpent, et dont la tête était hérissée de serpents. Il défait aussi Cycnus ou le prince Cygne, au moment où la canicule brûle la terre de ses feux.

Douzième mois.

Le soleil entre au signe du cancer le dernier mois, au coucher du fleuve du Verseau et du Centaure, qui sacrifie sur un autel ; au lever du berger et de ses moutons, et au moment où Hercule va se coucher vers les régions occidentales, appelées Hespéries, suivi du dragon du pôle gardien des Hespérides, Dragon qui tombe près de lui, vers le couchant.

Douzième travail.

Hercule voyage en Hespérie pour y cueillir des pommes, que gardait un dragon qui, dit-on, est celui du Pôle de nos sphères, ou suivant d'autres pour enlever des brebis à toison d'or. Il se dispose à faire un sacrifice et se revêt d'une robe teinte du sang d'un Centaure qu'il avait tué au passage d'un fleuve. Cette robe lui donna la mort, et là finit sa carrière mortelle.

Le poême des Argonautes, de Thésée, l'Hercule athénien, la fable d'Adonis, d'Atis, de Sérapis, d'Apollon, de Jupiter, de Baal, Bel ou Belus, de Moloch, n'ont point d'autre base que celle des trois poêmes que nous venons d'analyser. Ils varient selon l'imagination des auteurs, mais au fond ils sont invariablement les mêmes, ils ne consistent qu'à chanter allégoriquement les pérégrinations zodiacales du soleil, c'est-à-dire le culte de la nature dont le soleil, par son éclat et sa puissance, est l'agent par excellence ; c'est lui qui est l'âme du monde, le seigneur universel.

Dans cette antique cosmogonie, après le soleil apparaissent les planètes, puis ensuite les principales constellations ou groupes d'étoiles, qui, toutes, sont appelées à jouer leur rôle distinct dans ces drames astrologiques. Elles composent les milices célestes.

Il n'est pas une seule religion de l'antiquité qui puisse revendiquer une autre origine de son culte.

La religion juive, qu'elle soit de Moïse ou d'Esdras, ne peut, pas plus que les autres, prétendre se soustraire à cette origine.

LE CULTE SOLAIRE CHEZ LES JUIFS.

Les premiers chapitres de la Génèse biblique sur la création, sur le paradis, sur la chute de l'homme, sur le déluge, ne sont que des copies des allégories indiennes, et particulièrement mazdéennes ; c'est-à-dire qu'ils ont pour base le culte solaire.

Les six jours de la création biblique, comme les six Gahanbards de Zoroastre, comme les mille Chaldéens ne représentent que les six mois pendant lesquels, sous l'influence de l'astre solaire, la terre a développé toutes ses productions. A leur expiration, elle entre en repos et semble mourir, pour renaitre après les six autres mois ; c'est-à-dire qu'au printemps elle reprend toute son activité productive, avec le retour du soleil dans notre hémisphère.

Le paradis et la chute de l'homme ne sont que la suite de l'allégorie commencée dans le premier chapitre. Pendant les six premiers mois du printemps et de l'été, l'homme a joui de tous les dons de la nature fécondée par la puissance des rayons solaires, il a connu le bien. Pendant les six autres mois il va connaître le mal, les privations et les rigueurs de la saison hivernale.

Cherchons au zodiaque la clef de cette allégorie. Au moment où le soleil franchit le dernier signe qui précède l'automne et qui est celui de la vierge, nous y trouvons l'image d'une femme. A l'entrée du signe suivant occupé par la balance, dans lequel va pénétrer le soleil, se présente un grand serpent, celui qui va séduire la femme. L'arbre qui porte les fruits de l'automne ou l'arbre du bien et du mal est près du scorpion qui détruit les organes de la fécondité du taureau. L'arbre de vie est planté à l'opposé de l'arbre du bien et du mal, auprès du bélier ou agneau de l'équinoxe du printemps. C'est là que se trouve la porte du paradis, dans lequel, suivant la légende biblique, l'homme ne doit point rentrer en punition de sa faute. Cette porte est défendue par un homme armé d'un glaive, que l'auteur juif appelle Cherub, mais qui, dans le zodiaque, est Persée ou Chelub (gardien).

Nous retrouvons donc ainsi au zodiaque tous les acteurs de la légende biblique. Nous sommes donc bien réellement en présence d'une allégorie cosmogonique. C'est-à-dire que suivant la théorie des deux principes de Zoroastre, la moitié de l'année favorable à l'homme, appartient au bon principe représenté par Ormuzd, et l'autre moitié, où l'homme doit connaître le mal, est sous la domination d'Ahriman, principe du mal. Ecoutons Zoroastre :

« Ormuzd avait créé l'Airyana-Vaëja, le meilleur des lieux et des séjours, mais Ahriman y opposa une création hostile, un grand serpent issu d'un fleuve, et l'hiver, œuvre des dévas. Et les mois d'hiver sont froids pour les eaux, froids pour la terre, froids pour les plantes ; quand vient le milieu de l'hiver, alors le froid envahit tout, alors surgit une foule de fléaux. »

C'est lorsque l'homme est soumis à ces fléaux qu'il s'aperçoit qu'il est nu, c'est alors qu'il se fait des vêtements de peaux d'animaux pour se préserver du froid.

Il nous semble, après cette citation, qu'il ne peut plus y avoir d'incertitude sur le sens allégorique des deux principes.

La prétendue révélation faite à Moïse, révélation

que nous voyons invariablement invoquée par tous les législateurs religieux, n'est qu'une chimère inventée par l'homme pour mettre ses conceptions sous le couvert de la divinité et pour les imposer à la crédulité humaine.

A toutes ces considérations, établissant que les premiers chapitres de la Génèse ne sont que des allégories, ajoutons-en une dernière. Le récit biblique, si on veut le prendre au pied de la lettre, peut-il présenter la moindre vraisemblance. Quel est l'homme, jouissant de son bon sens, qui peut admettre l'existence d'un arbre dont le fruit pourra donner la connaissance du bien et du mal à celui qui en aura mangé ? Qui pourra croire qu'il peut exister un second arbre dont le fruit procurera l'immortalité ? A qui fera-t-on croire qu'un serpent peut être doué du don de la parole, qu'il puisse séduire une femme, et que cette femme ayant mangé du fruit d'un arbre et en ayant fait manger à son époux, il doive s'ensuivre une malédiction qui frappera la race humaine jusqu'à la fin des siècles ?

Cette allégorie que nous aurions déjà bien de la peine à accepter dans la triste forme que lui a donnée l'auteur juif, deviendrait un récit profondément absurde, pris au sérieux ; nous ne pourrions le considérer que comme le produit d'une imagination en démence.

Moïse. — Si jamais Moïse a existé, il a, selon la Bible, été élevé en Egypte par les soins de la fille de Pharaon. Il a reçu une brillante éducation, il a été initié à tous les mystères des mages égyptiens, puisqu'il est en état de produire les mêmes prodiges qu'eux.

Il possède évidemment leur doctrine secrète. On dit que jusque-là lui et les siens ont conservé le culte de leurs pères. Quel était donc ce culte ? Le sabéisme ou culte solaire. Il leur avait été transmis par Abraham. Selon M. Hyde, Tharé, le père d'Abraham, était un artiste célèbre qui faisait métier de sculpter des idoles. Or, selon la bible, Abraham était sorti de la ville d'Ur, en Chaldée, pour venir en Chanaan ; en cela elle est d'accord avec la tradition ; mais celle-ci nous en apprend bien davantage que la Genèse. Selon Josephe, livre I, chapitre VII, Bérose, prêtre de Belus à Babylone, parle d'Abraham en ces termes : « En l'âge dixième après le déluge, il y avait parmi les Chaldéens un homme fort juste et fort intelligent dans la science de l'astrologie. » Hécatée n'en parle point seulement en passant, mais il a fait un livre entier sur son sujet. Nous lisons dans le IV° livre de l'histoire de Nicolas de Damas ces propres paroles : « Abraham sortit avec une grande troupe du pays des Chaldéens, qui est au-dessus de Babylone, régna à Damas, et partit quelque temps après avec tout son peuple, et s'établit dans la terre de Chanaan, aujourd'hui la Judée. Le nom d'Abraham est encore aujourd'hui fort célèbre et en grande vénération à Damas. On y voit un bourg qui porte son nom et où l'on dit qu'il demeurait. »

Dans ce même chapitre, Josephe dit qu'Abraham avait très-attentivement considéré ce qui se passe sur terre et sur mer, le cours du soleil, de la lune, des étoiles, etc., etc. Puis au chapitre VIII, Josephe nous apprend que ses conférences avec les sages d'Egypte lui acquirent une extrême réputation. Il voulut bien leur enseigner l'arithmétique et l'astrologie, qui leur étaient inconnues, et que c'est par lui que ces sciences sont passées aux Egyptiens et des Egyptiens aux Grecs.

Alexandre Polyhistor, citant Eupolême, dit : « Qu'Abraham naquit à Camarine, ville de Babylone appelée Ouria (Ur) ou ville des devins. Cet homme surpassait tous les autres en naissance et en habileté, et inventa l'astrologie et la Chaldaïque.... Les Arméniens ayant attaqué les Phéniciens, Abraham les chassa. » (Genèse, guerre d'Abraham contre Chodorlahomor). Il eut en Egypte de longs entretiens avec les prêtres sur l'astrologie.

Enfin, selon Eusèbe, Artapan, écrivain Persan, parlait aussi de ce séjour d'Abraham en Egypte « où il enseigna pendant vingt ans l'astrologie. »

Sans vouloir entrer ici dans l'examen de savoir si Abraham a réellement existé ; s'il n'est simplement qu'un personnage mythique ; s'il est possible d'admettre qu'au bout de dix générations la terre fut assez repeuplée pour qu'il existât déjà des empires aussi florissants que ceux de Chaldée et d'Egypte, et des villes aussi considérables que Babylone ; si les Chaldéens et les Egyptiens ne commencèrent à recueillir leur observations astronomiques que 1900 ans environ avant notre ère ; et si ce fut Abraham qui créa la science astrologique, nous en savons assez sur ce patriarche astrologue, pour avoir la certitude qu'il ne professait point d'autre culte que le sabéïsme ou culte du soleil.

LE DÉLUGE.

Nous connaissons le déluge indien de Vivasvat du Mahâ Bharata et du Bhâgavata Purâna, le déluge mazdéen de Yma du Zend-Avesta, le déluge de Xisuthre du Chaldéen Bérose, le déluge égyptien, les déluges grecs d'Ogygès, de Deucalion, d'Inachus, le déluge de Noé par Moïse, le déluge chinois, Chou-King, chapitre v, intitulé *Y-Tsi*, paragraphe 1. Nous avons trouvé les légendes diluviennes parmi presque tous les peuples primitifs de l'Amérique, avec toute la théorie du culte solaire.

Ainsi, la légende sur le déluge paraît avoir été connue universellement dès les temps les plus reculés. Est-ce à dire que le déluge a pu être lui-même universel ? Loin de là. Nous en tirons une preuve qu'il n'est encore qu'une allégorie cosmogonique, se rattachant à celles sous lesquelles les astrologues ont dissimulé leurs observations astronomiques, et que cette nouvelle allégorie n'est qu'un chapitre à ajouter à ceux que nous avons déjà étudiés sur le culte solaire. Ce culte a été, avons-nous dit, celui de la première humanité. Parti d'un point unique, il a fait la conquête du monde entier. Ce n'est qu'ainsi que peuvent s'expliquer les différences que nous présentent les récits de ce cataclysme. Chacun des auteurs qui rapportent cette légende diluvienne, la fait accomplir dans le pays qu'il habite. Les Indiens dans l'extrême Orient ; Zoroastre dans l'Eran ou Iran ; Bérose en Chaldée ; pour l'Egyptien, le déluge est l'emblême des débordements du Nil ; les déluges grecs sont tantôt dans l'Attique et la Béotie, tantôt dans la Thessalie. C'est-à-dire, sous toutes les latitudes, la même saison produit les mêmes phénomènes.

Ne pouvant donc admettre un déluge universel, surtout dans les conditions inventées par l'auteur juif, d'en faire un moyen de destruction de la race perverse des hommes, qui, en réalité, n'a pas été détruite, nous devons chercher en dehors des théories métaphysiques si le déluge ne peut simplement et naturellement s'expliquer par l'observation des phénomènes solaires.

Avec le passage du soleil dans l'autre hémisphère vient la décroissance des jours, la saison des pluies et des neiges. L'homme primitif habitait les vallées profondes et fertiles et les bords des cours d'eau. Il vivait pendant six mois des fruits que lui prodiguait une luxuriante végétation, sous l'influence bienfaisante de la chaleur solaire. La chasse et la pêche lui offraient d'abondantes ressources. Mais au retour de la mauvaise saison, les masses d'eau qui se précipitaient des montagnes faisaient déborder les fleuves, l'homme était obligé de se réfugier sur les hauteurs, exposé aux intempéries et à toutes sortes de privations. Le monde semblait, en ce moment, voué à la destruction.

Suivons encore la méthode que nous avons déjà employée et voyons au Zodiaque si nous rencontrerons des signes se rapportant à cette allégorie. Dans presque tous les Zodiaques connus figure l'arche céleste ; ce sera l'arche de Noé, de Xisuthrus, de Manou ; le vaisseau d'Isis ou celui des Argonautes. Elle se trouve dans le signe de la Vierge, au moment où le soleil va s'éloigner de notre hémisphère. Un groupe d'étoiles, qui coïncide avec le signe de l'équinoxe, s'appelle le Corbeau ; un autre, la Colombe ; un troisième est le Laboureur ou le Vigneron. Voici donc réunis tous les acteurs que l'auteur juif fait intervenir dans son allégorie du déluge. Ce n'est plus qu'un calendrier indiquant à l'homme le moment où il doit vendanger et ensemencer ses champs. Il devra s'ingénier pour abriter lui et ses provisions et prendre toutes ses précautions pour lutter contre les fléaux qu'entraine l'hiver à sa suite.

Voilà donc à quoi se réduit toute cette histoire du déluge.

Il ne s'agit que des phénomènes produits par le cours du soleil.

Nous ne voulons point nous occuper ici de l'impossibilité où se serait trouvé Noé de réaliser les ordres du Seigneur, ni de toutes les invraisemblances accumulées dans ce récit du déluge. Nous avons traité ces invraisemblances à fond dans notre étude du Pentateuque.

Il n'est pas un seul des phénomènes célestes que l'antiquité n'ait pensé à interpréter dans ses allégories. Aussi voyons-nous l'auteur de la Bible faire jouer un rôle à l'arc-en-ciel dans les accessoires de son récit du déluge.

Nous empruntons à Court de Gebelin, dans son ouvrage du monde primitif ou histoire du calendrier, la traduction d'un hymne au soleil, conservée par Marcien Capella, philosophe encyclopédiste du v° siècle, dans son satiricon :

« Force suprême du père inconnu, son premier né, principe du sentiment et de l'intelligence, source de lumière, règne de la nature, gloire des Dieux, preuve de leur existence, œil du monde, éclat de l'Olympe resplendissant, auquel il est seul permis de voir le père, placé au-delà du monde, et de considérer le grand Dieu ; vous qui, dans vos immenses tours, gouvernez l'univers et ses révolutions : car vous en parcourez le milieu, donnant seul aux mondes supérieurs une chaleur tempérée, et dictant vos lois aux astres sacrés des Dieux, parce que vous êtes placé dans le quatrième orbite, et que votre nombre vous a été assigné par la droite raison, en sorte que, dès le commencement, vous nous donnez un double tétrachorde (le soleil étant placé au milieu des six planètes, occupe le quatrième rang, il est précédé de trois planètes et suivi des trois autres).

« Le Latium vous appelle soleil, parce que, seul, vous êtes après le père la source de la lumière. Douze rayons couronnent votre tête sacrée, parce que vous formez autant de mois et autant d'heures. Quatre coursiers sont attelés à votre char, parce que, seul, vous donnez le quadrige formé par les éléments. Comme en dissipant les ténèbres, vous manifestez la lumière des cieux, on vous appelle Phœbus, qui découvre les secrets de l'avenir, et Lyéus, parce que vous dissipez les ténèbres de la nuit. Le Nil vous adore sous le nom de Sérapis ; Memphis sous le nom d'Osiris. Dans les fêtes d'hiver, vous êtes appelé Mithra, Pluton, le barbare Typhon. On vous révère aussi sous les noms du bel Atys, de l'Enfant chéri de la charrue (Bacchus). Dans la brûlante Lybie, vous êtes Ammon, et à Biblos, Adonis. Ainsi, l'univers entier vous invoque sous des noms différents.

« Je vous salue, véritable face des Dieux, image de votre père, vous dont trois lettres, qui valent en nombre six cent-huit et forme le nom sacré, le surnom, le présage. Accordez-nous, ô père, de monter dans les assemblées éthérées de l'Esprit, et de contempler, à la faveur de votre nom sacré, le ciel étincelant de flambeaux. »

Cette hymne est la plus fidèle expression de l'idée que les anciens s'étaient formée du soleil et du culte qui lui était dû. Nous y trouvons l'éclatante confirmation de ce que nous avançons, que le soleil, sous une foule de dénominations allégoriques, était le Dieu suprême de tout l'ancien monde.

Moïse. — Nous renvoyons encore à notre étude du Pentateuque pour connaître les rapports constants des diverses légendes qui suivent le déluge avec le culte solaire. Nous avons hâte d'arriver à Moïse afin d'établir que ce législateur a strictement conservé le principe du culte solaire et que les profondes modifications qu'il a fait subir au culte égyptien dans la loi religieuse dont il a doté le peuple hébreu, n'ont eu d'autre but que de se substituer, lui, sa famille et sa tribu à tous les prêtres étrangers, et d'établir ainsi sur son peuple sa domination absolue et exclusive, au moyen d'un principe religieux qui, tout en restant au fond le même, lui a permis, par sa forme nouvelle, de se créer une indépendance complète. Ses prohibitions d'alliances matrimoniales avec les peuples étrangers, ses ordres d'extermination contre toutes les peuplades chananéennes, ceux de destruction de tous vestiges des anciens cultes, n'ont pas pour nous d'autre raison que d'assurer sa domination exclusive sur Israël.

Comment Dieu se manifeste-t-il à Moïse pour la première fois, lors de sa prétendue vocation divine? Sous la forme d'un buisson en flammes, c'est-à-dire sous la forme du feu, emblême du feu céleste, l'âme du monde, le soleil.

Quand Moïse est sur le Sinaï et qu'il reçoit les tables de la loi de la main de Dieu, il voit la gloire de Dieu. Qu'était-ce que cette gloire? C'est la Bible elle-même qui va nous répondre, exode, chapitre XXIV, verset 17 : « Ce qui paraissait de cette gloire du Seigneur était comme un feu ardent au plus haut de la montagne. »

Exode, chapitre XXXIII : Moïse implore de Dieu la faveur de voir son visage, verset 20 ; Dieu lui refuse en disant : « Vous ne pouvez voir mon visage, car nul homme ne le verra sans mourir. » — Verset 25. Il dit encore : « Il y a un lieu où je suis, où vous vous tiendrez sur la pierre. » — Verset 22. « Et lorsque ma gloire passera, je vous mettrai dans l'ouverture de la pierre, et je vous couvrirai de ma main jusqu'à ce que je sois passé. » — Verset 23. « J'ôterai ensuite ma main et vous me verrez par derrière ; mais vous ne pourrez voir mon visage. »

Ainsi, Moïse, malgré toutes ses métaphores pour faire croire qu'il a vu et causé avec Dieu, est obligé d'avouer qu'il n'a vu qu'une flamme ou du feu, sans nous expliquer comment une flamme peut avoir une voix humaine et des mains pour lui donner les tables de la loi. Ainsi, pour lui, c'est le feu qui est la suprême image de la puissance divine. Il n'entrevoit rien au-delà. Il n'a aucune idée métaphysique de l'âme du monde. La définition qu'il nous donne de son Dieu : « Je suis celui qui est, » n'est point compromettante. Elle indique plutôt une idée matérielle qu'une idée métaphysique et spiritualiste. Car nous pouvons toujours constater l'existence du soleil sans pour cela pouvoir nous rendre compte comment il existe, mais nous n'avons jamais pu que supposer une puissance créatrice, en voyant se développer devant nous le splendide spectacle de la nature.

Dieu ordonne à plusieurs reprises à Moïse de dire aux Hébreux qu'il est le Dieu de leurs pères Abraham, Isaac et Jacob. Mais nous avons vu que Tharé, père d'Abraham, était un artiste qui excellait à sculpter des idoles ; qu'Abraham était savant en astrologie e avait enseigné cette science jusqu'en Égypte; qu'Isaac a épousé Rebecca, fille de Nachor, frère d'Abraham ; que Jacob a épousé Lia et Rachel, filles de Laban, frère de Rebecca. Toute cette famille est donc chaldéenne et idolâtre, puisque Laban accuse Jacob de lui avoir dérobé ses idoles et que c'est Rachel qui est la coupable de cette faute.

Joseph épouse la fille d'un prêtre d'Héliopolis, ville du soleil ; Moïse épouse lui-même une Madianite, fille d'un prêtre de Madian. Il n'y avait donc point, jusque-là, d'obstacle à ces mariages pour cause de religion. Il est vrai que Moïse n'avait point encore inventé la sienne. Alors, jusqu'ici, le Dieu de Moïse est bien le même que celui d'Abraham, d'Isaac et de Jacob, c'est-à-dire le dieu Soleil.

Dieu révèle à Moïse, chapitre III de l'exode, versets 14 et 15, que son nom est Jéhova où Adonaï, celui qui est, que c'est sous ce nom, que nul n'a connu avant lui, qu'il veut être adoré par le peuple hébreu. Que signifiait donc le nom d'Elohim qui avait été donné à Dieu jusque-là dans la Genèse ? Suivant l'unanimité des commentateurs, c'est un mot pluriel qui ne peut se traduire que par les Dieux. Nous ne pouvons encore résoudre cette question que par le culte solaire. Les anciens astrologues ayant imaginé que les astres avaient une influence directe sur la terre, leur avaient attribué une puissance sur les saisons, auxquelles ils étaient censés présider, par leur apparition à l'horizon céleste à l'époque de chacune de ces saisons. Ils en avaient fait allégoriquement des êtres divins. Dès lors, tout ce qui se passait sur la terre était l'ouvrage des Dieux. Partout, nous retrouvons dans les anciennes religions les douze grands Dieux, emblêmes des douze signes du Zodiaque ou des douze mois de l'année, au-dessus desquels plane majestueusement l'âme du monde, le soleil, sous ses mille formes mythologiques.

Les compilateurs des légendes bibliques ont respecté ce nom tel qu'ils l'ont trouvé dans les originaux qu'ils copiaient.

Le serpent d'airain, que fait dresser Moïse, est encore un emblême mythologique figurant au Zodiaque. C'est l'attribut d'Esculape, le Dieu de la médecine. Partout on lui avait élevé des temples où il était représenté tantôt portant à la main un bâton autour duquel s'enroulait un serpent, tantôt tenant un serpent dans ses mains, où, enfin, sa statue placée au milieu des replis d'un serpent. C'est donc bien comme emblême du Dieu qui guérit les maux que Moïse érige ce serpent, puisque c'est en vue de préserver de la mort les Hébreux mordus par les serpents, qui foisonnaient dans le désert, qu'il y a recours.

Pendant que Moïse est sur le Sinaï, le peuple s'impatiente de sa longue absence, et demande à Aaron de lui faire des Dieux qui marchent devant lui. Aaron ne fait aucune difficulté de céder à cette demande. Il se fait remettre des matières d'or, les fait fondre et couler dans un moule représentant un veau. Puis, il dresse un autel et organise une fête solennelle en l'honneur du seigneur Veau, emblême du bœuf Apis égyptien. Après lui avoir offert des sacrifices et des holocaustes, tout le peuple s'assit pour manger et boire. Ils se levèrent ensuite pour chanter, jouer et danser, après avoir quitté jusqu'à leur dernier vêtement.

Il est évident qu'Aaron et les Hébreux n'improvisent rien de nouveau dans l'érection de ce veau, ni dans la cérémonie qui la suit ; ils ne font que revenir aux anciens usages religieux qu'ils avaient pratiqués en Égypte.

Tel est le récit fidèle du contenu de la Bible. N'est-il pas le tableau de ces honteuses orgies qui se passaient dans les mystères d'Osiris et de Bacchus ?

Nous comprenons quelle dût être la colère de Moïse, de voir les Hébreux retomber dans leur ancien culte d'Égypte, au moment même où il cherche à les arracher à ces dégoûtantes superstitions. Mais, en même temps, nous constatons par ce passage que, jusqu'à Moïse, les Hébreux ne connaissaient que le culte solaire avec toutes les superstitions que les prêtres égyptiens avaient inventées à l'usage de la crédulité du vulgaire.

Nous retrouvons le symbole solaire jusque dans les vêtements que Moïse prescrit pour le grand-prêtre, et jusque dans les différents objets qui devaient accompagner le tabernacle. En premier lieu, le pectoral ou rational, porté sur le devant de la poitrine par le grand-prêtre, était une plaque carrée de tissus précieux, richement ornée et sur laquelle étaient enchâssées dans de petits cadres d'or douze pierres précieuses. Sur chacune d'elles étaient gravés les noms des douze fils de Jacob. Les deux pierres que le grand-prêtre portait sur ses épaules étaient deux magnifiques sardoines, sur lesquelles étaient gravés également les douze noms des fils de Jacob, six sur chacune.

En second lieu, un grand chandelier à sept branches, en or pur, était placé devant l'autel, vis-à-vis la table des pains de proposition. Ces pains, au nombre de douze, étaient empilés six par six.

Laissons Josèphe, dans ses antiquités judaïques, livre III, chapitre VIII, § 5, nous donner l'explication symbolique de ces objets.

Josèphe, dans les quatre premiers paragraphes, nous a fait la description des habits et ornements des sacrificateurs ordinaires et de ceux du souverain sacrificateur; il ajoute : « Voilà quels étaient les habits du grand sacrificateur, et je ne saurais assez m'étonner sur ce sujet de l'injustice de ceux qui nous haïssent et nous traitent d'impies, à cause que nous méprisons les divinités qu'ils adorent. Car s'ils veulent considérer avec quelque soin la construction du tabernacle, les vêtements des sacrificateurs et les vases sacrés dont on se sert pour offrir des sacrifices à Dieu, ils trouveront que notre législateur était un homme divin, et que c'est très faussement que l'on nous accuse, puisqu'il est aisé de voir par toutes les choses que j'ai rapportées qu'elles représentent, en quelque sorte tout le monde. Car, des trois parties auxquelles la longueur du tabernacle est divisée, les deux où il est permis aux sacrificateurs d'entrer, comme on entrerait dans un lieu profane, figurent la terre et la mer, qui sont ouvertes à tous les hommes, et la troisième partie, qui leur est inaccessible, est comme un ciel réservé pour Dieu seul, parce que le ciel est sa demeure. Ces douze pains de proposition signifient les douze mois de l'année. Ce chandelier, composé de soixante-dix parties, représente les douze signes dans lesquels les planètes font leur cours, et les sept lampes représentent les sept planètes. Ces voiles, tissus de quatre couleurs, marquent les quatre éléments ; car le lin se rapporte à la terre qui le produit et qui est de la même couleur ; le pourpre figure la mer quand elle est teinte du sang d'un certain poisson ; le hyacinthe est le symbole de l'air ; et l'écarlate représente le feu. La tunique du sacrificateur signifie aussi la terre ; l'hyacinthe, qui tire sur la couleur d'azur, représente le ciel ; les pommes de grenade, les éclairs, et le son des clochettes, le tonnerre. L'éphod, tissu de quatre couleurs, figure de même toute la nature, et j'estime que l'or y a été ajouté pour représenter la lumière. Le rational, qui est au milieu, représente aussi la terre, qui est au centre du monde, et cette ceinture qui l'environne a du rapport à la mer qui environne toute la terre. Quant aux deux sardoines, qui servent d'agrafes, elles marquent le soleil et la lune, et les douze autres pierres précieuses les mois ou les douze signes figurés dans le cercle que les Grecs nomment Zodiaque. La tiare signifie le ciel, comme étant de couleur d'hyacinthe, sans quoi elle ne serait pas digne qu'on y eût écrit le nom de Dieu. Et la triple couronne d'or représente, par son éclat, sa gloire et sa souveraine majesté. Voilà de quelle sorte j'ai cru devoir expliquer toutes ces choses, afin de ne pas perdre l'occasion, ni en cette rencontre ni en d'autres, de faire connaître quelle était l'extrême sagesse de notre admirable législateur. »

Cette explication de Josephe nous paraît tellement claire, qu'elle dispense de tout commentaire. L'habit du grand-prêtre, la disposition du tabernacle et de ses principaux accessoires, constituent un véritable Zodiaque. Tout y est disposé en vue du culte solaire.

Philon, dans sa vie de Moïse, est encore plus explicite. Il dit que les quatre séries de pierres précieuses du rational, rangées sur quatre faces, dont chacune regardait un des points cardinaux, étaient l'emblème de la division des saisons en trois mois, et celle de l'année en quatre saisons. Suivant lui, l'habit du grand-prêtre, dans sa totalité comme dans ses parties, représentait la totalité et les parties de l'univers ; que le prêtre, entrant dans le temple, était censé porter le monde en petit, image du grand qu'animait la divinité, et qui était son premier temple. C'est même pour cela, dit-il, que les Juifs n'ont voulu avoir qu'un seul temple auquel on venait adorer Dieu de partout, parce que l'univers, que représente le temple, est absolument un. Les astres sont les dons brillants qui y sont suspendus et leurs intelligences font la fonction des prêtres.

La sortie d'Égypte a lieu à l'équinoxe du printemps, lorsque le soleil entre dans le signe du bélier ou agneau. C'est à ce moment où Moïse institue la grande fête de la Pâques juive, en commémoration de cet événement, et ordonne aux Hébreux d'immoler l'agneau pascal. Cette fête de la Pâques, ou du retour du soleil dans notre hémisphère, se célébrait avant Moïse, partout et surtout chez les Égyptiens ; et lorsque Moïse ordonne de mettre du sang de l'agneau sur les deux poteaux et le dessus des portes des maisons habitées par les Juifs, il ne fait que se conformer à un usage des Égyptiens, qui, au moment de cette fête, peignaient en rouge le cadre de leurs portes, parce que le rouge était la couleur du feu solaire.

Qu'est-ce que l'autel que Dieu ordonne à son peuple de construire ? N'est-ce pas là le Pirée, destiné au culte du feu, tel qu'il a existé chez tous les peuples de l'antiquité, jusqu'à ce que l'homme ait conçu l'idée de bâtir des temples pour y abriter ses idoles et ses prêtres.

Le feu sacré, qui doit être perpétuellement entretenu dans le tabernacle, est obtenu par les mêmes procédés et avec les mêmes cérémonies que chez tous les autres peuples adorateurs du feu, emblême du soleil. Nous en trouvons la preuve dans la mort des deux fils d'Aaron, Nadab et Abiu, qui sont consumés par un feu sorti du Seigneur, pour avoir mis dans leurs encensoirs un feu étranger.

C'est le feu, sous la forme d'une colonne de flamme pendant la nuit, et de fumée pendant le jour, qui guide les Hébreux à travers le désert.

C'est encore par une flamme que la nuit on aperçoit au-dessus du tabernacle, et le jour par un nuage de fumée qui l'enveloppe, que Dieu y manifeste sa présence.

C'est encore le feu sorti du Seigneur qui dévore une partie du camp hébreu, en punition des murmures qui s'élèvent contre les souffrances et les privations de toute nature qui accablent le peuple dans le désert.

C'est encore le feu sorti du Seigneur qui tue les deux cent-cinquante hommes qui s'étaient révoltés contre la tyrannie de Moïse, avec Coré, Dathan et Abiron.

C'est toujours le feu sorti du Seigneur qui incendie une partie du camp hébreu et cause la mort de vingt-quatre mille hommes de ceux qui avaient formé une sédition contre Moïse en l'accusant de la mort de Dathan et Abiron et de ceux qui avaient péri avec eux.

Décidément, c'est le feu qui est l'agent suprême de tout le charlatanisme de la légende de Moïse.

Tous les législateurs religieux ont voulu avoir leurs Dieux particuliers, sous la protection desquels ils placent leurs peuples.

Il ne s'agit pas de fonder un culte nouveau ; pour

eux, cette question n'est que secondaire, le grand but à atteindre est de se rendre indépendants de tous les cultes voisins, afin d'accaparer le pouvoir théocratique pour eux seuls et leurs castes sur les peuples auxquels ils parviennent à imposer leurs lois.

Moïse n'a fait que suivre cette tradition, il n'a pas fondé le monothéisme, qui existait bien avant lui, et qui constituait la fameuse doctrine secrète de tous les prêtres de l'antiquité, depuis le brahme jusqu'au prêtre égyptien. Son Seigneur est l'âme du monde ou l'astre auquel est attribué l'existence du monde. La profonde modification que Moïse fait subir au culte égyptien, c'est de le débarrasser des mille et un détails du culte s'adressant à toute la série des astres secondaires et des honteux mystères par lesquels se célébraient les grandes fêtes solaires, pour s'en tenir au culte unique de l'astre qui domine en souverain sur notre planète.

Le but qu'il se propose n'a absolument rien de religieux. Il ne s'agit pour lui que de se créer un Dieu pour son usage personnel, au nom duquel il tiendra le peuple d'Israël sous sa verge de fer.

Nous n'en voulons pour preuves que :

1° L'invention de la malédiction prononcée par Noé contre Chanaan, quatrieme fils de Cham, en raison de l'irrévérence de Cham envers son père Noé, et qui ne tend qu'à légitimer l'injuste entreprise conçue par Moïse contre le pays de Chanaan dont il devra exterminer tous les habitants ;

2° La défense absolue faite aux Hébreux de s'allier aux nations étrangères ;

3° L'ordre donné, au nom de Dieu, de voler indignement les Egyptiens en quittant leur pays ;

4° L'ordre absolu donné par Moïse, au nom de Dieu, de détruire jusqu'au dernier vestige du culte professé en Chanaan et d'en exterminer tous les prêtres, afin qu'il ne puisse s'établir de compétition entre lui et les prêtres étrangers ;

6° Les épouvantables massacres que fait Moïse dans son propre peuple, et notamment celui de vingt-quatre mille Hébreux, pour les punir de ce qu'ils se sont laissé séduire par les filles de Moab et ont sacrifié à un autre Dieu que le sien ;

6° La cruauté inouïe qu'il exerce contre les Madianites, dont le crime est d'avoir trop bien accueilli le peuple hébreu ;

7° L'impudeur avec laquelle il couvre du nom de Dieu ses plus horribles actions ;

8° L'absence, dans son œuvre, de toute idée de l'immortalité de l'âme et d'une vie future.

Toutes ces circonstances nous démontrent que le héros de l'épopée mosaïque ne croit à rien, qu'à la crédulité du peuple d'Israël. Il n'a ni le sens moral, ni le sens religieux, pas même le sentiment du juste et de l'injuste.

On nous dira, et sa morale ? Est-ce que cette morale est de son invention ? Est-ce qu'elle ne date pas de l'origine du monde ? Est-ce que ce n'est pas cette morale que nous trouvons dans les Védas, dans

Manou, dans Zoroastre, chez les Chaldéens, les Égyptiens, les Grecs et les Romains ? Est-ce que ce n'est pas la morale universelle, immuable, sans laquelle l'humanité ne saurait exister. Et, cependant, tous les peuples qui professaient cette morale n'avaient point d'autre culte que celui de la nature, le culte solaire.

Ce qui prouve que cette morale est indépendante de tout système religieux. C'est la loi de l'humanité.

L'homme, en matière religieuse, n'a su inventer que des superstitions.

Mais continuons à poursuivre la constatation de l'existence du culte solaire chez les Juifs jusqu'aux temps modernes.

Nous passerons rapidement sur le règne de Josué, qui se charge de justifier la haute opinion que Moïse avait de lui, en le choisissant pour son successeur et en lui confiant le soin d'accomplir son œuvre.

Josué est pour nous la personnification du génie du mal. Il tue pour le plaisir de tuer. Il immole à sa fureur sanguinaire hommes, femmes, enfants et jusqu'aux animaux. Il brûle et renverse tout. C'est un torrent dévastateur qui ne laisse rien subsister derrière lui. Il est vrai qu'il agit suivant l'ordre de Dieu, qui lui avait été transmis par Moïse. Le soleil et la lune daignent obéir à son injonction et s'arrêter pendant l'espace d'un jour pour lui permettre d'achever le massacre des Amorrhéens. Chapitre x, versets 12 et 13 : « Alors, Josué parla au Seigneur en ce jour et il dit, en présence d'Israël : Soleil, n'avance point sur Gabaon ; ni toi, lune, sur la vallée d'Aïalon. Et le soleil et la lune s'arrêtèrent jusqu'à ce que le peuple se fût vengé de ses ennemis. N'est-ce pas là ce qui est écrit au livre des justes. »

Mais si c'est le Seigneur qu'invoque Josué, comment se fait-il qu'il s'adresse directement au soleil et à la lune qui lui obéissent ? S'il supprime ainsi l'intermédiaire du Seigneur, il faut donc, nécessairement que son prétendu Seigneur soit le soleil lui-même.

Pas plus que l'auteur de la légende de Moïse, l'auteur de la légende de Josué n'a ni sens moral, ni sens religieux, ni sentiment du juste et de l'injuste.

Nous ne nous arrêterons point au livre des juges, dans lequel nous voyons le malheureux peuple juif atteindre les derniers degrés de la démoralisation et s'abandonner au culte de toutes les idolâtries solaires pratiquées par les populations au milieu desquelles ils vivent presque continuellement en esclavage.

Saül. — Saül cherche les ânesses égarées de son père. Il ne les trouve point et va s'adresser à Samuel, le prophète ou voyant, pour lui demander si, par sa science divinatoire, il pourra lui dire ce que ses ânesses sont devenues. Il emprunte à son serviteur un demi-sicle d'argent pour offrir au voyant le prix de sa consultation. On lui montre Samuel prêt à monter sur le haut lieu pour offrir un sacrifice. C'est lui qui doit bénir la victime que le peuple mangera ensuite. Samuel procède au sacrifice et invite Saül à manger avec lui, puis lui fait retrouver ses ânesses.

Partout, dans l'antiquité, on offre aux divinités des sacrifices sur les pyrées ou autels du feu sacré établis sur les hauts lieux, comme étant plus rapprochés du ciel et recevant plus directement les rayons de l'astre divin, objet d'un culte universel. Samuel ne fait que se conformer à l'usage établi, et nous ne voyons pas là plus légère différence entre la cérémonie de son sacrifice et celles qui se pratiquent dans le culte solaire. Qu'est-ce que le Seigneur qu'invoque Samuel ? Qu'entend-il par ce mot vague et indéfini de Dieu, qui parle et obéit à l'homme ? Nous ne voyons pas dans ce mot, qu'invoque Samuel, la moindre idée abstraite ; ce Seigneur ressemble trop à l'homme qui parle en son nom.

§ David. — Que dire de David, ce roi bigot, qui s'est couvert de crimes, qui a vécu dans la plus profonde dissolution, mais qui, après chaque crime, se prosterne devant son Dieu, s'en fait donner l'absolution par ses prophètes ? Examinons de près le chapitre XXII du livre des Rois, intitulé cantique de David pour remercier Dieu de l'avoir délivré de tous ses ennemis. Ce Dieu, invoqué par David, n'est pas le Dieu universel dont la bonté s'étend sur toute la nature ; c'est un Dieu particulier à Israël, qui n'agit que pour la plus grande gloire de David. En effet, que signifient ces versets :

« Une fumée s'est élevée de ses narines en haut ;

un feu dévorant est sorti de sa bouche, et des charbons ardents en ont été allumés ; il a abaissé les cieux, et il est descendu ayant un nuage sombre sous ses pieds ; et il est monté sur les chérubins, et il a volé. Il a pris son vol sur les ailes des vents. Il s'est caché dans les ténèbres, dont il s'est environné, et il a fait distiller les eaux du ciel. De l'éclair de sa face se sont allumés des charbons ardents. Du haut du ciel le Seigneur tonnera, le Très-Haut fera retentir sa voix ; il a lancé ses flèches contre ses ennemis, et ils ont été consumés. Seigneur, vous êtes ma lampe ; c'est vous, Seigneur, qui éclairez mes ténèbres. »

Est-il une seule de ces figures qui ne puisse s'appliquer, en réalité, à des phénomènes physiques et naturels, dus à l'influence solaire, quand ils n'ont pas trait au soleil lui-même ? Au chapitre XXIII, nous trouvons ce verset : « Ma maison, sans doute, n'était pas si grande devant Dieu qu'il dût faire avec moi une alliance en tout stable et solide ; car il m'a sauvé de tous les périls, il a exécuté tout ce que je voulais et je n'ai rien désiré qui n'ait réussi. »

Il n'est pas possible à tout le monde d'avoir un Dieu qui soit aussi personnellement dévoué que le Dieu d'Israël ne l'a été pour David ; mais aussi, il n'est pas possible de croire, après cela, que David ait connu le vrai Dieu.

Si nous étudions un à un tous les psaumes qui peuvent être réellement attribuées à David, nous y trouvons toujours la même personnalité, le même égoïsme. Dieu n'existe que pour exécuter les volontés de David.

SALOMON. — Le roi Salomon débute par le meurtre de son frère Adonias ; il fait périr Joab et Seméï ; il s'allie avec la fille de Pharaon, malgré la défense si absolue faite par Moïse au nom de Dieu. Le peuple continue de sacrifier sur les hauts lieux, et Salomon lui-même va sacrifier à Gabaon, le plus considérable des hauts lieux. Puis, il prend des femmes de Moab, d'Ammon, d'Idumée, de Sidon et du pays des Héthéens ; il a jusqu'à sept cents femmes légitimes, et trois cents concubines ; et, pour leur permettre de suivre le culte de leur pays, il érige des temples à Astarthé, à Chamos et à Moloch, et les adore lui-même.

Mais tous ses crimes, toutes ses dissolutions lui seront pardonnés parce qu'il a construit un temple magnifique au Seigneur. Il suit les plans qui lui avaient été indiqués par son père David, avec les ressources de toute nature réunies à cet effet par lui.

Examinons maintenant les conditions dans lesquelles le temple a été bâti. Ce temple reproduisait dans des proportions grandioses les dispositions adoptées par Moïse dans l'érection de son tabernacle, c'est-à-dire que son ensemble, ses enceintes, les emblèmes qui le décoraient, étaient la représentation de l'ordre et de l'harmonie de la nature. Suivant Philon, ce temple était la réduction de l'image du monde.

Le Hiram que le roi de Tyr, également appelé Hiram, envoie à Salomon, était, selon la bible, fils d'une veuve de Nephthali, et son père était de Tyr. Il travaillait le bronze et toutes sortes de métaux ; il était rempli de science, d'intelligence et de sagesse. Il venait précisément de faire toutes les décorations du temple que le roi Hiram avait dédié à Astarthé. Il commence par diriger le grand axe du temple de manière que le saint des saints regarde l'orient où le soleil levant. Ensuite il dressa vers la porte du temple deux colonnes d'airain comme celles qu'il avait placées devant le temple de Tyr. Puis il fit en même métal une immense cuve que, à cause de sa grandeur, on décora du nom de mer d'airain. Elle était supportée par douze bœufs réunis trois par trois, en quatre groupes qui regardaient les quatre points cardinaux de l'horizon terrestre. Il fabriqua en outre dix autres cuves de moindre dimension qu'il rangea par cinq de chaque côté du temple. Le soubassement des supports de ces bassins, dont trois côtés seulement étaient apparents, le quatrième étant collé au mur, portaient en relief des figures emblématiques du lion, du taureau et de l'aigle. Les quatre roues, sur lesquelles semblaient porter ces socles, étaient l'emblème du rôle de ces signes, représentant les quatre saisons qui se succèdent tour à tour. Partout autour du temple se trouvaient d'autres emblèmes reproduisant la sphère céleste.

L'or avait été prodigué avec une profusion inouïe et jusqu'au pavé, qui était recouvert de plaques d'or. Josephe termine ainsi sa description du temple : « Enfin, pour le dire en un mot, Salomon ne laissa rien en dehors ni en dedans du temple qui ne fût couvert d'or. » Rappelons-nous que l'or était l'emblème de l'astre solaire.

Lorsque les rayons du soleil pénétraient dans le temple, les yeux étaient éblouis par la réflection de leur éclat sur les lames d'or qui en recouvraient l'intérieur; et en même temps à l'extérieur, le temple bâti sur un point culminant semblait un nouveau soleil dont l'éclat flamboyant se projetait au loin.

Indépendamment du chandelier à sept branches. il y en avait un nombre prodigieux d'autres. Josephe dit dix mille, parmi lesquels l'un d'eux devait brûler jour et nuit. Les uns portaient quatre branches emblèmes des saisons, les autres cinq branches emblèmes des cinq éléments, d'autres portaient jusqu'à douze branches emblèmes des douze mois de l'année, etc., etc.

Nous comprenons la nécessité d'avoir un artiste plein de sagesse, d'intelligence et de science pour exécuter une œuvre aussi compliquée que la fidèle représentation de l'univers. Mais nous comprenons en même temps qu'un temple construit dans ces conditions ne peut, comme celui de Mithra, être destiné qu'au culte de la nature.

Notons encore que la bible elle-même appelle oracle le saint des saints. Elle le répète cinq fois en sept versets. C'est bien en cet endroit, dont l'entrée était rigoureusement interdite au vulgaire, que dans tous les temples de l'antiquité se rendaient les oracles. C'était dans ce sanctuaire inviolable que s'abritait le charlatanisme sacerdotal.

A peine Salomon a-t-il fermé les yeux que son fils

Roboam, refusant avec hauteur la réduction des charges accablantes établies par son père sur les juifs pour subvenir à ses prodigalités, donne lieu au schisme de Samarie. Jéroboam se met à la tête des mécontents, entraîne avec lui dix tribus et fonde le royaume d'Israël. Roboam reste maître de Jérusalem, ne conservant que la tribu de Juda et celle de Benjamin. Le temple de Jérusalem, qui devait être unique en Judée, se voit abandonné par les sujets de Jéroboam, qui en établissent un rival sur le sommet du mont Garizim. Jéroboam fait faire deux veaux d'or, qu'il place aux deux extrémités de son empire, à Béthel et à Dan. Il rétablit les hauts lieux, bâtit des temples et institue des prêtres pour le service du culte de ses idoles. Il sacrifie lui-même à Bethel.

Roboam, de son côté, suit l'exemple de son père et rétablit les hauts lieux et leurs idoles. Sous son règne, Sézac, roi d'Égypte, vint à Jérusalem, qui lui ouvrit ses portes; il pille toutes les richesses du temple, tous les trésors du roi. L'arche sainte disparut dans ce pillage, et depuis il n'en sera plus jamais question. Cet état d'anarchie religieuse se perpétue jusqu'au règne de Josias. Cependant, dans cet intervalle, il est fait quelques tentatives pour revenir à la loi de Moïse, mais le culte de l'idolâtrie ou solaire a bientôt repris le dessus.

Asa. — Asa, fils de Roboam, ôta l'autorité à sa mère Maacha, afin qu'elle n'ait plus l'intendance des sacrifices de Priape (le dieu symbole de la génération) et le bois qu'elle lui avait consacré. Il renversa la grotte où il était honoré, brisa cette idôle infâme, la brûla et en jeta les cendres dans le torrent de Cedron ; mais il ne détruisit pas les hauts lieux.

Elie. — Jézabel ayant fait périr tous les prophètes du seigneur, Elie entreprend de ruiner le crédit des prêtres de Baal, qui étaient nourris et entretenus par Jézabel. Elie et les prêtres de Baal élèvent chacun un autel sur le mont Carmel ; ils préparent chacun un sacrifice. Quelles que soient les invocations des prêtres de Baal, leur dieu, le soleil, reste sourd à leurs prières, tandis que la prière d'Elie est exaucée. Un feu tombe du ciel ou du seigneur et met le feu au bûcher d'Elie, bien qu'arrosé de douze seaux d'eau. Nous remarquons dans ces sacrifices leur parfaite similitude ; les autels sont élevés de la même manière, les victimes sont les mêmes ; on procède à leur immolation et à la préparation du sacrifice d'après la même tradition. Les uns invoquent les secours de Baal ou du soleil ; l'autre invoque le très-haut ou le soleil ; seulement celui-ci est plus adroit, et grâce au pétrole dont il a arrosé son sacrifice, le feu tombe du seigneur et tout est dévoré, jusqu'aux pierres de l'autel.

Ochosias fait une chute mortelle du haut de la terrasse de son palais et envoie consulter Béelzebuth, dieu d'Accaron, pour savoir s'il relèvera de cet accident. Elie va au-devant des envoyés d'Ochosias et leur dit : Est-ce qu'il n'y a pas un dieu en Israël, que vous allez consulter Béelzébuth, le dieu d'Accaron ?

Ochosias envoie un cinquantenier et ses cinquante hommes pour prendre Elie et le lui amener. A la prière d'Elie, le feu du ciel tombe et dévore officier et soldats. Un second détachement est envoyé et subit le même sort. Enfin un troisième trouve grâce devant Elie, qui consent à se rendre devant le roi et lui annonce qu'il mourra de sa chute pour avoir envoyé consulter un autre Dieu que celui d'Israël.

Elie est enlevé au ciel dans un char de feu tiré par des chevaux de feu. N'est-ce pas là l'équipage que toute l'antiquité a attribué au dieu soleil ? Ainsi finit le digne prêtre du soleil, qui, reconnaissant de son zèle envers lui, l'admet immédiatement dans sa gloire.

Nous sommes donc encore ici en présence du culte solaire. Elie, comme les prêtres de Baal, ne sont que des astrologues et des magiciens. Elie prophétise la sécheresse, la pluie et fait une foule de miracles. Elisée, son disciple et son successeur en fera tout autant. Ces prophètes ne connaissent pas encore le vrai Dieu.

Joas. — Sous le nom de Joas enfant, le pontife Joiada parvient à rétablir pour un instant le culte du très-haut. Joaida meurt. A peine Joas a-t-il été affranchi de sa domination qu'il retombe dans l'idolâtrie.

Ézéchias. — Le roi Ezéchias, soumis à l'influence du prophète Isaïe, relève pendant son règne le culte du très-haut. Comme les prophètes, ses prédécesseurs, Isaïe fait en faveur d'Ezéchias plusieurs miracles, parmi lesquels nous signalons celui de faire rétrograder le soleil. Remarquons encore ici que c'est toujours par le soleil ou le feu, emblème du soleil, que les prophètes manifestent leur puissance.

Josias. — Josias enfant est élevé par le pontife Hélicas, et, entièrement dominé par lui, il extermine tous les prêtres des idoles, renverse et brûle leurs temples et leurs statues et détruit les hauts lieux. Dans le récit que nous fait la bible, Rois, livre IV, chapitre xxiii, elle nous décrit très fidèlement le culte solaire tel qu'il est pratiqué d'un bout de la Judée à l'autre. « Josias fait jeter hors du temple du seigneur tous les vases qui avaient servi à Baal, au bois consacré, à tous les astres du ciel. Il extermine les augures qui sacrifiaient et offraient de l'encens à Baal, au soleil, à la lune, aux douze signes du zodiaque et à toutes les étoiles du ciel. Il abolit les petites maisons des efféminés qui étaient dans la maison du seigneur, pour lesquels des femmes travaillaient à faire des tentes ou voiles destinées au culte infâme de l'idôle du bois sacrilège (Priape). Il ôta aussi les chevaux que les rois de Juda avaient donnés au soleil à l'entrée du temple du seigneur et brûla les chariots du soleil. Il détruisit les idoles d'Astharoth, de Chamos, de Melchom, de Moloch, les veaux d'or de Dan et de Béthel, fit périr les pythons, les devins, les figures des idoles, les impuretés, les abominations qui avaient été dans le pays de Juda et de Jérusalem. »

Après ce tableau il n'y a plus à contester que le culte solaire régna en maître dans toute la Judée à l'époque de Josias.

Sédécias, le dernier roi de Jérusalem, fit encore le mal devant le seigneur des prophètes. Nabuchodonosor s'empare de Jérusalem, en emmène tous les habitants en captivité à Babylone, réduit en cendres la ville et le temple de Jérusalem et en renverse les murs, après en avoir pillé toutes les richesses.

Esdras. — Au retour de cette captivité, qui dura soixante-dix ans, les Juifs sont autorisés à relever les murs de leur ville et à rebâtir leur temple. Alors survient Esdras, docteur de la loi, qui réorganise tout ce qui regarde le culte du très-haut. Il promulgue une nouvelle loi dont il fait jurer l'observance à tous les Juifs de Jérusalem. Mais quelle est cette nouvelle constitution religieuse ? Une copie des doctrines bouddhiques et mazdéennes, doctrines qui, comme nous l'avons établi précédemment, ont pour base le culte solaire et pour emblème le feu. C'est au soleil, qu'elles considéraient comme l'âme du monde, que ces anciennes religions élevaient des temples et adressaient leurs prières.

Esséniens. — Tel était encore le culte des Esséniens, missionnaires bouddhistes. Ils avaient conservé les mystères sacrés du culte solaire, que nul des initiés, sous les peines les plus sévères, ne pouvaient révéler au vulgaire. Leur plus solennelle prière était la Savitri, hymne au soleil, telle qu'elle leur avait été léguée par les Védas, Manou, Zoroastre et Bouddha.

JÉSUS. — Telle fut aussi la doctrine secrète de Jésus lui-même, élève des Esséniens. Ne nous étonnons donc pas de trouver dans l'histoire de Jésus divinisé la reproduction des fables de Christna, d'Osiris, de Mithra, de Bacchus, d'Orus, d'Adonis, etc., etc.

Jésus naît le 25 décembre à minuit, jour où commence l'année solaire, à l'époque du solstice d'hiver ; le même jour où toutes les anciennes théogonies dont nous avons parlé célèbrent la naissance de leur dieu soleil.

Sa mère est la vierge Marie, de même que ces théogonies attribuent pour mère au dieu soleil la vierge céleste réprésentée, dans leurs zodiaques, portant des épis dans sa main et allaitant un enfant. C'est cette vierge emblématique qui peut seule nous expliquer le mystère chrétien de l'incarnation de Jésus dans le sein d'une vierge qui n'a jamais connu d'homme, et qui demeure vierge après avoir enfanté. Le père putatif de Jésus, Joseph, n'est autre que le Boottès, père nourricier d'Orus, qui, selon ces zodiaques, accompagne toujours la vierge.

Jésus naît dans une grotte servant d'étable, de même que Mithra. Ce sont des mages qui viennent adorer Jésus ; ils offrent précisément à Jésus les trois choses consacrées au soleil : l'or, l'encens et la myrrhe. C'est par l'astrologie qu'ils ont connu la naissance de l'enfant-dieu. Ils ont vu son étoile à l'orient, c'est-à-dire l'astre dont il est l'emblème, et c'est précisément au solstice d'hiver qu'ils découvrent cette étoile, époque à laquelle le soleil semble reprendre sa course pour venir, à l'équinoxe du printemps, donner une nouvelle vie à nos climats. Ajoutons encore que nous voyons figurer au zodiaque, dans le bouclier de Persée, une constellation composée de trois brillantes étoiles appelée les trois mages.

La fête des lumières, qui se célébrait à Saïs, en l'honneur d'Isis, la vierge céleste, dont on faisait la mère du soleil, est devenue chez les chrétiens la fête de la Purification de la vierge Marie, mère de Jésus, sous le nom de Chandeleur ou fête des Lumières.

L'assomption ou fête du passage de la vierge, que nous célébrons au milieu d'août, correspond au moment où le signe de la vierge céleste se trouve réuni au soleil, à l'époque de sa plus grande élévation sur notre horizon, et où il semble absorber la vierge dans sa gloire.

Jésus meurt à l'équinoxe du printemps, dans le signe de l'agneau, et ressuscite trois jours après, comme Mithra et les autres dieux sous les noms desquels l'antiquité a adoré le soleil. Bien que dans les allégories primitives le soleil fût censé mourir réellement au solstice d'hiver, au moment où il descend aux enfers, c'est-à-dire à l'époque où il est le plus éloigné de nous, les anciens mystagogues, dans leurs mystères sacrés, ont réuni les cérémonies de la mort de leur dieu, de son ensevelissement, de sa descente aux enfers et de sa résurrection et les célèbrent à l'équinoxe du printemps. En cela, les évangélistes n'ont fait que copier ce que l'antiquité avait consacré par ses usages. Les évangélistes eux-mêmes ont pour emblèmes les quatre animaux du zodiaque, qui correspondent aux quatre points cardinaux : Mathieu, le lion; Marc, l'homme; Luc, le taureau, et Jean, l'aigle.

Il serait plus qu'extraordinaire qu'une coïncidence aussi continue fût l'effet d'un simple hasard.

Jusqu'au temps où par la précession des équinoxes, le soleil a rétrogradé du signe du Taureau dans celui de l'Agneau, c'était le Taureau qui, à l'équinoxe du printemps, devenait l'emblème du soleil; mais à dater du moment où le soleil a passé dans le signe du Bélier ou de l'Agneau, c'est cet animal que l'on immole à cet équinoxe, c'est l'agneau qui devient l'emblème du soleil; et par conséquent il deviendra également celui de Jésus. C'est sous cette figure qu'il est représenté dans tous nos monuments religieux.

Lorsque le soleil, quittant l'hémisphère austral, revient rendre la vie au nôtre, il est appelé le médiateur, le réparateur, le sauveur, parce qu'il a pour mission de venir réparer le désastre que les rigueurs de l'hiver ont fait subir à la nature, c'est-à-dire, allégoriquement, le mal physique. De même Jésus est le médiateur, le sauveur, le réparateur du mal dans lequel est plongé l'humanité. Mais ici, chez les chrétiens, il ne s'agit plus d'un mal physique, mais d'un mal moral. Là est toute la différence entre les deux fictions; le mysticisme a substitué l'un à l'autre.

Jésus a institué douze apôtres. Nous avons vu ce

nombre douze se répéter un très grand nombre de fois dans la bible. Nous trouvons les douze mois de l'année, les douze patriarches, fils de Jacob, les douze tribus d'Israël, de même que l'antiquité avait ses douze grands dieux, ses douze mois et les douze signes du zodiaque.

Luc donne en outre à Jésus soixante-douze disciples, nombre multiple de douze, correspondant à une sous-division zodiacale. Jésus fait douze stations pour aller mourir sur la croix.

Le nombre sept se retrouve aussi fréquemment dans la bible et dans le nouveau testament que dans les théogonies de l'antiquité. Il y a sept sacrements, sept péchés capitaux, sept dons du saint-esprit, Notre-Dame-des-Sept-Douleurs. Ce chiffre qui, dans les allégories primitives, n'exprimait que le nombre des planètes, est devenu un chiffre cabalistique. De tous les ouvrages du Nouveau-Testament, celui dans lequel ce chiffre revient le plus fréquemment est l'Apocalypse de Jean.

De nos jours nous retrouvons dans le culte chrétien des cérémonies dont l'origine remonte bien au-delà du christianisme.

Selon Mgr Mislin, dans sa description des lieux saints, le patriarche de Jérusalem, le jour de Pâques, s'enferme dans le sanctuaire ou tombeau du Christ. Tout à coup une flamme s'élève et paraît par une petite fenêtre. C'est le feu nouveau qui vient de descendre du ciel. Tout le peuple qui attendait ce moment solennel pousse des cris de joie et se précipite pour recevoir une bougie allumée à ce feux miraculeux. Cette cérémonie est copiée littéralement sur celle de la résurrection de Mithra.

Rendons justice à Mgr Mislin, il ne croit pas à ce miracle.

Les chrétiens d'Europe se contentent de rappeler cet ancien usage par le cierge pascal.

Qu'est-ce donc enfin que l'ostensoir dans lequel on enferme l'hostie et que l'on porte dans la procession de la Fête-Dieu ou que l'on expose à l'adoration des fidèles à l'intérieur des églises, si ce n'est l'image d'un soleil flamboyant ?

Ainsi, de quelque côté que nous ayons dirigé nos investigations pour connaître Jésus, sa doctrine, sa morale, sa divinité, nous sommes toujours arrivé au même résultat. Sa vie, sa morale, sa doctrine, sa divinité ont été copiées dans toutes les théogonies religieuses qui l'ont précédé.

Moïse, Esdras n'ont fait qu'éliminer de leur religion les mille et un dieux dont l'imagination des peuples avait entouré le seul et unique Dieu que l'homme a adoré primitivement, le soleil. La légende qui s'est établie sur le nom de Jésus est l'œuvre d'une secte fanatique dont la crédulité a été habilement exploitée par des mystiques ambitieux, qui se sont empressés de fonder sur cette légende une nouvelle domination théocratique sur leurs semblables. Entre leurs mains l'allégorie primitive, dont seuls ils ont gardé le secret, est devenue une réalité qu'ils ont imposée à la foi des peuples. Et le culte de Jésus, le Bouddha chrétien, n'est qu'une superstition nouvelle, substituée à celles qui l'avaient précédée, comme la nouvelle caste sacerdotale s'est substituée aux anciennes. L'homme n'a fait que changer de maîtres.

TABLE DES MATIÈRES

	Pages.
Préface	III
Thèse	V
Plan de l'ouvrage	VII
Questions préliminaires : A quelle époque géologique peut-on faire remonter l'apparition de l'homme sur la terre ? — L'humanité doit-elle la vie à un couple unique, type absolu de l'espèce ? — Quel est l'ordre dans lequel peuvent être rangés les documents religieux qui nous ont été légués par l'antiquité par rapport à leur ancienneté ?	1-5
L'esprit religieux avant les Védas. — Le Fétichisme	25
Les anciennes Religions. — Védisme et Brahmanisme. — Tableau de l'âge d'or et de l'avènement des prêtres et des rois	30-32
Le livre de Manou. — Swayambhouva, être suprême. — Trinité védique. — Création. — Les Castes. — Kchetradjna-Narakas-Swarga-Mockcha (Ame immortelle. Enfers. Ciel. Béatitude finale). — Immortalité de l'âme. — Naracas (Enfer). — Doctrine secrète	37-52
Culte brahmanique. — Sacrements. — Repas ou services funéraires. — Prières. — Règle de	

conduite. — Résumé de la doctrine de Manou ; Monothéïsme. — Déluge. — Du nom de Manou. 53-59

Lois religieuses et morales. — Sacrements. — Du mariage. — Devoirs et préceptes. — Impuretés ; Purification. — Cénobitisme.................. 60-63

Lois civiles. — Le livre des rois. — Livre de la famille, des castes et des rois. — Divorce. — Partage des successions. — Droit d'aînesse. — Règle d'adoption. — Collatéraux. — Justice. — Roi et Juges. — Mélange des castes ; Conduite des trois castes supérieures dans les circonstances difficiles. — De l'aumône ; des purifications.................................... 64-75

Légende de Kriçhna. — Prophétie de la naissance du Rédempteur. — Incarnation. — Kriçhna est déposé dans une bergerie. — Adoration des bergers. — Massacre des innocents. — Transfiguration de Kriçhna. — Parfums répandus sur la tête de Kriçhna. — Résumé de la doctrine de Kriçhna................................. 76-81

Zoroastre et le Mazdéïsme. — Principes de la doctrine mazdéenne. — Verbe ou parole d'Ormuz. — Création. — Le déluge. — Mariage. — Éducation de l'enfant. — Culte. — Invocation à Hom, personnification du Homa. — Culte des mânes. — Fêtes et cérémonies. — Sacrifices. — Purifications et impuretés légales. — Prières. — Lois morales. — Lois civiles. — Administration. — Agriculture et animaux domestiques. — Métaphysique. — Résumé de l'étude sur Zoroastre et le Mazdéïsme 82-97

Mosaïsme. — Pentateuque..................... 99

Tableau de concordance entre le Brahmanisme, le Mazdéïsme et le Mosaïsme..................	100
Lois civiles communes aux trois religions. — Résumé. — Qu'est-ce que Moïse ? — Esdras....	128-133
Bouddhisme. — Histoire de Siddharta. — Tentation. — Mission de Siddharta. — Confession.— Doctrine. — Résumé. — Après la mort de Çakyamouni.................................	138-150
Le Bouddhisme en Palestine. — Étude sur le Bouddhisme des prophètes juifs..............	157-191
Des Esséniens. — Jésus guérit les malades, conjure les démons et ressuscite les morts.......	192-256
Les Carmes..................................	265
Tableau de concordance entre les religions de l'Inde et le Christianisme...................	268
Conclusion.....................................	298
Culte solaire	299
Le culte solaire dans l'Inde. — Brahmanisme. —. Culte solaire du Mazdéïsme. — Monument de Mithra......................................	301-305
Le culte solaire en Egypte....................	306
Le culte solaire chez les Juifs.................	322-354
Le culte solaire au temps de Jésus	357-362

AUXERRE. — IMPRIMERIE DE G. ROUILLÉ. — MAI 1881.

www.ingramcontent.com/pod-product-compliance
Lightning Source LLC
Chambersburg PA
CBHW050307170426
43202CB00011B/1810